Maik Messing mit
Volkmar Kabisch
Georg Heil

**Leonora**

Maik Messing mit
Volkmar Kabisch
Georg Heil

# LEONORA

## Wie ich meine Tochter an den IS verlor – und um sie kämpfte

Econ

Besuchen Sie uns im Internet:
www.ullstein-buchverlage.de

MIX
Papier
FSC® C083411

Econ ist ein Verlag
der Ullstein Buchverlage GmbH

ISBN: 978-3-430-20227-5


Emojis werden bereitgestellt von openmoji.org
Gesetzt aus der Quadraat Pro powered by pepyrus.com
Druck und Bindearbeiten: CPI books GmbH, Leck

# Inhalt

# Vorwort

Der Aufstieg und Niedergang des sogenannten Islamischen Staates wird noch lange zu den erschreckendsten, den ungewöhnlichsten Geschehnissen unserer Zeit gehören. Nachfolgende Generationen werden sich schwertun zu verstehen, was zwischen 2014 und 2019 in Syrien und im Irak geschah. Und wie es so weit kommen konnte. Hoffentlich wird man auch aus den Fehlern dieser Geschichte lernen.

Es gibt diesen IS überhaupt nur, weil die USA nach dem 11. September 2001 in den Irak einmarschierten. Dort gab es, anders als damals behauptet, nicht nur keine Massenvernichtungswaffen, sondern auch keine islamistischen Zellen. Das dortige Regime hatte nicht al-Qaida unterstützt, den Urheber des Massenmordes, der die USA und die Welt veränderte. Erst nach dem Einmarsch verbündeten sich radikale Islamisten mit ehemaligen Militärs und Geheimdienstlern des untergegangenen Regimes von Saddam Hussein. Denn sämtliche Mitarbeiter der irakischen Sicherheitsbehörden waren von den Amerikanern entlassen und ohne finanzielle Absicherung auf die Straße gesetzt worden. Und das, obwohl unter ihnen Spezialisten waren, die ihr Wissen über Mord und Totschlag nun neuen Dienstherren zur Verfügung stellten: den Urhebern des islamistischen Terrors. Zunächst waren sie treue Al-Qaida-Gefolgsleute, dann wurden sie zur inner-dschihadistischen Konkurrenz – selbstbewusster, noch brutaler und anmaßender, als es selbst al-Qaida je war.

Eigentlich war diese al-Qaida im Irak in den Jahren 2009 und 2010 bereits geschlagen. Irakische Stämme, die den Terroristen einst Unterschlupf, Gelder, Waffen und ihre Söhne gegeben hatten, wendeten sich von der Terrororganisation ab. Am Ende aber, wie schon so oft, wenn es um die Bekämpfung von Terrorismus geht, fehlte es an einer langfristigen Strategie, an einer Idee, wie das Land dauerhaft auch ohne militärische Präsenz ausländischer Soldaten stabilisiert werden könnte. So erklärten die USA voreilig den Sieg, zogen bald darauf überhastet ab – und der wahre Siegeszug des IS begann. Ein sich wegen seiner extremen Kurzsichtigkeit in medizinischer Behandlung befindlicher Islam-Gelehrter der Universität in Bagdad namens Abu Bakr al-Baghdadi übernahm die Führung und rief sich zum Kalifen aus. Er betrog seine Anhänger, indem er behauptete, direkt vom Propheten Mohammed abzustammen. Doch seine Gefolgsleute glaubten noch den größten Blödsinn. Und es funktionierte, zunächst jedenfalls.

Im Irak und im vom Bürgerkrieg zerrütteten Syrien schufen er und seine Anhänger ein Kalifat von der Größe Großbritanniens. Millionen Menschen mussten die Schreckensherrschaft der Terrorhorden seiner Gefolgsleute erdulden. Schreckliche Gräueltaten wurden begangen, die Sklaverei wurde wieder eingeführt, Weltkulturerbe-Stätten wurden unwiederbringlich zerstört. Das Zweistromland, Wiege menschlicher Kultur, wurde zu einem Ort unsagbarer Verbrechen.

Dieses Kalifat war das vielleicht ehrgeizigste Staatsgründungsprojekt in der Geschichte des Terrorismus. Und es zog Tausende, Zehntausende aus aller Welt an. Allein etwa 1.050 Islamisten machten sich aus Deutschland auf den Weg. Von einer von ihnen handelt dieses Buch: Leonora Messing, 15, als sie zum IS zog, heute 19 Jahre alt. Anhand ihrer Geschichte lässt sich der Aufstieg dieses Terrorstaats erzählen, die brutale Realität im Inneren begreifen. Leonora Messings Geschichte hilft zu verstehen, was nicht zu verstehen ist. Und beschreibt das Erleben derjenigen, die zu Hause zurückgelassen wurden: die Familie, die Freunde, das persönliche Umfeld.

Zu den beschämenden Kapiteln der Anfangsjahre 2012 bis 2014 gehört, dass viele europäische Regierungen ganz froh darüber waren, wenn sich Islamisten aus ihren Ländern auf den Weg nach Syrien und in den Irak machten. Eine so einfache wie falsche Sichtweise: Wenn sie dort unten kämpften, mordeten und starben, dann hatte man kein Problem mit ihnen im Herkunftsland. Europa exportierte nach Schätzungen mehr als 5.000 seiner Terroristen in den Nahen Osten. Die Leidtragenden waren die Menschen dort.

Manche erkannten früh, in welchen Irrsinn, welches Unrecht, welche Brutalität sie geraten waren. Sie setzten sich ab und flohen, wenn sie denn konnten. Der IS richtete Abweichler und Verräter hin. Unter denen, die zum IS kamen, waren auch auffällig viele Frauen, Mädchen, manche noch in der Pubertät, leicht verführbar und auf der Suche nach einem neuen, einem angeblich islamischen Leben. Manche setzten sich nur zum IS ab, weil sie von zu Hause wegwollten und ihre Eltern sie von dort nicht zurückholen konnten. Und die deutsche Polizei auch nicht.

Noch schlimmer ging es den Kindern, die von ihren Eltern in den Terrorstaat verschleppt wurden. Oder die dort geboren wurden. Es sind viele, denn die Frauen im Kalifat hatten vor allem die Aufgabe, die Kämpfer zu umsorgen, den Haushalt zu organisieren und die nächste Generation IS-Anhänger zu gebären. Diesen Teil der Ideologie kennt man schon von den Nazis. Überhaupt finden sich auffallend viele Parallelen zwischen diesen beiden totalitären Ideen. Die Welt in ein Gut und ein Böse zu teilen und Schattierungen dazwischen nicht zuzulassen, ist wohl die Größte unter den Gemeinsamkeiten. Bei einigen der Ausgereisten fragt man sich, ob sie nicht auch Karriere in einer Neonazi-Organisation hätten machen können, wenn ihre migrantische Herkunft dem nicht im Wege gestanden hätte.

Dass dieser Irrsinn am Ende scheitern musste, war unvermeidlich. Lange schaute die Weltgemeinschaft zu, ließ die Terrormiliz gewähren. Dann, im Spätsommer 2014, formte sich gegen den IS schließlich eine große Allianz aus Staaten, die sich sonst auf gar nichts mehr einigen können: die USA, Russland, Saudi-Arabien, die Türkei und viele andere. Und auch die Anschläge in Paris, in Nizza, in London oder auf dem Weihnachtsmarkt in Berlin führten nur zu noch größerer Entschlossenheit. Gegen die militärische Übermacht konnten die Terroristen am Ende nichts ausrichten.

Als die letzten Arbeiten an diesem Buch beendet wurden, im Sommer 2019, war der IS als Staat geschlagen und verschwunden. Die Gefängnisse im Irak, viel mehr aber noch die Lager in den Kurden-Gebieten Syriens sind voll. Mehr als einhundert Deutsche sind unter ihnen und mindestens doppelt so viele Kinder. Anstatt bis zuletzt zu kämpfen und als »Märtyrer« ins Paradies einzuziehen, haben sich viele der deutschen Islamisten dann doch für das Leben entschieden und ergaben sich. Nun wollen diejenigen, die bei der Ankunft im Kalifat noch ihre Pässe verbrannten, kleinlaut zurück nach Hause: nach Europa, nach Deutschland.

Niemand hat Vorkehrungen dafür getroffen, was nach dem militärischen Sieg geschehen soll. Praktisch alle europäischen Länder weigern sich, ihre Staatsbürger zurückzuholen und vor die eigenen Gerichte zu stellen. Inzwischen fordern europäische Politiker ein Internationales Strafgericht. Aber auch erst jetzt. Nicht einmal für die Kinder, die nun überhaupt nichts für die Taten ihrer Eltern können, reicht das Mitgefühl. Einige von ihnen sind lebensbedrohlich erkrankt, leben, wie kein Kind es verdient. Mit dem, was von diesem Islamischen Staat übrig ist, will am liebsten niemand mehr etwas zu tun haben.

Es ist jene Form von Kurzsichtigkeit, die bereits den Aufstieg des IS begünstigt hatte. Das Kalifat existiert nicht mehr. Die Ideologie aber ist lebendig, wie die brutalen Anschläge in Sri Lanka an Ostern 2019 zeigten. Es ist einfacher, eine Stadt oder sogar einen De-facto-Staat einzunehmen, als eine Idee zu zerstören. Und so gehen viele der Anhänger wieder in den Untergrund, so wie sie es bereits aus der Vergangenheit kennen. Die Nachrichtendienste verschiedener westlicher Staaten warnen, die Kommandostruktur des IS habe erhebliche Geldsummen beiseitegeschafft, um den »Widerstand« aus dem Untergrund heraus zu finanzieren. Zu den Lehren gehört deshalb, dass ein jedes Land alles tun muss, um die Verbreitung einer solch radikalen Ideologie so früh wie möglich zu unterbinden, mit den Mitteln der Strafverfolgung, mit einer langwierigen und schwierigen Prävention und mit De-Radikalisierung. Aus den gemachten Fehlern kann man lernen. Wenn man denn will.

*Georg Mascolo im Juni 2019*

# Die erste Nachricht

*»Hallo, mein Name ist Nihad Abu Yasir«*, steht auf dem Handydisplay. *»Ihrer Tochter geht es gut, Gott sei Dank. Sie ist angekommen in* Dawlatul Khilafa.*«*

*Dawlatul Khilafa* – das heißt so viel wie »der Kalifatstaat«. Doch das weiß Maik damals noch nicht. Den Begriff, mit dem Anhänger des Islamischen Staates ihre eigene Utopie bezeichnen und den man *Daulatu al Chilafa* ausspricht, hatte er noch nie gehört. Es ist nur einer von vielen Namen und Begriffen, die Maik erst lernen muss.

Sechs Tage sind nun vergangen, seit seine Tochter Leonora verschwunden ist. Sechs Tage Angst. Sechs Tage Verzweiflung.

Maik hatte mal eine Maurerlehre gemacht, bevor er im väterlichen Betrieb Bäcker wurde. In seinen 44 Lebensjahren hat er schon so einige Schicksalsschläge erlebt, doch diese Tage ohne Nachricht sind selbst für den groß gewachsenen, gestandenen Mann zermürbend. *»Ich konnte nur noch reagieren, nicht mehr agieren«*, erinnert er sich später an diese Tage und die erste Nachricht über den Verbleib seiner Tochter zurück.

Wenige Sekunden später piepst sein Handy wieder mit diesem Ton, der an ein kleines Glöckchen erinnert, typisch für eine neue Nachricht bei WhatsApp. Er wird ihn im Zusammenhang mit Leonora in den nächsten Monaten, den nächsten Jahren noch

Hunderte Male hören – der Ton wird ihn oft erschaudern lassen, manchmal aber auch erfreuen, meistens hoffen.

Maik sitzt auf dem großen Himmelbett in Leonoras Zimmer im Dachgeschoss seines kleinen Hauses. Vom Fenster aus kann man den Kirchturm sehen und die vom rauen Wetter geschundenen Giebel der Nachbarhäuser. Die grauen Wolken verkanten sich zwischen den Hügeln des Harzvorlandes. Sie wollen einfach nicht weiterziehen. Es wirkt, als wollten sie die ohnehin triste März-Landschaft noch farbloser machen.

Alles hier im Zimmer erinnert ihn an seine Leonora, die er oft Leo nannte, obwohl er solche Verkürzungen eigentlich nicht mag. Alles hier ist sie. Die violette Wand, der Schreibtisch, der Schminktisch.

Auf dem Himmelbett wird er noch oft sitzen und an Leonora denken. Und er wird kämpfen – für seine Tochter, manchmal auch mit ihr und nicht zuletzt mit sich selbst. Er wird weinen, sich fürchten, Enttäuschungen erleben. Aber er wird auch viel lachen. Überhaupt lacht Maik viel und oft, meistens weil ihm danach ist, manchmal, weil er nicht besser mit der Situation umzugehen weiß.

Maik wird in fremde Länder reisen, in denen er noch nie zuvor war, sogar ganz nah heran an die syrische Grenze. Er wird mit Islamisten Bündnisse schmieden und erleben, wie seine Teenager-Tochter zur zweifachen Mutter wird und ihn mit der Frage zurücklässt, ob er sich darüber freuen oder weinen soll, Großvater zu werden. Maik wird erpresst werden und Leonora sogar kurzzeitig für tot erklärt werden. Doch all das ahnt er jetzt noch nicht. Genauso wenig wie er sich damals vorstellen kann, beinahe täglich mit zwei Journalisten in Kontakt zu stehen. Auch wir, die zwei Journalisten, ahnen zu dieser Zeit nicht, dass diese Geschichte uns so intensiv beschäftigen und uns zuweilen bis an den Rand journalistischer Professionalität führen wird. Manchmal sogar darüber hinaus.

> *Ihre Tochter ist in guten Händen. Ich werde mich so lange ich lebe um sie kümmern,* bi idhnillah *[Alles Lob gebührt Allah].*

Maik starrt wieder auf das kleine Display seines Smartphones. Die fremde Landesvorwahl des ihm unbekannten Nachrichtenschreibers beginnt mit +1. Das ist irgendwo in Nordamerika, den USA oder Kanada. Maik weiß das. Vor einigen Jahren hatte er mal an einer Übung der Bundeswehr in Kanada teilgenommen. Aber das kann ja nicht stimmen. Doch was soll er jetzt tun? Zurückschreiben? – Nein. Was sollte man auf eine solche Nachricht auch antworten.

*»Ihre Tochter liebt sie. Sie hat sich aber für Allah und den Islam entschieden. Sie ist im Islamischen Staat«*, teilt der Nachrichtenschreiber als Nächstes mit. Leonora im Islamischen Staat? Das geht nicht, wie soll sie dahin gekommen sein? Was will sie da? Diesen IS kennt Maik nur aus dem Radio und aus der »Tagesschau«. Was hat er, was hat seine 15-jährige Tochter damit zu tun?

Der Nachrichtenschreiber macht Druck. *»Keine Antwort ist auch eine!«*, schreibt er harsch und schickt gleich noch ein drängelndes Fragezeichen hinterher.

Es ist der 12. März 2015, genau um 14:30 Uhr, als Maik sich entschieden hat, das erste Mal eine Nachricht in diesen selbst ernannten Islamischen Staat zu schicken: *»Geht es ihr wirklich gut?«*, fragt er. *»Und wo ist sie? Kann ich mit ihr sprechen?«*, schiebt er gleich noch am Wahrheitsgehalt der Aussagen zweifelnd hinterher. Prompt bekommt er eine Nachricht zurück: *»Ihr geht es sehr gut. Sie ist zu Hause.«*

Zu Hause. Leonoras Zuhause ist da, wo Maik gerade ist – in Breitenbach bei Sangerhausen an den Südausläufern des Harzes. MSH – Landkreis Mansfeld-Südharz steht hier auf den Nummernschildern der Autos. Zu Hause ist hier, nicht irgendwo im Nahen Osten. *»Da gehört sie doch nicht hin«*, schießt es ihm durch den Kopf. Ein Satz, den Maik wiederholen wird wie ein Mantra, immer und immer wieder.

Während Maik diese ersten Nachrichten erhält, durchsuchen zwei Beamte des Landeskriminalamtes Sachsen-Anhalt Leonoras Zimmer. Als Leonora sechs Tage zuvor plötzlich verschwunden war, hatte Maik die Polizei verständigt. Nun suchen die Beamten nach Spuren und Hinweisen zu ihrem Verbleib. »Freiwillige Herausgabe« heißt das im Behördensprech. Denn die Polizeibeamten haben keinen Durchsuchungsbeschluss. Maik kooperiert. Die Kommissare sollen schließlich ihre Arbeit machen und seine Tochter zurückbringen, irgendwie. Dass die Beamten das gar nicht können – und zumindest in den weiteren Wochen und Monaten auch gar nicht beabsichtigen –, auch das ahnt er damals noch nicht.

Vor einer Woche hatte Leonora das letzte Mal in ihrem Zimmer übernachtet. Es schien alles normal damals. Aber auch da ist sich Maik jetzt nicht mehr so sicher. Alles um ihn herum fühlt sich an wie eine Wolke. Ein Leben im Nebel. Undurchsichtig. Verschwommen. Dumpf. Über das Wochenende wollte Leonora angeblich zu ihrer leiblichen Mutter Babette ein paar Dörfer weiter. Da kam sie aber nie an. Auch das gehörte anscheinend schon zum Plan, ausgetüftelt bis ins kleinste Detail, wie Maik später berichtet:

*Am nächsten Morgen bin ich von der Arbeit gekommen und da hab' ich noch ihre Fußspuren im Schnee gesehen und die Spuren von den*

*Rollen vom Koffer. Wir wussten ja, dass sie in der Schule eine Theateraufführung haben, dafür brauchte sie diesen Koffer. Den hatten wir extra noch vom Boden heruntergeholt für sie. Und da dachte ich noch so: Gott sei Dank hat sie den Koffer nicht vergessen mit in die Schule zu nehmen.*

*Ich konnte ja nicht ahnen, dass sie damit verschwindet. Wir waren ja wirklich felsenfest der Meinung, dieser Koffer ist für diese Schulaufführung.*

*Meine Frau hatte wie üblich die ganze Zeit über Kontakt mit Leonora per WhatsApp. Als sie dann etwas zurückschreiben wollte, hat Leonora dann irgendwann nicht mehr geantwortet. Da war das Profil gelöscht. Also das Profilbild war weg und wenn man darauf drückte, kam einfach keine Anzeige mehr. Das war ganz außergewöhnlich, weil online zu sein war ihr immer ganz wichtig. Dass sie mal nicht online war oder dass der Akku mal alle war, das kam schon vor, aber dass das ganze Profil weg war? Das war der Moment, wo wir gesagt haben: Da stimmt irgendwas nicht.*

*Wir haben dann ihre leibliche Mutter angerufen, doch die antwortete, dass Leo nicht bei ihr sei. Sie hatte ihr erzählt, es gehe ihr nicht gut und sie wolle deshalb zu Hause bleiben. Und dann haben wir Emine* (*Name geändert) angerufen, ihre beste Freundin, bei der Leonora viel Zeit verbracht hat.*

*Und Emine sagte gleich: »Wie? Nee, die kann nicht bei mir sein, ich bin gerade im Krankenhaus.« Scheiße, hab' ich da gesagt.*

An diesem Freitag, dem 6. März, war es früh dunkel geworden. Als es nach einer Zeit des Abwartens immer noch keine Nachricht von Leonora gibt, beschließt Maik, die Polizei zu alarmieren. Er wählt die Nummer der örtlichen Dienststelle in Sangerhausen. Der Beamte in der Leitung bittet Maik, zum Revier zu kommen und sicherheitshalber eine Vermisstenanzeige aufzugeben, auch wenn sich Jugendliche wie Leonora erfahrungsgemäß schnell wieder einfänden.

Die Straße hinab in die Kleinstadt schlängelt sich durch den dichten Wald. Die vielen Schlaglöcher zwingen Maik, langsam zu fahren. Wieder und wieder geht er alles durch. Sein Kopf ist voll. Er frisst die Informationen in sich hinein, vermag sie aber nicht in eine Ordnung zu bringen. Wie ein großes Wollknäuel, bei dem es keinen Anfang und kein Ende zu geben scheint. Maik greift in seinen Gedanken nach den Fäden, doch die schnipsen einfach immer wieder zurück. Er kann keinen festhalten, bevor er schon zum nächsten Gedankenfaden springt.

Der betagte Kriminalbeamte auf der Wache tippt mit dem Ein-Finger-Prinzip die Vermisstenanzeige in den Computer. Die Anzeige trägt die Vorgangsnummer SGH RK KrimD 1/928/2015, samt einer kurzen Personenbeschreibung von Leonora: »*Scheinbares Alter ca. 16, Größe: 168 cm, schlank, lange brünette Haare, braune Augen // Bekleidung: Anorak blau-grau mit Fellkragen und Kapuze, Sportschuhe Nike. // Vermisste Person führt einen lilafarbenen Hartschalenkoffer mit Rollen bei sich.*«

Noch am selben Abend meldet sich Leonoras beste Freundin Emine aufgeregt bei Maik. Sie chattete gerade mit seiner Tochter, erzählt sie Maik

*Erst haben sie hin und her geschrieben, das hat sie uns dann auch immer gleich weitergeschickt per Screenshot. Leonora hat gelogen und sagte zu Emine, sie sei mit ihrer Mutter in die Pizzeria essen gegangen. Und Emine hat dann irgendwann geschrieben: Hör auf, mich anzulügen! Ich weiß, dass du nicht bei deiner Mutter bist. Also sag mir jetzt die Wahrheit.*

Leonora benutzt nach der Löschung ihres Accounts eine türkische Telefonnummer. Emine erkennt das sofort, schließlich ist ihre Familie kurdisch und stammt ursprünglich aus der Türkei. Emine war dort schon häufig zu Besuch bei Verwandten. Über einige Stunden chatten die Freundinnen miteinander:

*Emine: Leo ich raste hier noch aus. Sag mir wo du bist. Was machst du für Sachen?*

*Leonora: Mir geht es schlecht. Ich möchte den Islam richtig praktizieren und das geht zu Hause momentan nicht. Deswegen bin ich über das Wochenende weg.*

*Emine: Sag mir doch wenigstens wo du bist! Mann Leo, du weißt, du kannst jederzeit zu mir!*

*Leonora: Ich vertraue dir jetzt zu 100%*

*Emine: Du kannst mir vertrauen zu 1 000 000%*

*Leonora: Wirklich? Egal was ist? Und egal wo ich bin?*

*Emine: Was ist los? Was ist passiert?*

*Leonora: Ich bin nicht in Deutschland. Sondern in der Türkei.*

*Emine: Ist das dein Ernst???? Was machst du da? Bist du verrückt?*

*Leonora: Ich bin in einem Hotel mit anderen.*

*Elhamdulillah [Gott sei Dank], dass ich dich habe. Wirklich. Ich habe ja keinen Streit mit meinen Eltern. Alles läuft gut. Aber ich will anders leben! Ich muss mich total verstellen. Ich führe voll das Doppelleben ...*

*Emine: Hast du dich bei deinem Papa gemeldet?*

*Leonora: Er denkt ich bin bei meiner Mutter.*

*Emine: Nein! Weißt du wo er gerade ist? Er sitzt bei der Polizei.*

*Leonora: Wirklich?*

*Emine: Ich hab ihn gerade angerufen. Er leidet total!*

*Leonora: Ich will nicht, dass er leidet. Es tut mir alles so leid.*

Emine ist geschockt. Leonora in der Türkei? Weil sie islamisch leben möchte? Emine versucht Leonora anzurufen. Irgendwie muss sie ihre Freundin doch überzeugen können, wieder nach Hause zu kommen! Nach einigen vergeblichen Versuchen kommt tatsächlich ein kurzes Gespräch zustande. Emine schildert es am darauffolgenden Tag so: *»Ich habe ihr gesagt, dass sie jetzt genau sagen soll, wo sie ist, und sie hat nur geantwortet, dass alles gut ist, und aufgelegt. Dabei hat sie geweint. Danach war sie nicht mehr erreichbar.«*

Schon seit einiger Zeit hatte sich Leonora für den Islam interessiert. Emine wusste das. Sie sprachen oft darüber, und die Freundin konnte Leonora hilfreiche Hinweise geben. Schließlich ist sie selbst gläubige Muslima. Auch Maik und die Familie wussten von Leonoras Interesse. Maik hatte sie sogar ermutigt, einen deutschsprachigen Koran zu kaufen, damit sie verstehen kann, was darin geschrieben steht. Einen Konflikt über den Glauben oder das Leben als gläubige Muslima hatte es bei ihnen zu Hause in Breitenbach nie gegeben.

Als Maik die Zeilen des Chats zwischen Leonora und ihrer Freundin liest, macht er sich große Sorgen. Was, wenn seine Tochter von der Türkei aus in den Islamischen Staat reisen will? Noch ist es nur eine dunkle Vorahnung. Gewissheit wird er erst eine Woche später erhalten, wenn sich ihr neuer Ehemann meldet. Zunächst einmal macht er sich Vorwürfe. Hätte er nicht besser auf Leonora aufpassen müssen? Aber worauf aufpassen oder beschützen, wenn er nicht weiß, vor wem oder vor was? Vater und Tochter hatten eine gute, eine innige Beziehung. Was hat er verpasst? Warum hat sich Leonora ihm nicht offenbart? Es hätte doch Wege gegeben. Zusammen hätten sie doch eine Lösung gefunden!

*Auch schulisch gab es keinerlei Anzeichen, dass sie sich jetzt mehr für den Islam interessiert als für Mathe, gar nicht, keinerlei Hinweise. Es war noch extra aufs Zeugnis geschrieben worden, dass Leonora sozial sehr engagiert ist. Sie hat im Pflegeheim alten Leuten vorgelesen, sie hat in der Schülerband mitgespielt und sie war Klassensprecherin.*

Leonora musste nicht integriert werden. Sie wurde hier im Südharz geboren und ist hier aufgewachsen. Auch ihre Mutter Babette und Vater Maik kommen aus der Gegend. Maik hatte schon einmal davon gehört, dass sich junge Leute auf den Weg machen nach Syrien und in den Irak. Sie wollten in den Dschihad, hieß es, in den Heiligen Krieg. Aber solche Problemfälle waren weit weg, hatten nichts mit ihm zu tun. Diese jungen Leute kamen aus großen Städten und hatten meistens einen Migrationshintergrund. Leonora kommt aus einem Dorf mit 190 Einwohnern. Die nächste Moschee liegt von Breitenbach mehr als 50 Kilometer entfernt. Und dennoch ist sie fortgegangen. In ein Leben im Islamischen Staat, mit täglicher Gewalt, mit Morden auf den Straßen und mit beinahe täglichen Bombenangriffen einer internationalen Koalition, angeführt von den Hightech-Bombern der USA.

Leonora wollte nicht die Familie verlassen, nicht den Vater, nicht ihre geliebten Hunde, die Pferde. Und dennoch wollte sie weg. Monate später wird sie ihrer Freundin Emine eine Nachricht schreiben und über ihre letzte Nacht in Breitenbach berichten.

> *Oh Gott … muss gerade an den letzten Abend denken. Wie ich mit Absicht zehn Sachen im Wohnzimmer gelassen habe, um immer wieder runterzugehen, damit ich Papa immer wieder gute Nacht sagen konnte … Und wie ich Koffer gepackt habe … Und einfach nur geheult habe … .*

Als Maik diese Zeilen später liest, beginnt er heftig zu weinen. Sein Schmerz sitzt so tief, die Enttäuschung. Vor allem, von seiner Tochter so belogen worden zu sein und es nicht zu bemerken.

Als Leonora geht, hinterlässt sie ihren Laptop und ihr Tablet auf dem Bett. Fein säuberlich zurechtgelegt, präsentiert beinahe, damit die Eltern sie rasch finden können. Auf einem kleinen Zettel hatte sie noch das Passwort für den Rechner notiert, »Kinderzimmer«, und mit Klebestreifen auf die Plastikverkleidung geklebt.

Maik ist ein technischer Analphabet. Er hat Sorge, etwas zu

übersehen oder einen wichtigen Hinweis im Labyrinth des Computers nicht zu finden, eine Spur etwa, wo Leonora sich aufhält, welche Pläne sie genau hat. Vielleicht findet sich ein Aufenthaltsort oder ein Kontakt, mit dessen Hilfe er seine Tochter finden und wieder nach Hause bringen kann. Zwei Tage sind seit Leonoras Verschwinden inzwischen vergangen. Mithilfe eines computererfahrenen Freundes untersucht er die Geräte. Wie Detektive spüren sie durch die Dateien und Fotos. Es sind viele, sehr viele. Die Polizei wird später Tausende Fotos auf dem Rechner entdecken. Die allermeisten ohne jede weiterbringende Spur. Nach einigem Suchen finden die beiden eine nicht versendete E-Mail, sie liegt noch im Ordner »Entwürfe«. Schnell stellt sich heraus: Auch der Inhalt ist unvollendet. Leonora hatte entweder keine Zeit mehr, die Mail zu versenden, oder ihr fehlte der Mut. Denn die Mail war für Maik bestimmt. Es ist eine Art Abschiedsbrief an den Vater:

*Hallo Papa,*

*wie Ihr jetzt sicherlich bemerkt habt, bin ich nicht mehr da und erreichbar!*

*Ich bin ausgewandert! Bitte macht euch keine Sorgen! Es ist zu 100% nicht eure Schuld … Ich liebe euch sehr!! Ich habe sehr lange darüber nachgedacht und alles gut geplant, damit alles gut geht und ich gut leben kann. […] Macht euch jetzt keine Vorwürfe, denn ihr seid nicht daran schuld, dass ich gegangen bin. NIEMAND ist daran schuld. Ich habe mich damals für den*

Und dann bricht es ab. Es sind Worte des Bedauerns, die Eltern so hinters Licht geführt zu haben. Doch sie erklären nichts. Gründe für diesen Wahnsinnsentschluss wird Maik noch jahrelang vergeblich suchen, wirklich finden wird er sie nicht.

Als Maik und der Freund noch etwas tiefer im Computer graben, finden sie eine Flugbuchung. Anscheinend wurde der Flug bar bezahlt. Die Tickets für den Flug mit Turkish Airlines TK 1598 von Frankfurt am Main nach Istanbul würden am Schalter zur Abholung hinterlegt. Abflug 6. März 2015 um 7:45 Uhr, Ankunft in Istanbul 11:45 Uhr. Außerdem findet sich die Reservierung für ein *Golden Crown Hotel* in der Stadt am Bosporus. Das könnte eine Spur sein. Denn sie hatte Emine von einem Hotel berichtet, in dem sie mit anderen sei. Ein kurzes Telefonat bringt die bittere Gewissheit: Leonora hat in dem Hotel niemals eingecheckt. Eine tote Spur.

Im Ordner »Dokumente« entdecken sie schließlich noch eine Textdatei. Sie trägt die Bezeichnung »Einverständniserklärung.doc«. Darin willigt Maik in die Reise nach Istanbul ein, auch wenn Leonora noch nicht einmal 16 ist. Die Unterschrift muss sie gefälscht haben. Und noch etwas fällt auf: Leonora reist nicht allein. Sie wird von einer jungen Frau namens Martina* (*Name geändert) begleitet, die schon 18 Jahre alt zu sein angibt. Martinas Name findet sich auch in der Flugbuchung und der Hotelreservierung.

Wieder so ein Faden, den Maik nicht richtig fassen kann, auch wenn ihm der Name bekannt vorkommt. Leonora hatte ihm gegenüber mal eine Martina erwähnt, vor Wochen schon. Sie seien früher mal zusammen zur Schule gegangen, in dieselbe Klasse, hatte sie gesagt. Irgendwann sei sie dann weggezogen. Mehr weiß Maik nicht über die junge Frau. Er hatte auch nicht weiter nachgefragt. Ein Fehler? Hätte er seine Tochter womöglich stoppen können, wenn er nachgehakt hätte? Ist sie es, die für Leonoras Reise in den Krieg, ja vielleicht in den Tod, verantwortlich ist? Hat sie seine Tochter verführt? Hat sie Leonora einer Gehirnwäsche unterzogen, sodass sie bereit war, in diesen Heiligen Krieg zu ziehen, der doch nichts Heiliges hat? Die Verbrechen des Islamischen Staates sind doch offensichtlich. Hat Leonora das nicht gesehen? Hat sie ihre Augen davor verschlossen? Sie hatte doch immer so ein großes Gerechtigkeitsempfinden und setzte sich für Schwächere ein. Was soll an diesem Islamischen Staat gerecht sein?

Nun, sechs Tage sind seit ihrem Verschwinden vergangen, sind die beiden Beamten des LKA Sachsen-Anhalt im Haus, in Leonoras Zimmer im Dachgeschoss. Sie waren die enge Treppe hinaufgestiegen. Überall hängen Fotos von Leonora, mit ihren Freundinnen, mit ihrer Familie im Urlaub in Barcelona oder auf einer AIDA-Kreuzfahrt vor einem Jahr. Nun laufen die Polizisten kreuz und quer durch die vier Wände, in denen Leonora noch vor Kurzem Beauty-Videos für ihren eigenen YouTube-Kanal drehte und ihre Erfahrungen mit einem neuen Lippenstift oder die nahezu magischen Kräfte einer bestimmten Nachtcreme beschwor. Das Publikum waren Teenager wie sie – irgendwo da draußen. Ein Kopftuch trug Leonora dabei nie.

Die Beamten stoßen sich zuweilen den Kopf an den Dachschrägen. Kathleen* (*Name geändert), Maiks zweite Frau, hilft den Beamten. Gemeinsam durchsuchen sie jedes Kleidungsstück, schauen unter die Matratze, hinter die Schränke, in Ritzen und Spalten, einfach überall hin. Und sie blättern durch Leonoras Schulhefte und Bücher.

Plötzlich klingelt Maiks Handy. Es ist wieder diese Telefonnummer, die mit +1 beginnt, die gleiche, von der zuvor die Nachrichten kamen. Maik sitzt wie gelähmt auf Leonoras Bett, unfähig, die Entscheidung zu treffen, das Gespräch entgegenzunehmen oder es einfach zu ignorieren. Er starrt den Polizisten an. Der bedeutet ihm ranzugehen. Da es anders klingen würde, wenn er die Freisprechtaste drückt, sodass alle mithören könnten, presst der Polizist sein Ohr an Maiks, um wenigstens ein paar Sprachfetzen aufzuschnappen.

*Der Mann am Telefon hat mir gesagt, Leonora ist zu Hause und kann deshalb gerade nicht selbst sprechen. Ich habe dann gefragt, wo zu Hause denn sein soll, und er sagte: Na in Syrien. Der Mann stand irgendwo draußen auf der Straße. Es war ziemlich laut. Ich konnte im Hintergrund Autos und Hupen hören. Weil man dort nur über das Internet telefonieren kann, hat er noch gesagt, müsste ich noch ein bisschen warten, bis ich Leonora selbst sprechen könnte. Mehr hat er nicht gesagt. Und mir sind in dem Moment auch keine klugen Fragen eingefallen. Dafür war ich einfach zu aufgeregt. Das Gespräch dauerte nicht lange, vielleicht eine Minute, vielleicht auch zwei, das kann ich schlecht sagen. Aber ich habe danach aufgelegt und habe zu dem Mann vom LKA gesagt: Das ist ein Ossi, 100%ig, vom Dialekt her, von der Wortwahl her. Das hat dann ja auch gestimmt.*

Der Anrufer, der sich im Gespräch als Nihad Abu Yasir vorstellte, hat bei WhatsApp ein Profilfoto eingestellt. Ein schlanker junger Mann mit schwarzer Sturmhaube ist darauf zu sehen. Die gesamte Kleidung, eigentlich alles, ist tiefschwarz. Er hat große dunkle Augen, und die wenige Haut, die man erkennen kann, ist hell. In der Hand, das springt sofort ins Auge, hält er eine Kalaschnikow mit dem typisch großen geschwungenen Magazin. Etwas verborgen, an der Seite, trägt der Anrufer noch eine Pistole im Schulterholster. Das Bild soll bedrohlich sein und verfehlt diese Wirkung auch nicht. Denn noch dazu steht der Mann vor einer schwarzen Flagge des IS. »Der Rambo des Islamischen Staates« könnte darunter stehen. Aber wahrscheinlich ist Rambo auch verboten im IS. Schließlich ist der Film ja ein amerikanisches Erfolgsprodukt.

Der Anruf hatte die Durchsuchung des Zimmers für einen kurzen Moment unterbrochen. Maik soll nur schnell ein Telefonprotokoll anfertigen für die Akte. Dann geht es weiter. Die Beamten werden fündig. Auf einzelnen DIN-A4-Seiten hatte Leonora Listen erstellt. Packlisten mit alltäglichen Dingen, die sie nicht vergessen wollte. Es ist eine Art Grundausstattung für ein Leben im Dschihad – irgendwo in Syrien, auch wenn sich die Liste in vielen Punkten nicht von der für eine Kreuzfahrt unterscheidet. Nur steht hier *Dawla Islamiyya* – also Islamischer Staat – obendrüber, und dann die Auflistung:

- 3 *Khimar* [große Kopftücher, die auch den Oberkörper verhüllen]
- 5 *Nikabs* [Gesichtsschleier, die nur einen Sehschlitz über den Augen frei lassen, manchmal nicht einmal den]
- *Zahnbürste / Pasta*
- *Duschgel / Tücher*
- *Deo, Parfüm*
- *T-Shirts, Pullover, Hosen*
- *Unterwäsche, BHs, Socken*
- *2 Handys, Ladekabel*
- *Geld*
- *Koran / Bücher*
- *Schuhe*
- *Jogginghose*

Maik kann es nicht fassen.

*Es ist egal, mit wem man spricht. Wer Leonora gekannt hat, sagt: Das glaub` ich nicht! Das kann doch nicht stimmen, nicht Leonora. Das hat bei uns auch ein Stück weit gedauert, bis wir das wirklich realisiert haben – und um ganz ehrlich zu sein, richtig realisiert haben wir das noch immer nicht. Im*

*Moment ist es immer noch so surreal. So wie: Gleich wachst du auf und Gott sei Dank war alles nur ein Albtraum.*

Doch der Albtraum ist bittere Realität. Wenn Maik morgens erwacht, dann bleiben seine Gedanken immer an diesem einen Thema haften. Er geht damit ins Bett und wacht damit wieder auf. Leonora und der Islamische Staat – zwei Dinge, die für Maik so gar nicht zusammenpassen wollen, sind allgegenwärtig, ständig, überall.

Seit Kurzem sind Maik und seine Familie in Betreuung professioneller Helfer. Claudia Dantschke und ihr Team von der Organisation *Hayat* (übersetzt: »Leben«) hatten Maik angerufen und sich und ihre Arbeit vorgestellt. Sie hatten von Leonora durch einen anderen Fall erfahren, Martina, die 18-jährige angebliche ehemalige Klassenkameradin, mit der Leonora nach Istanbul geflogen war. Ihre Mutter war bereits mit *Hayat* in Kontakt getreten und hatte von einer »Mitreisenden« erzählt. Claudia Dantschke und ihre Kolleginnen betreuen Dutzende Familien mit einem ähnlichen Schicksal. Eine erste Lektion lernt Maik schnell, und sie wird ihm in den nächsten Monaten, in den nächsten Jahren, unwahrscheinlich viel Kraft geben: Ihr seid nicht allein! Es kann jeden treffen, egal ob jung oder alt, ob Mann oder Frau, ob Migrationshintergrund oder biodeutsch, ob arm oder reich, bildungsnah oder bildungsfern. Das alles spielt bei der Radikalisierung junger Menschen nur eine Nebenrolle. Mit einer zweiten Lektion tut sich Maik hingegen deutlich schwerer: *»Ihr müsst, auch wenn das eine Herausforderung ist, viel Geduld haben!«*, rät Claudia Dantschke.

Doch Maik hat keine Geduld. Er will nicht abwarten, er kann nicht abwarten. Er will jetzt Kontakt zu seiner Tochter. Er will jetzt erfahren, ob es ihr gut geht. Wo sie ist, was sie macht und vor allem: Warum hat seine Leo diesen Weg gewählt, die Auswanderung, wie sie es im unvollendeten Abschiedsbrief nannte?

Bei jedem kurzen Chat mit dem ominösen schwarz gekleideten Mann in Syrien drängt er auf direkten Kontakt. Doch dieser Nihad Abu Yasir vertröstet ihn immer wieder: »*Sie sagt, sie braucht etwas Zeit. Sie traut sich nicht. Haben Sie etwas Geduld. Sie wissen jetzt, sie ist hier.*« Dann, am späten Nachmittag des 12. März, kurz nachdem die LKA-Beamten das Haus verlassen haben, erreicht Maik eine Nachricht, angeblich direkt von Leo: »*Ja, Papa.*« Maik antwortet sofort, die Berührungsängste sind verflogen: »*OK Maus. Ruf mich an, sobald du kannst.*« Leonora schreibt zurück: »*Oki.*«

*Oki*, das hat Leonora noch nie geschrieben. In früheren Nachrichten hat sie lange Worte abgekürzt, manchmal sogar ganze Sätze. Sie hat verniedlicht, auch viele Rechtschreibfehler gemacht und eben ihre eigene Jugendsprache genutzt. Aber *Oki*? Das ist nicht ihr Stil. Dieses kurze Wort führt zu langen Diskussionen in der Familie. Kann sie das selbst geschrieben haben? Ist sie vielleicht einfach auf die falsche Taste gekommen? Oder versucht da jemand, Maik und den anderen einen Riesenbären aufzubinden, nur geschrieben, um Zeit zu gewinnen und zu beschwichtigen? Oder ist Leonora womöglich gar nicht im Islamischen Staat und alles nur eine fürchterliche Lüge?

Am 14. März ist auch diese kleine Hoffnung dahin. Leonora meldet sich mit einer Audionachricht bei Maik. Acht Tage sind seit ihrem Verschwinden inzwischen vergangen. Es ist Leonoras Stimme, da gibt es keinen Zweifel mehr. Sie wirkt heiter, fast überschwänglich. Für Maik ist es ein Schlag ins Gesicht, auch wenn er sich natürlich freut, endlich direkt von ihr zu hören.

*Hallo Papa, ich versuche, euch jetzt ein Sprachmemo zu schicken. Ich hoffe, es kommt schnell an. Und ja, also mir geht es sehr, sehr, sehr gut. Wir haben hier eine große Wohnung, sehr groß. Es sieht auch alles sehr schön aus. Ich durfte alles einrichten, wie ich es möchte. (Sie lacht.) Und natürlich habe ich alles lila gemacht. Wir haben hier auch keine Sofas, so wie in Deutschland, wir haben hier so Kissen, wie so Sitzecken. Ich kann euch auch ein paar Fotos schicken.*

Leonora freut sich, im Islamischen Staat zu sein. Daran lässt die Nachricht keinen Zweifel. Auch wenn Maik ihr Gesicht nicht sehen kann, glaubt er ihrem Überschwang. Dann piepst sein Telefon ein Dutzend Mal hintereinander. Jeder Pieps ein Foto per WhatsApp aus dem Islamischen Staat. Es sind Aufnahmen aus dem Inneren der Wohnung in Syrien.

Gebannt schauen sich Maik und Kathleen dieses angeblich neue Zuhause an. Sofort fällt ihnen der übertriebene Kitsch der Möbel und Einrichtungsgegenstände auf, typisch für den Nahen Osten. Ein Foto zeigt das Schlafzimmer. Darin ein großes Bett, kein Himmelbett von IKEA wie zu Hause in Breitenbach. Stattdessen ein Ehebett mit rosa-geblümter Tagesdecke, die nach Kunstseide aussieht. Schrecklich hässlich. Davor liegt ein schwerer grüner Teppich mit einer darauf gestickten weißen, übergroßen Orchidee.

Überall entlang der Wände liegen Sitzkissen. Es sind lang gezogene harte Polster, überzogen mit einem groben grauen, zuweilen dunkelblauen Stoff. Es scheint keine Schränke zu geben, jedenfalls hat sie keine fotografiert. Alles wirkt sehr aufgeräumt, fast steril, nichts liegt herum. Das ist vollkommen untypisch für Leonora, denken Maik und Kathleen. Leonora hatte, wohl ganz typisch für ihr Alter, immer ein großes Problem mit dem Ordnung halten. Zu Hause in Breitenbach gab es eine Absprache, einen Deal zwischen Leonora und der Familie: Jeden Freitag wird das Zimmer zumindest so aufgeräumt, dass man ohne Inkaufnahme schwerer körperlicher Verletzungen den Weg zwischen Tür und Fenster zurücklegen kann. Daran hatte sie sich auch gehalten. Leider hielt die Ordnung längstens einen Tag.

Die Wände in Syrien sind weiß gekalkt. In einem Zimmer hängt die berüchtigte Flagge des Islamischen Staates an der Wand, mit goldenem Saum und Fransen. Welche Bedeutung die weißen arabischen Buchstaben auf schwarzem Untergrund haben, davon hat Maik zu diesem Zeitpunkt noch keine Ahnung. Es interessiert ihn auch nicht sonderlich.

Die Einrichtung in der Wohnung soll herrschaftlich wirken. Zum Beispiel der Tisch mit der Glasplatte. Doch die goldenen Beine sind ganz offensichtlich aus Plastik. Dort, wo Fenster zu sehen sind, verhindern Milchglasscheiben die Sicht nach draußen. Vielleicht ist das so üblich in Syrien, wegen der Sonne? Die Küche, auch von ihr schickt Leonora ein Foto, könnte so ähnlich auch in Deutschland stehen. Sie scheint gut sortiert. Die Arbeitsplatte ist aus einem Stein, der wie Marmor aussieht oder aussehen soll. Darüber hängen braune Schränke aus Holzimitat mit goldenen Beschlägen. Ein großer Topf steht zum Trocknen neben der Spüle, zwei silberfarbene Tabletts lehnen an der Wand. Es gibt Plastikdosen, Spülmittel, einen Schwamm.

Die Wohnung ist auf jeden Fall groß genug für eine ganze Familie. So viel ist klar. Maik geht in die Informationsoffensive. Dazu hatte ihm auch Claudia Dantschke geraten, mit der Maik nun seit ein paar Tagen in regem Austausch ist. Möglichst viele Fragen stellen, sich interessieren und dabei möglichst wenige Vorwürfe formulieren. Denn häufig hatten sich radikalisierte Jugendliche zuvor nicht ernst genommen gefühlt, unter Druck gesetzt oder einfach wie ein fünftes Rad am Wagen. Offene, konfrontative Kritik am Entschluss, in den Dschihad zu ziehen, kann die mühsam erlangte Kommunikation gleich wieder zum Erliegen bringen.

Also fragt Maik:

*Wie sind denn deine Pläne? Willst du heiraten?*

Prompt bekommt er eine Antwort:

> *Ich habe schon geheiratet. Mit Abu Yasir Al Almani* [übersetzt: der Vater von Yasir aus Deutschland]. *Er hat dich angerufen. Er ist Deutscher. Konvertiert.*

Seine Tochter verheiratet? Mit gerade einmal 15 Jahren? Sind die beim IS pädophil? Maik verschlägt es die Sprache. Klar hatte Maik schon einmal daran gedacht, seine Tochter irgendwann mal zum Traualtar zu führen. In seiner Vorstellung hätte sie ein weißes Kleid an und er einen schicken Anzug. Es würde ein großes Fest werden, das ganze Dorf wäre eingeladen. Oder zumindest die allermeisten. Es würde auch bedeuten, seine Leo loszulassen. Sie stünde dann auf eigenen Beinen. Heiraten. Das hat etwas Endgültiges.

Wenig später hat er sich wieder gefangen und fragt weiter. Denn wer weiß, wie lange die Internetverbindung hält und er die Möglichkeit zu fragen hat: »*Also habe ich einen Schwiegersohn? Da musst du also nicht an die Front?*« Leonora stellt unmissverständlich klar, so als müsste das jeder wissen: »*Oh oh Papa. Frauen und Kämpfen ist verboten. Das machen nur die Jungs und Männer.*«

Der Islamische Staat hat zwar eine Frauenbrigade, die *al-Khansaa* (gesprochen al Chansa), doch die sind eher eine Art Sittenpolizei und achten darauf, dass die Frauen des Kalifats die strengen Kleidervorschriften einhalten. Sie kämpfen nicht an der Front.

Auch Selbstmordattentäterinnen kennt der Islamische Staat nicht. Die vermeintliche »Ehre«, durch einen Selbstmordanschlag direkt in die höchste Stufe des Paradieses (*al-Firdaus*) einzuziehen, wie bei anderen islamistischen Organisationen nicht unüblich, bleibt beim IS den Männern vorbehalten.

Leonora ist jetzt also Ehefrau. Sie sendet das Foto einer goldenen Kette mit Herzchenanhängern. Dies sei ihr Brautgeschenk, schreibt sie, ihre Mitgift sozusagen. Außerdem habe sie zur Hochzeit arabische Kleider und 750 Dollar in bar erhalten. Auf einer Aufnahme, es ist eine Art Hochzeitsfoto, ist Leonora selbst zu sehen. Sie trägt ein grünes arabisches Kleid mit Blümchenmuster und aufgestickten Glitzersteinen. Sie lächelt scheu in die Kamera. An ihrer rechten Hand hält sie eine Person in blauer Kleidung. Das Bild ist abgeschnitten. Man kann nicht erkennen, wer da neben ihr steht. Vielleicht der Ehemann, diesmal ohne schwarze Kampfmontur und Sturmmaske? Oder ist es eine Freundin?

Erst einige Wochen später wird klar werden, dass es sich bei der blau gekleideten unbekannten Person um die Erstfrau des zum Islam konvertierten Mannes aus Deutschland handelt. Denn Leonora, der zu Hause in Sachsen-Anhalt die Jungs scharenweise hinterherliefen, begnügt sich im Islamischen Staat mit der Rolle als Drittfrau eines deutschen IS-Mannes. Auch eine der bitteren Wahrheiten, die Maik noch lange Zeit beschäftigen wird.

Mit den Nachrichten aus Syrien endet auch das letzte bisschen Hoffnung, Leonora könnte von ihrem Plan Abstand nehmen und zurückkehren oder bei einer Polizeikontrolle irgendwo in der Türkei gefasst werden. Mit dieser Sicherheit, dass Leonora tatsächlich in diesem selbst ernannten Islamischen Staat angekommen ist, legen Maik und wir Journalisten fest, nach welchen Regeln unsere künftige Zusammenarbeit ablaufen soll. Die erste Abmachung besteht darin, erst dann über Leonoras Geschichte zu berichten, wenn sie die Terrororganisation wieder verlassen hat oder, so sagt es Maik, wenn sie dort sterben sollte. Natürlich hofft das keiner von uns. Aber Maik will vom ersten Moment an unbedingt, dass jeder erfährt, wie es passieren konnte, dass sich seine 15-jährige Tochter dieser Organisation anschließen konnte und was sie damit ihrer Familie zu Hause angetan hat. *»Wenn wir durch die Berichterstattung nur einen Jugendlichen davon abhalten können, den gleichen oder einen ähnlichen Schritt wie Leo zu gehen, dann haben wir viel erreicht«*, begründet Maik seine Entscheidung in diesem Frühjahr 2015. Er möchte seine Sicht auf die Dinge schildern, seinen Blickwinkel darstellen, weil viel zu oft über die Täter berichtet werde, zu selten über das persönliche Umfeld, die Familien, die Eltern. Und die seien, zumindest in manchen Fällen, die ersten Opfer der eigenen Kinder. (Deshalb wird Maik auch Koautor dieses Buches.) Maiks Frau Kathleen, Leonoras Mutter Babette und ihre Freundin Emine sehen das ähnlich. Nur wollen sie nicht mit ihrem echten Namen genannt werden. Auch das ist eine der vereinbarten Regeln von Beginn an.

Der Weg in diesen selbst ernannten Islamischen Staat war für Leonora ganz einfach gewesen, viel zu einfach, wenn auch gefährlich. Wochen später schildert sie ihrer Freundin Emine die Reise in einer ausführlichen Nachricht:

> *Du brauchst erst mal ein Flugticket nach Istanbul oder eine andere Stadt in der Türkei. Dort wirst du dann von zwei Männern abgeholt, die das immer machen. Die bringen dich in eine Wohnung, wenn die Grenzen gerade unsicher sind. Wenn du aber keine Zeit hast, weil du gesucht wirst oder so, dann geht es direkt los.*

*Dann wirst du zu einer Busstation gebracht. Mit dem Bus fährst du dann 20 Stunden. Es gibt Essen und Trinken und kurze Toilettenpausen. Dann am Ende der Türkei, an der Grenze zu Syrien, schläfst du noch mal eine Nacht in einer geheimen Wohnung. Dort sind dann auch schon die anderen, mit denen du dann über die Grenze gehst. Sie kommen aus aller Welt. Bei mir waren es welche aus Indonesien und Kasachstan.*
*Dort wird dann dein Koffer genommen und schon mal mit Autos über die Grenze gebracht. Dann kommen Kleinbusse und nehmen einen mit. Dort ist normal Platz für neun Leute, aber dort sind locker 15 drin. Dann fahren die so weit wie möglich. Und dann muss man laufen, normal nur zehn Minuten. Da ich aber über eine Ausnahmegrenze gekommen bin, bei Kurdistan, war das ein bisschen aufregender. Wir mussten mindestens eine halbe Stunde laufen, über Felder usw.*
*Und dann siehst du einen Stacheldrahtzaun und läufst und läufst und siehst einen Mann mit Funkgerät und Maschinengewehr. Und auf einmal standen diese großen Männer mit Waffe vor mir ... die Männer aus dem Fernsehen ... das war ein komisches Gefühl.*

Die Reise in den Islamischen Staat war für Leonora so einfach. Sollte es dann nicht auch einen einfachen Weg zurück geben? Der Lebensgefährte von Leonoras Mutter Babette spielt in einer regional recht erfolgreichen Fußballmannschaft. Die Spielerfrauen um Babette überlegen sich, einen Facebook-Aufruf an Leonora zu richten. Eine gut gemeinte Aktion. Vielleicht, so hoffen sie, können sie Leonora davon überzeugen, wieder aus dem IS auszureisen, zurück über die Türkei nach Sangerhausen. Auf T-Shirts schreiben die Frauen am Rande des Fußballspiels den Slogan: »Leo komm heim!« und posten das Foto anschließend auf der Facebook-Seite des Vereins. Doch die Aktion geht nach hinten los. Leonora nimmt keine Notiz von dem Aufruf. Stattdessen aber ein Lokaljournalist, der eigentlich für die regionale Zeitung vom Fußballspiel berichten soll. Er bringt eine deutlich bessere Geschichte zurück in die Redaktion: Eine 15-Jährige aus Sachsen-Anhalt schließt sich den Gotteskriegern des Islamischen Staates in Syrien an.

Wäre es bei dem Artikel in dieser Zeitung geblieben, womöglich hätte niemand außerhalb Sangerhausens davon Notiz genommen. Doch auch die großen Zeitungen und Rundfunkanstalten lesen die Regionalblätter, um nach Geschichten zu fahnden, die auch für eine größere Leserschaft in ganz Deutschland interessant sein könnten. Die Geschichte einer so jungen Islamistin, die aus der Provinz in den großen Krieg nach Syrien ausreist, erweckt bundesweites Interesse.

Maik und die Familie beobachten die anfänglichen Veröffentlichungen mit großem Argwohn. Wäre es um einen anderen Fall gegangen, dann hätten sie den Artikel wohl auch gelesen, deshalb können sie auch keinem das Interesse verdenken. Aber wenn es die eigene Tochter ist, über die da berichtet wird, ist es eben nicht das Gleiche.

Maik zählt in den umliegenden Orten zu den Prominenten, denn durch die Bäckerei mit zehn Filialen und mehr als 60 Mitarbeitern kennt ihn beinahe jeder hier. Er steht im Telefonbuch und auch seine Mobiltelefonnummer haben viele. Schließlich muss er ja erreichbar sein, wenn eine Torte für den Geburtstag oder die in

Ostdeutschland immer noch populäre Jugendweihe bestellt werden soll. Nicht schwer also auch für Journalisten, seine Telefonnummer in Erfahrung zu bringen. Beinahe stündlich klingelt in diesen Tagen das Telefon, hinterlassen Reporter ihre Gesprächswünsche auf der Mailbox. Ob er denn nicht kommentieren wolle, was mit seiner Tochter passiert sei? Wie er es sich erkläre, dass die 15-Jährige in den Dschihad gezogen sei? Doch Maik will nicht reden, er will nicht kommentieren. Keiner aus der Familie will das. Und Erklärungen haben sie, hat Maik, ja selbst keine.

Als Maik nicht reagiert und keinen der Redakteure zurückruft, beginnen die ersten Journalisten und Fotoreporter, nach Breitenbach zu reisen. Und stündlich werden es mehr. Der Übertragungswagen eines Fernsehsenders macht in Breitenbach halt und richtet seine große Satellitenschüssel auf den Himmel aus. Reporter beginnen mit den Nachbarn Kontakt aufzunehmen und Details aus Leonoras Leben zu recherchieren. Hat sie sich islamisch gekleidet? Trug sie ein Kopftuch oder vielleicht gar eine Burka? Was war sie für ein Mensch? War sie eine Außenseiterin oder eher beliebt? Hätten Sie sich vorstellen können, dass die Tochter Ihres Nachbarn so etwas macht? Wissen Sie, ob die Familie Kontakt zu ihr hat? Hat sie sich gemeldet?

Bald wächst sich die Präsenz der Journalisten zu einer Invasion aus. Breitenbach zählt bald mehr Journalisten, Fotografen und Techniker als Einwohner. Jedenfalls hat Maik den Eindruck zu dieser Zeit. Maiks Haus, nur wenige Fußschritte von der Kirche entfernt, wird belagert. Ständig klingelt jemand an der Tür oder ruft über den Gartenzaun. Visitenkarten und eilig von Hand geschriebene Zettelchen werden in den Briefkasten geworfen. Maik verschanzt sich derweil im Haus. In den Büschen lauert der Fotograf eines großen Boulevardblattes wie ein Jäger auf seine Beute. Die Beute, das ist ein Foto des verlassenen Vaters, der seine Tochter nicht davon abhalten konnte, in den Wahnsinn zu reisen. Selbst das Füttern der Tiere wird zur Qual, weil Maik dafür das Haus verlassen und durch den Garten gehen muss. Einzig wenn Maik zur Arbeit fährt, ist niemand da. Denn Bäcker stehen früh auf, sehr früh. Und um zwei Uhr morgens schlafen die Reporter gottlob noch.

Die Berichterstattung bleibt oberflächlich, eben auch weil Maik mit niemandem redet. Nur das LKA scheint sich mit Kommentaren nicht zurückhalten zu können. Eine große Boulevardzeitung zeigt ein unverfremdetes Foto von Leonora und schreibt in großen gelben Buchstaben dazu: »Heiratet die schöne Leonora einen Terroristen? – LKA fürchtet, die 15-Jährige schließt sich Gotteskriegern an.« Für Maik hört spätestens an dieser Stelle der Spaß auf:

*Dass die Medien berichten, konnten wir uns ja denken und nicht verhindern. Das Einzige, was wir da tun konnten, war, mit niemandem zu sprechen und keine Details auszuplaudern. Aber dass diese Zeitung ein Foto von Leonora abdruckt, ohne ihr Einverständnis und ohne unsere Erlaubnis, das ging deutlich zu weit. Wir haben ja auch Persönlichkeitsrechte. Und dann noch diese Beschriftung mit »die schöne Leonora«! Wir reden hier ja nicht von einer erwachsenen Filmschauspielerin, sondern von meiner 15-jährigen Tochter, also noch klar minderjährig. Das geht gar nicht.*

*Wir hatten dann auch über rechtliche Schritte gegen die Zeitung nachgedacht, aber haben davon wieder Abstand genommen, weil wir dadurch nur noch mehr Aufmerksamkeit auf Leonora gelenkt hätten. Und wir haben gehofft, dass das Thema schnell vorbeigeht.*

Die Schlagzeilen, und das ist für Maik das Fatale, werden auch im sonst so abgeschotteten Islamischen Staat gelesen. Der deutsche

Boulevard wird auch in Syrien und im Irak studiert. Kurz nach der ersten großen Veröffentlichung meldet sich Leonora per WhatsApp und ist sehr erbost:

*Ich bin sehr enttäuscht von dir 😟 😟 Diese Zeitungsartikel. Die können gar nichts bewirken. Wer hat das gemacht? Wollen die jetzt Geld machen damit? Ich habe die* Hidschra *[Auswanderung] vollzogen! Ich mache das nicht zum Spaß, sondern für Gott. Ich bin nicht einfach so gegangen, weil ich keine Lust mehr auf Schule oder so habe. Auf gar keinen Fall! Ich kann dadurch Probleme bekommen, Kontaktabbruch oder so. Er [gemeint ist ihr Ehemann] hat es auch gelesen und fragt jetzt beim Islamischen Staat, was zu tun ist wegen der Medien.*

Maik versucht zu beschwichtigen:

*Mach uns bitte keine Vorwürfe. Wir haben nichts damit zu tun. Keiner weiß von unserem Kontakt und wir geben keine Interviews. Wir lieben dich.*

Dass es nach den Medienberichterstattungen so eskalieren würde, genau das hatte Maik befürchtet. Nun ist es wieder Leonoras angeblicher Ehemann, der sich meldet. Und der ist mindestens so sauer wie sie:

*Ich bin ihr Mann. Sie werden in der nächsten Zeit nicht mehr Kontakt mit ihrer Tochter haben. Sagen Sie allen diesen Lügnern von den Medien: Wir sind hier für Allah! Und egal wie sehr sie die Medien usw.*

*benutzen um Geld zu bekommen, solange ich lebe warte ich auf sie und jeden einzelnen der gegen Allah und den Islam kämpft! Sie alle sind diejenigen, die Bomben auf Kinder und Frauen schmeißen. Und wir sollen die Terroristen sein, weil wir unsere Frauen, Kinder und Schwestern verteidigen? Ach so und sagen sie allen, sie hat einen Terroristen geheiratet* 😄

Leonora hat einen Terroristen geheiratet. So viel ist auch Maik klar. Doch was er noch nicht weiß, ist, welche herausgehobene Stellung sein »Schwiegersohn« im Terroristenstaat eingenommen hat. Der ostdeutsche Konvertit hat Karriere gemacht und wird später zu einem der meistgesuchten Deutschen in den Rängen des IS. Er arbeitet für den berüchtigten Geheimdienst *Amnijat* der Terrormiliz. Viele Deutsche, die sich der Organisation anschließen, enden als Kanonenfutter oder in niederen Rängen von Kampfbataillonen. Nur wenige schaffen einen Aufstieg. Nihad Abu Yasir, Leonoras Mann, ist so einer.

Die Kommunikation mit Leonora ist weg. Es sind einsame Tage für Maik in Breitenbach. Der Himmel will in diesen Tagen so gar keine Sonne durchscheinen lassen. Stattdessen Schnee. Fast 20 Zentimeter fallen noch mal. Das heißt Schneeschippen und den Gehweg streuen. Immerhin etwas zu tun und nicht zu viel Zeit zum Nachdenken. Maik fehlt der dauernde Piepston von WhatsApp. Er hatte sich beinahe an ihn gewöhnt. Morgens, wenn er gerade frische Brötchen, Brote und Kuchen in den Filialen verteilte, blieb er manchmal stehen und schrieb sich mit Leo. So hatte Maik das Gefühl, ihr ganz nahe zu sein, wenngleich ein paar Tausend Kilometer und dieser Islamische Staat sie trennten.

Wenn Maik dann nach Hause kam, gab es ab und an ein paar

Journalisten vor der Tür oder auf dem Anrufbeantworter. Doch deren Zahl wurde merklich geringer. Andere Themen schienen die Menschen mehr zu interessieren als der Fall der 15-Jährigen aus Sachsen-Anhalt, die zum IS gegangen war. Und die Presse-Meute zog einfach weiter, so als ob nie etwas gewesen wäre. Wahrscheinlich vor die nächste Tür.

Claudia Dantschke macht Maik in diesen Tagen Mut, oder sie versucht es jedenfalls. Oft dauere der Kontaktabbruch nur wenige Tage oder Wochen. Dann könne diese Fernbeziehung zwischen Eltern und Kind von Neuem wachsen. So wie ein zartes Pflänzchen. Wichtig sei es, erneut Vertrauen aufzubauen, zuzuhören und möglichst nicht über den Krieg oder die militärische Situation vor Ort, sondern über Alltägliches zu sprechen. Vor allem soll Maik, wenn der Kontakt irgendwann wiederhergestellt würde, von Breitenbach erzählen, von der Familie, den Tieren. Die einfache Strategie: Ein bisschen Heimweh hat noch keinem Dschihadisten geschadet.

Doch Leonora meldet sich nicht, lange Tage vergehen ohne Nachricht. Immer häufiger plagen Maik dunkle Gedanken, die nicht verfliegen wollen. Lebt sie überhaupt noch? War sie vielleicht zur falschen Zeit am falschen Ort? In der Nähe eines Militärkonvois oder eines strategisch wichtigen Gebäudes? Hat eine Bombe der Amerikaner sie getroffen? Schließlich verschießen die USA und ihre Internationale Koalition schon seit August 2014 ihre lasergesteuerten Hellfire-Raketen über Syrien. Fast täglich schweben US-Drohnen über angeblichen Stellungen und Städten des IS. Vielleicht auch da, wo Leonora gerade ist? In einem der letzten Chats vor wenigen Tagen hatte sie geschrieben, sie lebe jetzt in Rakka, nichts anderes als die Hauptstadt dieses Islamischen Staates. Das Zentrum der Macht also und damit Ziel Nummer eins eines jeden Angreifers.

Mitten in die schweren Gedanken stürzt ein neuer unvorhergesehener Wolkenbruch. Und wieder ist es ein medialer. Offenbar hatte der Innenminister Sachsen-Anhalts ein Hintergrundgespräch mit Journalisten geführt. Bei diesem sogenannten Kamingespräch berichtete der Minister, wohl nicht ohne Stolz, von den Erkenntnissen des LKA und des Verfassungsschutzes im Fall Leonora M. aus Sangerhausen. Man ermittle jetzt gegen sie wegen des Paragrafen 89a des Strafgesetzbuches. Sie stehe im Verdacht, eine »schwere staatsgefährdende Gewalttat« vorzubereiten. Dieser Paragraf war einmal eingeführt worden, um die Teilnahme an militärischen Trainingslagern bei Terrororganisationen irgendwo auf der Welt unter Strafe stellen zu können, wenn man die Mitgliedschaft in einer solchen Organisation nicht zweifelsfrei beweisen kann.

Bei solchen Hintergrundgesprächen gibt es nur die eine eiserne Regel, auch wenn sie nirgendwo geschrieben steht: Alle Informationen verbleiben im Raum und dürfen nicht veröffentlicht werden. Politiker, aber auch Sicherheitsbehörden und Unternehmen halten regelmäßig solche Treffen mit Journalisten ab. Dabei geht es darum, den Reportern einen Überblick über anstehende Aufgaben zu geben, Hintergründe zu erläutern oder auch die eigenen Entscheidungen zu begründen. Es sind Informationen, die nur für den Hinterkopf der Journalisten bestimmt sind, um Geschehnisse besser einordnen zu können. Gelegentlich wird im Anschluss an ein solches Treffen versucht, den Gastgeber zur Veröffentlichung eines Teiles der Informationen zu überreden. Dies hatte in diesem Fall keine Aussicht auf Erfolg, auch weil es um eine Minderjährige geht und Behörden dann besonders sensibel mit Informationen umgehen müssen.

Ein Teilnehmer des Kamingesprächs lässt es nicht dabei bewenden. Er will die Story, unbedingt. Hätte er eine zweite Quelle, unabhängig vom Innenministerium, dann könnte er den Artikel trotz der Verschwiegenheitsvereinbarung veröffentlichen. Er muss die Geschichte seines Lebens schon förmlich vor sich gesehen haben, als er nach Sangerhausen fährt. Schließlich hat er eine Menge Neuigkeiten, die noch nirgendwo publiziert waren.

In Sangerhausen angekommen, betritt der Journalist eine der Bäckereifilialen von Maik und spricht eine ahnungslose Bäckerei-Fachverkäuferin an. Er wolle mit Maik sprechen, poltert er los. Denn er habe für ihn exklusive Neuigkeiten über den Verbleib seiner Tochter. Die könne er dem betroffenen Vater doch nicht vorenthalten. Ein plumper Versuch. Um besonders überzeugend zu wirken, erzählt der Reporter alle brandheißen Informationen der Verkäuferin, die sich nicht wehren kann. Würde sie die Informationen bestätigen, weil sie vielleicht selbst davon gehört hatte, hätte er seine zweite Quelle und die Geschichte könnte schon wenige Tage später veröffentlicht werden. Bilder von Leonora gab es ja genug, schließlich hatte sie zwar vieles gelöscht, nicht aber ihren Facebook-Account und die Instagram-Seite.

Die Verkäuferin wiegelt ab. Sie wisse nichts. Aber er könne gern seine Visitenkarte dalassen, die sie dann dem Juniorchef geben werde, wenn sie ihn das nächste Mal sehe. Maik hat sich nie bei ihm gemeldet. Einen Beitrag bringt der Journalist dennoch – nur ohne die exklusiven Neuigkeiten.

Leonora hat von alledem nichts mitbekommen. Rund drei Wochen dauert die Kommunikationssperre mit Maik. Dann erlaubt Nihad seiner Frau, sich wieder bei der Familie zu melden.

# Kindheit im Grünen

Zehn Kilometer geht es durch den Wald. Fast den gesamten Weg über schlängelt sich die Straße bergan. Der Wald, links und rechts, ist dicht – so dicht, dass man ihn mit dem Gefühl durchfährt, er sei wie eine Art Schutzschild. Eine natürliche Grenze. Davor liegt dieses große Land mit seinen großen Problemen. Dahinter, so scheint es, hat sich die Ruhe ein Zuhause gesucht.

Jeden Tag ist Leonora hier entlanggefahren. Beinahe eine Dreiviertelstunde braucht der Schulbus von Sangerhausen hinauf nach Breitenbach. Der Wald entlässt den Bus auf lang gezogene Felder. Plötzlich Weite. In den Sommermonaten steht hier der Raps mit seinen strahlend gelben Blüten, die alle natürlichen Farben der Umgebung blass erscheinen lassen. Im Winter kann es gefährliche Schneeverwehungen geben, die die Straße unpassierbar machen. Nach einer kleinen Anhöhe erscheint das Dorf. Zuerst nur die Spitze des Kirchturms. Dann gleich die Bushaltestelle, aussteigen.

Aussteigen, auswandern, einfach raus. Schon seit Monaten hat sich Leonora mit dem Gedanken getragen, Breitenbach für immer zu verlassen. Und mit Breitenbach ihre Familie. Wann genau sie den letzten Entschluss gefasst hat, nach Syrien zu gehen, das weiß Maik nicht. Zwei bis drei Wochen lang habe sie alles genau geplant, schreibt sie später mal in einer Nachricht. Doch Leonora haderte mit sich und dieser Idee, war sich selbst unschlüssig, offenbar über Monate. Als sie dann tatsächlich weg ist, findet Maik ihr Tagebuch. Er sollte es finden. Genau wie den Laptop und das Tablet hatte sie es auf ihrem Bett drapiert. Maik hätte das Tagebuch andernfalls niemals in die Hand genommen. Doch nun liegt es da, bereit, die persönlichen Geheimnisse der Tochter zu enthüllen.

Leonora hat nicht sehr regelmäßig in das kleine bunte Buch geschrieben, fünf oder sechs Mal im Jahr vielleicht, wenn überhaupt. Und dennoch sind es Einblicke, die Maik in dieser ungeschminkten Klarheit, in dieser Offenheit, bedauerlicherweise, wie er nun merkt, nicht hatte.

Die Gedankenwelt seiner Tochter entspricht in den meisten Passagen der eines typischen Teenagers. Viele Episoden kennt Maik bruchstückhaft aus Leonoras Erzählungen. Auch wenn er nicht von allen Jungs gehört hatte, in die sie sich mal verguckt zu haben glaubte. Aber es gibt eben auch Gedanken, von denen Maik nicht die geringste Ahnung hatte, wohl auch keine Ahnung haben sollte.

Ein Eintrag beschäftigt Maik besonders. Und er könnte ein Teil der Erklärung sein, weshalb Leonora diesen unverständlichen Schritt ging, der wohl nur mit größter Mühe und unter Lebensgefahr wieder rückgängig gemacht werden kann. Wenn überhaupt. Es sind nur drei kurze Sätze, die Leonora am 3. Februar 2015 zu Papier bringt; also gerade einmal einen Monat bevor sie ihren Koffer packt, um sich den Horden des Islamischen Staates in Syrien anzuschließen:

*In zwei Tagen heiratet mein Vati Kathleen. Ich weiß nicht so richtig, was ich davon halten soll. Naja, ich hoffe, dass ich sowas wie bei Corinna* (*Name geändert) nie wieder erleben muss!*

Maiks Liebesleben war von jeher durch eine Vielzahl wechselnder Bekanntschaften geprägt, zuweilen ein wildes, verworrenes Durcheinander. Die uneheliche Beziehung zu Babette, Leonoras leiblicher Mutter, war schon früh in die Brüche gegangen. Da war Leonora gerade einmal viereinhalb Jahre. Zu dieser Zeit hatten sich Vater und Mutter entschlossen, die Kleine solle bei Babette wohnen und an den Wochenenden zu Maik fahren, nur ein paar Dörfer weiter. Auch weil Maik diese typischen Bäcker-Arbeitszeiten hatte.

*Das war deutlich einfacher so. Ich hätte Leonora nie morgens wecken können oder Brote für die Schule schmieren. Da stehe ich ja immer noch in der Backstube oder fahre irgendwo Brötchen zu den Filialen. Das war schon gut so, vor allem für Leonora, zumal ich auch keine feste Beziehung hatte. Jedenfalls niemanden, der das hätte übernehmen können.*

Erst 2011, Maik hatte inzwischen das erste Mal geheiratet, zieht Leonora wieder mit ihrem Vater unter ein gemeinsames Dach. Und das Dach ist ein neues. Denn Maik und seine neue Ehefrau Corinna hatten gerade dieses Haus mit weitläufigem Grundstück in Breitenbach gekauft. Es ist ein kleines Paradies im Grünen. Bei der ersten Besichtigung ist Leonora dabei. Die damals 11-Jährige inspiziert alles ganz genau und entscheidet mit. Anschließend, das ist für sie gleich sonnenklar, will sie auch direkt mit einziehen – wohl auch, weil Maik weniger streng ist und Leonora mehr Freiheiten einräumt, die sie bei Babette nicht bekommt. Von nun an ist es genau andersherum: Die Woche über bleibt sie bei Maik und nur an den Wochenenden wechselt sie zu Babette. Eine Umstellung, die ihr wenig auszumachen scheint.

Das neue Grundstück im Dorf hat endlich genug Platz für

verschiedene Tiere: Hunde, Katzen, Ziegen, Hühner, Kaninchen, Meerschweine, Schafe und sogar ein paar Schweine. Später kommen noch zwei Pferde dazu. Leonora liebt die neuen Mitbewohner, besonders die Hunde. Dort, wo Leonora ist, finden sich auch die Hunde. Wenn sie in ihrem Zimmer im Dachgeschoss sitzt und das Internet durchstöbert, dann liegen die Hunde unter dem Himmelbett. Den Vierbeinern vertraut sie sich an, wohl mehr und kompromissloser als jedem Menschen. Doch die Tiere auf dem Hof machen auch jede Menge Arbeit, an der sie sich nur selten freiwillig beteiligt, wie Maik sich erinnert:

> *Der Hühnerstall, zum Beispiel, war für Leonora eine absolute No-go-Area. Dort brachten sie keine zehn Pferde hinein. Nicht wegen der Arbeit, das Füttern und Reinigen der Ställe ist ja schnell gemacht. Nein. Dort gibt es ja Mäuse, und vor denen fürchtete sie sich sehr. Das muss man sich mal vorstellen. Aber in den Krieg nach Syrien reist sie anscheinend, ohne mit der Wimper zu zucken.*

2013, also zwei Jahre vor der Ausreise nach Syrien, wird die familiäre Situation erneut vollends auf den Kopf gestellt. Corinna verlässt Maik. Sie zieht mit einem anderen Mann zusammen – wenngleich sie im selben kleinen Dorf bleibt, nur einige Dutzend Meter entfernt. Auch für Leonora ändert sich die Situation dramatisch. Denn sie hatte eine enge und warmherzige Beziehung zu Corinna aufgebaut. Leonora vertraut ihr, die beiden verstehen sich gut. Selbst aus Syrien heraus wird sie gelegentlich Kontakt mit Corinna haben.

Es ist eine schwere Zeit für Leonora, die durch die Trennung und den Verlust der Vertrauensperson in ein tiefes emotionales Loch fällt. Vater Maik ist viel mit sich selbst beschäftigt. Er versucht zu verstehen, wie es zu der Trennung kommen konnte, was genau er falsch gemacht hat. Hinzu kommen wirtschaftliche Schwierigkeiten. Denn nun muss er die Hauskredite allein tilgen und steht dafür bei der Bank allein in der Kreide. Eine doppelte Last, die wenig Raum für anderes lässt, zumal Maik beinahe jede Nacht in die Backstube muss und die Arbeitszeiten mit dem Leben einer zwölfjährigen Schülerin nur wenige Überschneidungen haben. Es ist, ehrlich betrachtet, ein Nebeneinanderherleben, auch wenn Maik sich bemüht, für Leonora da zu sein und ihr Verhältnis eigentlich innig ist.

Die Teenagerin zieht sich in dieser Zeit viel in ihr Zimmer zurück. Dort ist sie für sich, die familiären Wirren bleiben so zumindest scheinbar vor der Tür. Ihr Leben findet jetzt häufiger im Virtuellen statt. Sie verbringt viel Zeit im Internet, bei Facebook und anderen sozialen Medien. Und es ist die Zeit Leonoras persönlicher Sinnsuche, nicht ungewöhnlich für einen Teenager ihres Alters.

Auch Maik war lange auf der Suche. Als junger Mann hatte er sich eine Zeit lang um den Fortbestand des deutschen Volkes gesorgt und als Neonazi eine kleine Kameradschaft mitbegründet. Wenn er heute an diese Zeit zurückdenkt, dann weiß er nicht so recht, was damals in ihn gefahren war. Kurz darauf, wohl auch weil er bemerkt, dass es in Sangerhausen gar keine Ausländer gibt, die es zu bekämpfen gilt, wird er Bassist einer Punkband. Ideologisch und auch optisch das komplette Gegenteil. Auch bei den Mädels kommt der schlaksige Punk mit den bunten langen Haaren nun besser an als vorher ohne Haare. Die jugendliche Sinnsuche findet bei Maik ein Ende mit dem Wehrdienst und der anschließenden Selbstverpflichtung. Für den Panzergrenadier werden andere Dinge wichtig, nur die Menge des Alkohols bleibt ungefähr gleich.

Leonora ist bei ihrer Sinnsuche nie so extrem wie Maik. Jedenfalls glaubt er das bis zu ihrem Verschwinden. Irgendwann, es muss zu Beginn des Jahres 2014 gewesen sein, entdeckt sie den Islam für sich. Wahrscheinlich hat sie irgendwo im Internet von dieser fremden Religion aus Tausendundeiner Nacht gelesen. Im stillen Kämmerlein, ganz für sich allein, konvertiert sie zu dem Glauben, von dem sie bis zu ihrer Abreise nach Syrien ein Jahr später doch so wenig weiß. Im April 2014 schreibt sie:

*Liebes Tagebuch,*

*mittlerweile ist wirklich alles anders. Corinna wohnt nicht mehr hier und ist auch seit einem Jahr von Papa geschieden. Früher habe ich hier geschrieben, ich sei in der Pubertät, haha. Jetzt bin ich wirklich in der Pubertät. Was ich früher mit meinen kindischen Gefühlen getrieben habe, ist mir heute peinlich. Mmh, mittlerweile bin ich Muslima. Allahu Akbar* [Allah ist groß]. *Das gibt meinem Leben vollen Sinn! Bis zum nächsten Mal. Tschüß.*

Maik kennt ihr Interesse für den fremden Glauben, auch wenn er wenig über diesen Islam und seinen Propheten weiß. Diese Religion spielt im Harz im Grunde keine Rolle. Eigentlich spielt hier gar keine Religion eine besondere Rolle, nach 40 Jahren DDR. Es gibt fast keine Berührungspunkte. Sangerhausen hat keine Moschee, keinen türkischen oder arabischen Kulturverein. In der Umgebung gibt es keine Geschäfte, in denen es Fleisch zu kaufen gibt, das *halal* ist, also nach islamischem Ritus geschlachtet und damit erlaubt. Den Islam hat fast keiner hier als Religion, abgesehen vielleicht vom Inhaber des Dönerimbiss – und der trägt ihn auch nicht öffentlich spazieren.

Den gelebten Islam lernt sie in Form eines Mädchens kennen. Emine ist anders als andere Mädchen. Leonora lernt sie in der

Thomas-Müntzer-Gesamtschule kennen, auf die sie seit dem Umzug zu Maik geht und an der sich ihre schulischen Leistungen merklich verbessert haben. Emine ist anderthalb Jahre älter als Leonora. Sie ist Muslima und Kurdin. Die Familie stammt aus der Türkei, auch wenn Emine selbst in Sachsen-Anhalt geboren wurde und hier auch aufwuchs. Es dauert nur ein paar Wochen, und die beiden werden beste Freundinnen.

Mit Emine kann Leonora endlich über alles reden. Sie sprechen über die Trennung der Eltern, über Schminktipps, tuscheln über die Jungs aus der Parallelklasse, reden aber auch über den Islam. Leonora, die Neumuslima, saugt Informationen über diesen fremden Glauben in sich auf wie ein Schwamm. Sie ist wissbegierig und will lernen, islamkonform zu leben. Emine ist geborene Muslima und weiß nützliche Tipps zu berichten. Wie betet eine Frau richtig? Was darf gegessen werden und was nicht? Was ist mit Jungs und mit Partys? Wie steht es um den Genuss von Alkohol? Was ist der Koran und welche genauen Regeln leiten sich aus der Sunna, den Überlieferungen aus dem Leben des Propheten Mohammed, ab, deren Vorschriften gläubigen Muslimen als vorbildhaft gelten? Gemeinsam mit Emine trägt Leonora das erste Mal in ihrem Leben ein Kopftuch, wenngleich nur während eines kurzen Besuchs von Emines Großmutter aus der Türkei.

Das neu gewonnene Wissen gibt Leonora sogleich in sozialen Medien im Internet an andere Teenager weiter. Endlich weiß sie auch etwas, wovon andere profitieren können. Das tut ihr gut. Sie fühlt sich gebraucht, nützlich.

Mit Emine lernt die inzwischen 14-Jährige auch eine andere Form der Familie kennen. Kein Patchwork wie zu Hause bei Maik, mit Trennungen und häufigem Alleinsein. Die kurdische Familie, so lernt Leonora sie kennen, steht immer zusammen. Emines Familie wird zu einer Art Sehnsuchtsort für Leonora. Ein enger, verschworener Kreis, bei dem es außer Frage steht, dass die Eltern für immer miteinander verbunden sind und kein Blatt zwischen sie zu passen scheint. Emine hat mehrere Geschwister. Leonora ist ein Einzelkind. Beim Essen sitzen bei Emine alle gemeinsam am Tisch, Leonora isst oft allein, weil Maik viel arbeiten muss. Wenn Leonora von der Schule nach Breitenbach zurückkehrt, dann ist da niemand, der sie empfängt. Emines Mutter ist fast immer daheim, um die Kinder nach der Schule oder der Arbeit zu begrüßen.

Und es scheint bei Emine jemanden zu geben, der alles lenkt und die Zügel der Familie fest, manchmal sogar autoritär, in der Hand hält und damit klare Regeln vorgibt: Emines Vater. Ein großer und stolzer Mann, der sich in seiner spärlichen Freizeit sehr für die kurdische Sache engagiert. Anders als zu Hause verfolgt Leonora hier aufmerksam die Nachrichten. Und was sie da mit Emines Vater gemeinsam sieht und hört, gefällt den beiden gar nicht: In Syrien, so heißt es da, mache eine brutale, islamistische Terrormiliz von sich reden, die Hunderte Kurden und Andersdenkende abschlachtet, versklavt und vertreibt. Ein eigener und stabiler Kurdenstaat, wie ihn sich Emines Vater sehnlich herbeiwünscht, rückt in weite Ferne. Auch Leonora ist entrüstet, kommentiert lautstark ihre Ablehnung gegen diesen selbst ernannten Islamischen Staat. Wohl auch deshalb ist Emines Familie nach Leonoras Flucht so entrüstet. Ebenso wie Maik hätten sie sich nie vorstellen können, dass Leonora ausgerechnet zu diesen Islamisten geht, die in ihrer ungebremsten Brutalität keine Grenzen zu kennen scheinen.

Leonora lernt mit Emine auch ein anderes Deutschland kennen, von dem sie bislang keine Ahnung hatte. Wenn die beiden durch die Straßen von Sangerhausen ziehen, zum Shoppen oder weil sie gemeinsame Freunde besuchen, dann wird die junge Kurdin andauernd beleidigt und ausgegrenzt. Beleidigt, weil sie anders aussieht als das Gros der Leute hier. Emine hat dunkle Haare und dunkle Augen. Auch ihre Haut ist von Natur aus dunkler als die der allermeisten, wenngleich es viele Frauen in Sangerhausen gibt, die eine noch dunklere Hautfarbe mit technischer Unterstützung zu erzeugen versuchen. Emine kleidet sich wie alle anderen Jugendlichen ihres Alters. Ein Kopftuch trägt sie nicht.

Emine bemerkt die abfälligen Bemerkungen schon fast gar nicht mehr. Sie sind eben Alltag für die junge Frau, die mit täglichem Rassismus in Ostdeutschland groß geworden ist. Für Leonora allerdings ist es eine neue Erfahrung. Es schockiert sie und macht sie wütend. Emines Familie kommt ursprünglich nicht aus Sangerhausen, und das sieht man. Na und? Wird sie ausgegrenzt, weil sie anders aussieht? Oder vielleicht weil sie so aussieht wie jemand, von dem die Menschen hier glauben, sie könne Muslima sein? Darf man diesen Glauben hier also nicht leben, nicht öffentlich zu seiner Religion stehen?

Für Emine ist der Islam Alltag seit ihrer Kindheit. Für Leonora ist Islam etwas Neues, etwas Spezielles, etwas, was sie von den anderen hier unterscheidet. Der gemeinsame Glaube und die intensive Freundschaft schweißt die beiden eng zusammen. Auf der anderen Seite erwartet Leonoras Umfeld die Zugehörigkeit zu einer so fremden Religion nicht. Die junge Frau von hier kann doch nicht den Glauben von denen dort im Nahen Osten haben! Und sie fragt sich nun häufig: Würde ich auch ausgegrenzt, wenn die Menschen hier wüssten, dass ich Muslima bin? Leonora bliebe doch Leonora – nur eben mit einem anderen Glauben.

Es sind diese täglichen Verletzungen, diese Ausgrenzungen wegen der Zugehörigkeit zum Islam, die Wasser auf den Mühlen radikaler Prediger sind. Tropfen um Tropfen nutzen sie die Missachtung des Islam und seiner Gläubigen, um Jugendliche zur Ausreise in diesen Islamischen Staat zu bewegen. Dort, so die einfache und klare Botschaft, würde nicht gegen den Islam gehetzt, würde niemand ausgegrenzt. Dort, in Syrien und im Irak, sei ein wahrhaftig Islamischer Staat entstanden, in dem die *Umma* [Muslimische Nation] des Islam ein echtes Zuhause finde. Niemand würde dort wegen seiner Hautfarbe oder Herkunft gedemütigt. Die verschiedene Herkunft beweise, im Gegenteil, die unbändige Kraft Gottes, die Gläubigen zu einen, die Grenzen im Diesseits zu überwinden. Es gebe diese eine verbindende Wahrheit, neben der alles andere keine Rolle spiele. Und diese Wahrheit, das Glaubensbekenntnis, laute: Es gibt keinen Gott außer Allah. Und Mohammed ist sein Prophet. Es sind simple und durchschaubare Botschaften, doch sie verfangen bei vielen jungen Muslimen in Deutschland, treiben sie in die Radikalität. Auch Leonora.

Kurz vor der Ausreise notiert sie in ihr Tagebuch:

*Hallo liebes Tagebuch*

*Soweit ist alles gut* alhamdulillah *[Gott sei Dank]!*

*Ich sehe schon wie meine Eltern oder so dich mal lesen werden und sich nur denken: Oh mein Gott! Ja, aber das bin ich! Ich bin Leonora und ich würde gern* Nikab *[den Gesichtsschleier] tragen, sowie heiraten. Aber ich kann es keinem erzählen aus der Familie ... Tja, so ist es!*

*Deine Leonora.*

In den Monaten vor ihrem Aufbruch in den IS verbringt sie sehr viel Zeit mit und bei Emine, schläft auch oft im kleinen Kinderzimmer, das diese ohnehin mit ihrer jüngeren Schwester teilt. Besonders imponieren ihr die gemeinsamen Mahlzeiten, wenn alle am Tisch sitzen und die orientalischen Köstlichkeiten zu sich nehmen. Auch Emines Eltern akzeptieren Leonora nach und nach als eine Art neues Familienmitglied. Irgendwann sagt die 15-Jährige zu Emines Mutter einen Satz, der wohl ebenfalls etwas mit den Gründen für die spätere Ausreise zu tun hat: *»Wenn ich groß bin, will ich auch mal Kurdin werden.«*

Natürlich ist Leonora bewusst, dass dieser Wunsch niemals im wörtlichen Sinne in Erfüllung gehen kann und wird. Doch was sie wohl meint, sind dieser große familiäre Zusammenhalt, die Geborgenheit und die unmissverständlichen Strukturen. Leonora möchte auch eine große Familie, die sich täglich zum gemeinsamen Essen zusammenfindet und mit einer klaren und, im besten Sinne, durchschaubaren Hierarchie. Das fehlt ihr zu Hause bei Maik, auch wenn es dort inzwischen ein neues Familienmitglied gibt: Kathleen.

Mit ihr zieht im Haus in Breitenbach ein neuer, frischer Wind ein. Kathleen ist im öffentlichen Dienst in einer Behörde beschäftigt. Mit dieser in Fleisch und Blut übergegangenen Akribie, Verlässlichkeit und Genauigkeit verändert sie auch die Abläufe im Haus, stellt so einiges auf den Kopf. Es gibt jetzt klarere Regeln, feste Zuständigkeiten im Haushalt. Und für Leonora gibt es nun wieder einen liebevollen Ansprechpartner, zumal einen weiblichen, wenn Maik in der Bäckerei steht oder früh zu Bett geht. Mit ihr kann Leonora auch über Themen sprechen, die sie mit Maik verständlicherweise nicht so gern diskutieren möchte. Allerdings dauert die Vertrauensbildung zwischen den beiden länger als bei ihrer Vorgängerin Corinna. Leonora befürchtet, sie könnte wieder enttäuscht werden und dann erneut einen vertrauten Menschen verlieren.

Gemeinsam versuchen Maik und Kathleen, dem Teenager ein neues, stabiles Heim zu geben. Sie beziehen Leonora bei allem mit ein, verreisen oft an den Wochenenden oder planen gemeinsame Ausflüge. In und außerhalb der Schule engagiert sich Leonora jetzt sehr. Das gibt ihr eine Aufgabe, das Gefühl, gebraucht zu werden. Sie beschließt, Bewohnern eines Altenheimes in Sangerhausen aus den regionalen Zeitungen vorzulesen, mit den Alten zu sprechen und einfach mal zuzuhören. Zu Hause berichtet sie stolz von der Arbeit im Heim, erzählt, wie sie sich bei jedem Besuch aufs Neue vorstellen musste, weil die Alten alles und jeden sofort wieder vergessen. Außerdem wird sie zur Klassensprecherin in der Schule gewählt und hat für jeden ein offenes Ohr. Hier lernt sie auch ihren Einfluss in der Gruppe zu nutzen. Als ein vietnamesischstämmiger Mitschüler wegen seiner Herkunft gemobbt wird, so erzählt sie entrüstet zu Hause, geht sie entschlossen dazwischen. Eine solch schreiende Ungerechtigkeit kann sie nicht dulden. Zwar ist der Junge den Mobbern intellektuell um Längen voraus, doch kann er mit den Dumpfbacken der Klasse körperlich nicht mithalten. Sein Schulranzen wird versteckt und kann nur mithilfe von Leonora wiedergefunden werden. Als die Mitschüler dann von Leonoras Verschwinden hören, schreiben sie einen bewegenden Brief an Maiks Familie. Er soll der Familie Kraft geben und verfehlt sein Ziel nicht:

*Sangerhausen, am 5. Mai 2015*

*Lieber Herr Messing,*

*Wir ringen noch immer um Worte, wenn wir an Leonoras Weggehen denken. Sie sollten aber wissen, dass wir jeden Tag von ihr sprechen und hoffen, dass es ihr gutgeht. Unsere Klassenfahrt haben wir storniert und holen sie später nach.*

*»Hoffnung, der Regenbogen über dem herabstürzenden Bach des Lebens.« (F. Nietzsche) In diesem Sinne hoffen wir mit Ihnen, dass alles wieder gut wird und verbleiben herzlichst, die Klasse 9d.*

Die Mitschüler und Klassenkameraden sind geschockt von Leonoras Entschluss. Auch, weil sie die Gefahr nicht gesehen hatten. Der eine oder andere mag gewusst haben, dass sich Leonora für den Islam interessierte, manche vielleicht auch, dass sie konvertiert war. Doch einfach so zu verschwinden und alles hinter sich zu lassen – undenkbar! Noch im Februar 2015, also gerade einen Monat vor dem Abflug in dieses neue Leben, war Leonora beim Karneval ein paar Dörfer weiter aufgetreten. Etwas Unislamischeres können sich die Mitschüler kaum vorstellen. Leo, wie sie hier von allen nur genannt wird, hatte einen Dreispitz auf dem Kopf, war kräftig geschminkt und trug einen kurzen Rock. Sehr kurz. Zum Karnevalshit »Viva Colonia« hatte sie die Funkenmariechen angeführt und die Beine in die Luft geworfen. Sie wirkte heiter, glücklich. In den Wochen danach plante sie sogar schon die kommende Saison, in der die Tanzgruppe neue, ausgefallenere Schritte einüben müsste, wie sie stolz zu Hause erzählt.

*Aber all das hat ihr offenbar nicht gereicht. Es hat nicht gereicht, sie dauerhaft zu binden. Es hat Leonora wohl doch etwas gefehlt, was sie hier nicht gefunden hat oder gedacht hat, nicht zu finden.*

*Was das war? Ich weiß es nicht genau. Ich weiß nicht, ob sie sich nicht gebraucht gefühlt hat. Ob sie sich vielleicht überflüssig vorkam. Dass sie gedacht hat, sie sucht eine Aufgabe oder sie sucht den Anschluss an irgendwas, was ihr Aufgaben vermittelt. Ich weiß es nicht.*

Der Entschluss, nach Syrien zu gehen, steht da allerdings schon längst fest. Doch das erfahren Maik und Kathleen erst aus Leonoras Tagebuch – nach der Ausreise. Leonora schreibt am 4. Januar 2015:

> SubhanAllah *[Bei Gott] es hat sich wieder viel verändert! Ich möchte nach Syrien* inschallah *[so Gott will]. Allah hat mir in den letzten Wochen so viel Kraft usw. gegeben, dass ich endlich etwas zurückgeben muss, um meine Dankbarkeit zu zeigen! Diese schreckliche* Dunja *[das diesseitige Leben] ist mir zu viel Wert! Aber ich möchte das meiner Familie nicht antun.* SubhanAllah, *ich bin verzweifelt!*

Es sind die typischen Worte und Begriffe einer verführten Jugendlichen, die in die Hände radikaler Prediger mit ihren einfachen und eingängigen Botschaften gefallen ist. »Diese schreckliche *Dunja* ist mir zu viel Wert!«, dazu religiöse Ausrufe wie »*SubhanAllah*« und »*Inschaallah*« entstammen nicht dem Vokabular einer 15-Jährigen aus der sachsen-anhaltischen Provinz. Es sind die nachgeahmten Worthülsen der geschickten Verführer aus dem Internet und der Imame einschlägiger Moscheen. Bei Leonora verfängt die Manipulation.

# Das Doppelleben

Leonora führt vor ihrer Ausreise in den IS ein analoges und ein virtuelles Leben. Und die beiden Welten, so stellt sich später heraus, haben nur wenig miteinander gemein. Da ist das alltägliche Leben in Breitenbach und Sangerhausen – sichtbar, beruhigend normal. Ein typisches Teenagerleben. In der Retrospektive betrachtet ist es vielleicht sogar zu normal. Denn größere Konflikte, wie mit pubertierenden Mädchen üblich, gibt es nicht. Leonora ist beinahe eine Mustertochter.

Doch dann ist da noch ein verborgenes, virtuelles Dasein im Internet. Hier lebt Leonora für lange Zeit ihre islamischen, später islamistischen Fantasien und pflegt gefährliche Kontakte, die sie in den folgenden Monaten nach und nach zur Ausreise nach Syrien anstiften.

Leonora trennt die beiden Leben mit einer bemerkenswerten Akribie und Professionalität. Ein LKA-Beamter wird später zu Maik sagen, dass er sich bei einer 15-Jährigen eine solch ausgeklügelte Lügendisziplin nie hätte vorstellen können. Maik kann dem nur zerknirscht zustimmen: *»Sie hat uns überhaupt keine Chance gelassen! Diesen Teil ihres Lebens habe ich, haben wir alle, gar nicht gekannt. Sie hat uns da vollkommen ausgegrenzt und uns gar keine Möglichkeit gegeben, an ihrem Leben teilzuhaben.«*

Von diesem virtuellen Leben sollen weder Maik noch die Familie, nicht einmal die Freundinnen bis hin zur Vertrauten Emine, etwas bemerken. Im Netz findet sie schon kurz nach ihrer Konvertierung zum Islam Kontakt zu Gleichgesinnten. Leonora agiert wie eine Getriebene. Die Teenagerin, das zeigt sich schon früh, möchte dazugehören. Sie will Teil dieser großen Gemeinschaft gläubiger Muslime werden. Dafür schreckt sie auch vor erfundenen Geschichten nicht zurück, die sich bald zu übergroßen Lügengebäuden auswachsen. Es muss ein hohes Maß an Konzentration gebraucht haben, diese Lügen aufrechtzuerhalten und nicht irgendwann aufzufliegen. Alles hat sich diesem unbändigen Wunsch, *dabei zu sein*, unterzuordnen.

Wer ihre Kommunikation aus der Zeit nachvollzieht, bekommt den Eindruck, es gehe weniger um die Ideologie als um den Wunsch nach Anerkennung in einer speziellen Szene. Es hätte ebenso eine Gruppe von Skatern sein können, der sich Leonora verbunden fühlt. Dann wäre sie den ganzen Tag Inlineskates gefahren und hätte hippe Fotos des Skater-Outfits und Kommentare über besonders gelungene Sprünge auf Facebook gepostet. Doch es ist der Islam – und zunehmend eine radikale Form.

So schreibt sie sich mit zwei Glaubensschwestern aus Thüringen, die ebenso islamistisch zu sein scheinen, wie Leonora es offenbar gern werden will. Doch die beiden Mädchen haben ihr gegenüber einen enormen Vorteil: nämlich einen muslimischen Migrationshintergrund, der sie aus Leonoras Sicht automatisch zum Teil dieser Gemeinschaft macht. Das fehlt Leonora aus Sangerhausen, deren Eltern und Großeltern auch schon aus der Region stammen. Also erfindet sie sich einfach einen Migrationshintergrund und übt damit zugleich, solche Lügengebäude über einen langen Zeitraum aufrechtzuerhalten und zu bewahren. Diese Fähigkeit wird sie später noch nutzen, um Maik, die Familie und die Freunde monatelang zu belügen, ohne dass die auch nur einen

Schimmer hatten. Es sind rekonstruierte Facebook-Unterhaltungen, die im Nachhinein ein klareres Bild zeichnen:

*Fatima: Hi, du hast wirklich eine türkische Cousine?* 😀

*Leonora: Ja.* 😀 *Es ist um genau zu sein die Tochter meiner Cousine.*

*Fatima: Wie krass* 😛 *Wie geht'n das?* 😀

*Leonora: Na indem meine Großmutter mütterlicherseits Türkin ist* 😀

*Fatima: Ohaa, wird ja immer besser. Krass. Haha. Geil.* 😀

Einem Schulkameraden gegenüber führt sie in einem Facebook-Chat die Geschichte der angeblich türkischen Herkunft noch fort und verstrickt sich dabei immer tiefer in das Lügengebilde, das ihr schon bald keine Gelegenheit mehr geben wird, da irgendwie wieder herauszukommen.

*Michael: Wie war dein Urlaub so?!*

*Leonora: Supi* 😀

*Michael: Was hast du so gemacht im Urlaub und wo warst du?*

*Leonora: Na die Seite von meiner Mutter ist ja*

*türkisch. Und manche von denen wohnen in der Türkei. Und da hat meine Cousine geheiratet (also in der Türkei) 😀*

*Michael: Das ist ja cool. Ne Heirat ist was Feines 😀*

Diese Unterhaltungen führt Leonora über ihren »offiziellen« Facebook-Account. Hier finden sich vor allem Einträge und Fotos der Leonora, die auch Maik kennt. Obwohl er natürlich von der angeblich türkischen Herkunft eines Teiles der Familie nichts weiß. Selfies im Kinderzimmer, gemeinsame Aufnahmen mit Freundinnen und Bilder mit ihrem Lieblingshund Lucy, einem großen grauen Weimaraner, sind auf der Timeline zu sehen, versehen mit vielen Kommentaren der Freunde. Dieser Account scheint für das alltägliche Chatten auszureichen. Für Radikaleres taugt das Profil nicht. Dafür braucht sie einen eigenen islamischen Account, den Leonora auch nach der Ausreise noch eine Zeit lang pflegt und mit aktuellen Fotos aus dem Kalifat bestückt. Diesen Account meldet sie auf ihren selbst gewählten Namen im Islam an: Mereym, die arabische Ableitung von Maria. Im Koran ist Mereym oder Mariam, genau wie in der Bibel, die Mutter Jesu, nur dass dieser im Islam ein Prophet unter vielen ist. Die Rolle »Gottes Sohn« kommt ihm im Koran nicht zu.

Auf diesem Account sind keine Fotos eingestellt, auf denen Leonora zu erkennen ist. Hier trägt sie ein schwarzes Kopftuch und einen schwarzen *Nikab*, einen Gesichtsschleier. Nur ihre dunklen Augen sind zu sehen. Mit der Seite taucht Leonora in eine Parallelwelt ein, die ihr mit dem ursprünglichen Profil und den üblichen Fotos eines Teenagers versperrt geblieben wäre. Denn die wären viel zu »aufreizend«. Die Liste der Freunde umfasst keine Jungs oder Männer mehr. Beinahe so, als gäbe es sie nicht. Dafür ist sie mit Dutzenden Frauen befreundet, deren Namen arabisch klingen oder die, genau wie Leonora, eine islamische Fantasiebezeichnung für ihren Zugang nutzen. Als Maik Monate später von diesem Leben in der virtuellen Parallelwelt erfährt, fragt er sich, ob es ihm hätte auffallen müssen. Doch wie? Welche Hinweise hatte es gegeben?

> *Technisch begabt bin ich in dieser Sparte nun auch nicht wirklich. Selbst wenn ich ihr Handy zur Hand genommen hätte, und da hat Leonora schon immer sehr aufgepasst, nach so etwas hätte ich gar nicht geguckt. Vielleicht hätte ich nach Jungs oder dem Ballettunterricht geschaut. Aber bei Facebook oder spätestens bei WhatsApp und Telegram wäre ich auch schon raus gewesen.*

In der Freundesliste von Leonoras Alias-Mereym-Facebook-Benutzerkonto findet sich auch der islamistische Account von Martina alias Umm Khadija Hureira wieder, mit der sie später gemeinsam nach Syrien ausreist. Auch sie hatte sich einen gesonderten Account für die Freundinnen mit ähnlicher Ideologie zugelegt. Die beiden besuchen ähnliche Seiten radikaler »Schwestern«, wie sie die Freundinnen hier nur nennen. Sie folgen beispielsweise beide der Facebook-Seite »Das Leben einer Muhadschira« oder teilen deren Inhalte.

Die *Muhadschira*, also die »Ausgewanderte«, bloggt auf Deutsch über ihr Leben im Gottesstaat, führt eine Art Tagebuch über den Alltag im Islamischen Staat. Die dazugehörige Internetseite ist in weichem Pink gehalten und soll besonders junge Frauen ansprechen. Ihr Leben stellt die *Muhadschira* als Idylle im idealen Land dar. Zwar erfährt der Leser auch von Bomben, die von den »Ungläubigen« auf die Gemeinschaft der Gläubigen geworfen würden, doch das sei alles nur halb so schlimm. Ab und zu, so berichtet sie, gehe ihr tapferer »Löwe« für Allah kämpfen. Den Tod fürchte er dabei nicht, denn der sei genauso von Gott gewollt wie der Islamische Staat selbst. Zu all den Beschreibungen aus dem Alltag dieses Kalifats gehören auch die netten syrischen Nachbarn, die Ziegenmilch vorbeibringen und deren Kinder mit den Kindern der *Muhadschira* spielen. Ein Beispiel aus dem Blog:

> *Wir sind ausgewandert in die Welt* fisabilillah *[auf dem Weg Gottes]. Wir haben alles hinter uns gelassen, weil Allahs Wort hier das Höchste ist! Es ist nicht immer leicht, aber das wussten wir.*

Im nächsten Posting, ein Stück darunter, preist sie ihre Kochkünste. Dazu hat sie das Foto eines frischen Salats hochgeladen und eine Flasche mit Granatäpfeln auf dem Etikett. Dazu schreibt sie:

> *An einem Tomatensalat ist meist nichts Besonderes. Doch hier eine persönliche Empfehlung: ein paar Tropfen von der Granatapfelsauce verleihen dem ganzen nochmal das gewisse etwas.*

Und dann geht es direkt weiter mit:

> *Es regnet viele Bomben hier … Macht viel* Dua *[Bittgebete]! Möge Allah all die Muslime schützen und uns die* Shahada *[hier gemeint: den Märtyrertod] geben. Amen.*

Wer noch nie vom IS gehört hat und nur wenig mehr als diesen Blog kennt, der könnte meinen, es sei ein von Gott gewollter Staat mit viel Solidarität unter den Bewohnern und gutem Essen. Ein Land, in dem eine junge Frau als Mutter und Soldatengattin ihre Erfüllung finden kann und das von bösen äußeren Feinden grundlos angegriffen wird. Die *Muhadschira* verführt geschickt. Neben den Berichten über Bombenangriffe verbreitet sie auf ihrem Blog Rezepte für »syrische Brownies«, »panierten Blumenkohl süß-sauer« und »deutsch-syrische Spätzle mit Käsesauce«. Und sie erzählt von den Kaffeekränzchen mit den »Schwestern« vor Ort, die aus aller Welt nach *Dawla* [der Staat, Selbstbezeichnung des IS] gekommen seien. Gemeinsam organisieren die Schwestern Unterricht für ihre Kinder.

Der Blog der *Muhadschira* wirkt wie das authentische Werk einer einzelnen jungen Frau, und vielleicht ist er das auch. Doch wenn man weiß, wie strikt der IS den Zugang zum Internet zu kontrollieren versucht, wird klar, dass dieser Blog sich in die offizielle Propaganda des IS zumindest einfügt. Was die *Muhadschira* schreibt, würde auch die Propagandaabteilung des IS so darstellen, sonst könnte es in dieser Form wohl gar nicht öffentlich werden.

Leonora saugt, genau wie Hunderte andere Teenager in Deutschland, die Inhalte dieser und ähnlicher Internetseiten genauso auf wie die Gespräche über den praktischen Islam mit ihrer Freundin Emine im analogen Teil ihres Lebens. Das neu erlangte Wissen will sie dann auch anderen weitergeben, die genau wie sie auf der Suche sind. Und so wird sie zur vermeintlichen Islamexpertin bei ask.fm, einem sozialen Netzwerk im Internet, bei dem sich Nutzer ganz alltägliche, zuweilen aber auch spezielle Fragen stellen können.

Hier ist Leonora mit dem Benutzernamen allahisgreat@ISLAMDERWAHREWEGALLAHUAKBAR registriert und bietet an, Fragen zum Islam zu beantworten. Einer Userin gibt Leonora auch bereitwillig Auskunft, wie sie selbst zum Islam gefunden habe. Ein zusammengewürfeltes Posting aus Realem und erlernten Worthülsen:

*Mir hat schon immer etwas im Leben gefehlt. Früher habe ich das immer durch irgendetwas ersetzt, Zigaretten, Alkohol oder Partys usw. … Immer, wenn es einem schlecht ging, hat man so einen Müll gemacht, in der Hoffnung eine Zigarette würde Probleme lösen??!! Eines Tages habe ich dann* alhamdulillah *ein Mädchen kennengelernt und sie hat mich zu ihr mit nach Hause genommen … Sie zeigte mir sehr viel aus ihrem Leben und hat ein bisschen über ihre Religion erzählt. Und dann habe ich einfach mal mit ihr mitgebetet und* alhamdulillah *dann habe ich ein richtig gutes Gefühl gehabt! Ich habe mich dann im Internet viel über den Islam informiert und mein Interesse wurde immer und immer größer! Dann bin ich konvertiert* alhamdulillah ♡ ♡ ♡ ♡ *Und seitdem ist ALLES viel besser! Ich habe jetzt Lebenssinn und weiß, dass ich nicht irgendwelchen Müll machen muss, damit es mir »besser« geht!*

Das klingt nach einer schlüssigen Begründung für die Hinwendung zum Glauben. Nur stimmt es so nicht. Leonora hat nie geraucht. Das fand sie immer eklig, bestätigen Maik ebenso wie ihre engen Freunde. Auch Alkohol hat sie fast nie getrunken, weil sie bei anderen immer wieder beobachtet hatte, wie diese sich nach dem Rausch fühlten, und ausufernde Partys fanden im Sangerhausen einer 15-Jährigen sowieso eher selten statt. Sie übernimmt immer wieder ein in der deutschen Islamistenszene oft genutztes Motiv und Sinnbild, wonach viele junge Menschen zum Islam konvertiert seien und zuvor ihre Ausweglosigkeit in Alkohol, Zigaretten und Partys zu ertränken versuchten. Das stimmt auch bei vielen, mag ein häufiges Motiv zur Hinwendung zum Glauben mit einem islamkonformen geregelten Leben sein. Nur gilt es eben nicht für Leonora.

Leonora gefällt sich offensichtlich in der Rolle der weisen Ratgeberin und möchte ihr vermeintlich umfassendes Islamwissen auch gern nach außen tragen. Aus der Neumuslima Leonora, die eigenen Angaben zufolge am 31. Januar 2014 konvertiert ist, wird die Islamexpertin, die *Fatwen* [islamische Rechtsgutachten] erlässt:

Frage: Gefallen dir bei anderen kurze oder lange Haare?

Leonora: Nikab finde ich ganz schön 😁

Frage: Hast du im Bett Socken an?

Leonora: Ne, Burka.

Frage: Wirst du von deinem Mann oder so gezwungen das Ding zu tragen? ☹

Leonora: Alhamdulillah, ich werde zu nichts gezwungen! Hör nicht auf die Medien. Sie erzählen viel!!! Im Islam wird die Frau wie ein Diamant behandelt. Der Khimar und das Nikab sind ein Schutz für uns ♡ Wir tragen das aus reiner Überzeugung.

Frage: Ist es haram (verboten), wenn ich mich vor der Ehe entjungfern lasse ☹? Bitte antworte schnell!

Leonora: Ja!!!!!!

Maik ist skeptisch, als er die Kommunikation nach der Ausreise findet:

*Ob das jetzt alles wirklich von ihr kam, weiß ich nicht. Kann ich nicht sagen. Oder ob sie da schon von irgendwem beeinflusst war, der ihr eingeimpft hat: Über all diese Themen sprichst du mit keinem! Das versteht sowieso keiner! Und da hat sie ja auch recht. Versteht man wirklich nicht. Wie man solch eine Ideologie und solch ein Leben in-*

*teressant oder geil finden kann. Ich meine, wenn so ein Bengel aus der Fremdenlegion nach Syrien geht, das kann man noch irgendwie nachvollziehen. Aus purer Abenteuerlust oder einem ähnlichen Motiv. Aber ein Mädchen freiwillig nach Syrien? Zu Leuten, die keinen Spaß verstehen, in keinster Weise.*

Diese Leute im Bürgerkrieg verstehen tatsächlich keinen Spaß, wenn es um den Fortbestand und die Ausweitung ihres Islamischen Staates geht. Doch sie verstehen sich auf das perfide Handwerk, junge Menschen wie Leonora zu sich zu locken.

Dabei müsste Leonora gar nicht weit reisen, um den Islam zu leben und zu erleben. Auch in ihrem analogen Leben in Sangerhausen und Breitenbach spielt er eine Rolle. Diesmal erfährt auch Maik davon und wird sogar ein Teil. Leonora und Emine haben eine gemeinsame Freundin, die ebenfalls gebürtige Muslima ist. Zum Opferfest, dem höchsten muslimischen Feiertag, an dem des Propheten Ibrahim gedacht wird, weil er die göttliche Prüfung bestanden hatte und bereit war, seinen Sohn Ismael zu opfern, beschließen Maik und Leonora, der Freundin und ihrer Familie ein Schaf zu schenken. Nur lebt die Familie in einem alten Plattenbau und kann das Tier nicht ohne Weiteres zu Hause nach islamischem Ritus schlachten beziehungsweise schächten. Denn das Schaf muss nach den Vorschriften des Islam vollständig ausbluten, was in einer kleinen Wohnung höchstens in der Badewanne möglich wäre. Also erlaubt Maik dem Vater der Freundin, die rituelle Tötung auf seinem Hof in Breitenbach vorzunehmen. Eine Entscheidung, die er wegen der großen Menge Blutes, das sich überall verteilt und auch nach mehreren Tagen nicht restlos verschwunden ist, bis heute bereut.

Auch wenn der Islam in Leonoras Leben durch ihre Freundin Emine und Erfahrungen wie die mit dem geschächteten Schaf eine gewisse Rolle spielt, hält sie das nicht davon ab, weiter den radikalen Botschaften im Virtuellen zu folgen. Dort wird sie in Richtung Syrien gelockt, Stück für Stück von der angeblichen Notwendigkeit überzeugt, sie müsse den Glaubensbrüdern und -schwestern im Kalifat helfen und ein Teil dieser Gemeinschaft werden.

Doch Leonora wird nicht nur gelockt, sie lockt auch selbst. So wie bei Martina, mit der sie später das vermeintlich weltliche Leben in Deutschland hinter sich lässt und zum Islamischen Staat zieht. Die beiden lernen sich in einer WhatsApp-Gruppe kennen, in der es um die Botschaften des Islam geht. Diese Gemeinschaften auf dem Smartphone sind der zentrale Rekrutierungsort für junge Muslime. Das gilt auch für Leonora, die in Dutzenden solcher Gruppen parallel aktiv ist. Als Leonora die physische Nähe zu Martina bemerkt, beide wohnen in Ostdeutschland, nimmt sie gezielt Kontakt zu ihr auf. Die beiden vereinbaren ein Treffen, an dem auch eine weitere Freundin von Martina teilnimmt. Später berichtet die der Polizei in einer Vernehmung, worum es ging. Dabei wird klar, dass es Leonora ist, die das radikale Weltbild bereits verinnerlicht zu haben scheint und im Begriff ist, es nun weiterzugeben. Martina folgt ihr schließlich. Die Freundin nicht. Gegenüber der Polizei gibt sie an, es sei Leonora gewesen, die ihre radikalen Einstellungen geäußert und dazu aufgerufen habe, nach Syrien zu gehen. Das sei notwendig, um den »Geschwistern« zu helfen. Sie sprach von einer Pflicht, die sie selbst aber zunächst zurückstellen müsse, weil sie erst 15 Jahre alt sei und noch zur Schule ginge. Mit 18 wollte Leonora demnach heiraten und mit dem neuen Ehemann nach Syrien ausreisen. Die Freundin ist sich sicher, dass Leonoras Äußerungen ihre Freundin Martina stark beeinflusst und letztlich dazu gebracht haben, ebenfalls ausreisen zu wollen. Beide hatten vor, so beschreibt es die Freundin, einen Kämpfer zu heiraten und den Islamischen Staat zu unterstützen.

Auch als es um die konkreten Reisevorbereitungen für Syrien geht, scheint es Leonora zu sein, die den Ton angibt und letzte Anweisungen und Reisetipps erteilt. Obwohl sie drei Jahre jünger ist als ihre Gefährtin, fühlt sie sich offenbar in einer Art Führungsrolle, weil es ihre Kontakte in den Islamischen Staat hinein sind, die das gefährliche Unterfangen erst möglich machen. Bei der Durchsuchung von Leonoras Zimmer finden die Beamten einen handgeschriebenen Brief an Martina:

Selam Aleykum,

*da du kleine ISIS-Anführerin ja anscheinend überwacht wirst, muss ich dir jetzt so einen blöden Brief schreiben.*

*Also was ich dir sagen wollte: Bleib standhaft und stark! Der* Scheitan [Satan] *versucht uns Dinge einzureden, aber du musst immer durchhalten, egal was ist! Es wird die größte Prüfung für uns sein, die Menschen hier zu verlassen, gerade die Leute, die wir sehr lieben. Jedoch wird die Belohnung sehr hoch werden* inschaallah. *Du kannst dich immer auf Allah verlassen! Allah hilft dir und macht es leicht. Er lässt uns NIEMALS im Stich! Denk an Mohammed, wie tapfer er war! Da können wir mit unserer* Hidschra [Auswanderung] *längst nicht mithalten!*

Wieder sind es die üblichen Floskeln, die Leonora benutzt, um die Glaubensschwester zu überzeugen, an den Plänen festzuhalten. So hilft Leonora bei der Rekrutierung neuer Bräute für das Kalifat, auch wenn sie längst kein Profi ist. Sie benutzt die Argumente geschickter Verführer, die sie offenbar nachhaltig beeindrucken. Eine besonders große Kenntnis dieses Glaubens, seiner vielfältigen Traditionen, der Entwicklungen im Laufe der Jahrhunderte und auch der arabischen Sprache hat Leonora, jedenfalls bis zu ihrer Ausreise, nicht. Maik veranschaulicht das mit einem Beispiel:

> *Sie hat ja in ihrem eigenen YouTube-Kanal Beauty-, Fashion- und Lifestyle-Videos gemacht. Das waren solche Videos nach dem Motto: »Ich habe einen neuen Nagellack …« Und dann hat sie vorgeführt, wie das aussieht. Dort gibt es dann auch irgendwelche Verlosungen, bei denen man etwas gewinnen kann. Ketten und so. Du schickst einen Nagellack irgendwohin und kriegst dafür eine »Goldkette« für 1,99 Euro. Von daher war das auch nicht ungewöhnlich, dass da immer mal Päckchen kamen. Das war wirklich unauffällig, und wir haben uns auch irgendwann keine Gedanken mehr darüber gemacht. Da war ja nichts Schlimmes drin.*
>
> *Irgendwann sagte sie dann: »Ich schreib´ mir jetzt mit einem Mädchen mit ausländisch klingendem Namen, und die hat mir etwas Hübsches geschickt.« Das war ein großer Aufkleber mit arabischer Kalligrafie. Sie wusste auch nicht, wo hinten und vorne ist. Und dann sagte sie: »Das klebe ich mir an die Tür. Das heißt ›Willkommen‹ oder so etwas wie: ›My home is my castle‹ oder irgend so was.«*

Auf dem großen Sticker steht auf Arabisch *»Bismillah al-Rahman al-Rahim«*, was so viel bedeutet wie: »Im Namen Gottes, des Allerbarmers, des Barmherzigen«, ein Sinnspruch, mit dem jede Sure des Koran beginnt. Doch das weiß Leonora nicht, vor allem kann sie es auf Arabisch nicht lesen. Allerdings müsste ein Arabischkundiger einen Kopfstand in Maiks Flur machen, um den Inhalt lesen zu können, denn sie bringt die Kalligrafie verkehrt herum an.

Vom Interesse für den Islam und schließlich zu der Konvertierung ist es noch ein weiter Weg, bis Leonora sich entschließt, auszuwandern und Teil dieser gefährlichen Terrorclique in Syrien zu werden. Der Begriff *Dschihad*, den diese jungen Unterstützer des Kalifats vor sich hertragen wie ein Mantra, bedeutet erst einmal nichts anderes als »Anstrengung« oder »Bemühung«. Er kann auf verschiedene Weisen gedeutet werden, etwa als persönliche Anstrengung, ein möglichst gottgefälliges Leben zu führen. Jahrhundertelang haben sich islamische Gelehrte darüber den Kopf zerbrochen und Hunderte Bücher geschrieben, wie der Begriff zu deuten sei. Gegen sogenannte *Kuffar*, also »Ungläubige«, zu kämpfen und sie zu töten, bedeutet der Begriff nicht zwangsläufig.

Viele Schritte von Leonoras Radikalisierung werden erst Wochen und Monate nach ihrer Ausreise klar, wenn auch nie vollends. Dazu trägt sie auch selbst bei. In Chats und Audionachrichten erzählt sie ihrer Freundin Stück für Stück von wichtigen Meilensteinen oder solchen, die sie im Nachgang für wichtig hält. So erzählt sie Monate nach dem Verschwinden Emine von einem *Naschid*, einem islamischen Kampfgesang. Dieser habe sie damals zum Dschihad gebracht, sie förmlich nach Syrien gezogen. Er stammt vom wohl bekanntesten deutschen Islamisten in den Reihen des IS, Denis Cuspert alias Abu Talha al-Almani. Der aus Berlin Stammende war zunächst als Gangsterrapper »Deso Dogg« mäßig erfolgreich, bevor er den Islam annahm und jede Musik für *haram*, also verboten, erklärte und zur Zerstörung der eigenen Tonträger aufrief. Der *Naschid* trägt den Titel: *»Dschihad ist Pflicht!«* Darin beschwört Cuspert in einem Sprechgesang, der einzig legitimen Form des Gesangs in dieser radikalen Auslegung des Islam, die Vorzüge der Ausreise nach Syrien zum Islamischen Staat. Der Text ist so simpel wie eingängig. Schlechte und unpassende Reime sind das gängigste Stilmittel des einstigen Rappers:

*Dschihad ist Pflicht, also strengt euch an!*
*Fürchtet niemand Allah, es ist Mann gegen Mann.*
*Allah verspricht das Paradies,*
*durcheilt von Bächen und schönen* Huris *[Jungfrauen im Paradies].*
*Es sind wenige von wenigen, die auserwählt sind,*
*der Rest sucht Ausreden, bleibt taubstumm und blind.*
*Sie bekämpfen uns auf der ganzen Welt*
*sogar Abtrünnige haben sich dazu gestellt.*
*Wir vertrauen auf Allah und ziehen weiter in die Schlacht*
*gegen die* Kuffar *[Ungläubige],* Munafikin *[religiöse Heuchler] und*
*den saudischen Palast.*
*Wir halten weiter fest am Seile Allahs und dem Schwert*
*und ziehen weiter geradeaus und wir kennen keine Kehr.*
*Unsere Geschwister sind gefangen und keiner kümmert sich darum*
*Die Löwen stehen auf und sie fragen nicht warum.*
*Wir werden* inschaallah *[So Gott will] bis zum Tod kämpfen*
*Denn wir lieben den Tod wie ihr das Leben liebt.*

Inzwischen, so schreibt Leonora ihrer Freundin, betreibe dieser auch im Inneren des IS berühmte und berüchtigte Abu Talha al-Almani mit anderen deutschsprachigen Islamisten eine eigene Moschee, eine Art deutsches Haus, mitten in Rakka. Fast jeden Freitag besuche sie gemeinsam mit ihrem Ehemann Nihad das Gebet.

Einschlägige Moscheen sind auch in Deutschland einer der wichtigsten Rekrutierungsorte. Das gilt auch für Leonoras Entwicklung. Es ist der eine, aber wesentliche Ort, an dem das analoge und das virtuelle Leben sich kreuzen. Das Virtuelle wird analog.

Bei der Durchsuchung von Leonoras Zimmer finden die Beamten zerrissene Bahntickets im Papierkorb ihres kleinen Reiches im Dachgeschoss. Es sind Fahrkarten nach Frankfurt am Main. Dort, so zeigen die Ermittlungen der Polizei und Einträge in ihrem Tagebuch, war Leonora in einer bekannten Moschee, die schon seit Jahren vom Verfassungsschutz überwacht wird, weil Islamisten hier gegen das Grundgesetz wettern sollen. Im Frankfurter Stadtgebiet trägt Leonora eine Vollverschleierung, oder wie sie selbst sagt: Burka. Hier übt sie den Umgang mit dem großen schwarzen Tuch und dem eingeschränkten Sichtfeld. In Rakka wird der Gesichtsschleier Alltäglichkeit – gut, da schon einmal geübt zu haben. In Frankfurt fällt sie so auch nicht sonderlich auf. Vollverschleierte Frauen gibt es hier häufiger, zumal im Umfeld dieser Abu-Bakr-Moschee. Wäre sie in Breitenbach mit dieser Verschleierung durch die Straßen gezogen, die Anwohner hätten wohl entweder laut »Helau« gerufen, weil sie es für eine Art Karnevalsumzug gehalten hätten, oder sie hätten aus Furcht vor der Invasion al-Qaidas Bretter vor die Fenster genagelt und die Mistgabeln aus den Schuppen geholt.

Maik und die Familie bemerken von Leonoras Ausflügen nach Frankfurt nichts, erfahren erst mit der Durchsuchung des Zimmers von den »Wochenendausflügen«. Diese Reisen werden von Leonora eingesponnen in ein feines Netz aus Lügen. Und sie glauben Leonora, weil es für sie gar keinen Anhaltspunkt gibt, an den Aussagen zu zweifeln:

*Jetzt im Nachhinein sagt man oft: Ach Gott! Warum ist uns das nicht aufgefallen? Die Reise nach Frankfurt war als etwas ganz anderes deklariert. Nämlich: Ich bin bei meiner Freundin Emine. Da haben wir sie am Freitag hingefahren. Da deren Wohnhaus an einer großen Straße liegt, haben wir nicht gewartet, bis sie in das Haus hineingegangen ist, weil man dort nicht parken darf. Danach hatten wir auch regelmäßig Kontakt per WhatsApp, wo sie vom leckeren Essen mit*

*Emines Familie berichtet hat. Und dann haben wir sie dort schließlich wieder abgeholt. Sie stand zur verabredeten Uhrzeit vor der Tür, so wie immer. Nur wissen wir jetzt, dass sie eben nie das Haus betreten hat. Stattdessen ist Leonora offenbar zum Bahnhof gegangen und nach Frankfurt gefahren. Das haben wir alles erst hinterher erfahren, als die Polizei die zerrissenen Tickets im Mülleimer gefunden hat.*

*Es gab für uns keinerlei Verdachtsmomente, dass man gesagt hätte: Oh, da stimmt irgendetwas nicht. Wo war sie denn wirklich? Es war alles so geschickt eingefädelt, dass das wirklich niemandem aufgefallen ist. Wir hatten keine Chance. Wir hatten null Chance, das vielleicht noch in der letzten Sekunde zu verhindern.*

Bei den Ausflügen nach Frankfurt oder den ausgedehnten Streifzügen durch soziale Netzwerke und geschlossene Messenger-Gruppen bei WhatsApp und Telegram lernt Leonora Dutzende Gleichgesinnte kennen. Darunter auch solche, die den Schritt nach Syrien bereits gegangen sind.

# Der Ehemann und die Nebenfrauen

Einen echten Kämpfer heiraten. Einen, der die Familie bis zum Letzten verteidigt. Ein Held, dem keine Anstrengung zu schwer scheint, sich für das Gute einzusetzen. Der für den richtigen Weg kein Hindernis scheut. Der mutig ist und tapfer, ein Anführer. Und der dann auch noch gut aussieht, mit seiner Uniform, dem verwegenen Bart und der angsteinflößenden Bewaffnung, die jeden Gegner mit Respekt und Furcht zurückweichen lässt. Nach außen ein harter Kerl, nach innen aber weich und liebevoll.

Ein Mädchentraum, jedenfalls für viele. Wohl auch für Leonora. Martin alias Nihad passt genau in dieses Bild, augenscheinlich jedenfalls. Er ist groß gewachsen, schlank und hat kurze dunkle Haare. Auch die großen, wachen Augen sind dunkelbraun. Einen verwegenen Bart trägt er nicht, eher einen Flaum. Aber mit seiner Kalaschnikow sieht er trotzdem irgendwie verwegen und gefährlich aus. Ob er nett und liebevoll ist, kann Leonora nur erahnen. Denn treffen wird sie ihn erst Monate später in Syrien, am Ende ihrer langen und gefährlichen Reise. Direkten Kontakt zu haben, ohne vorher verheiratet zu sein, das ist *haram*.

*»Ich habe einen* Akh *[gesprochen: Ach – einen Glaubensbruder] kennengelernt, der die Absicht hat, mich zu heiraten,* inschaallah. *Ich würde gern mit ihm heiraten! Er ist sehr nett und süß«*, notiert Leonora noch kurz vor der Ausreise in ihr Tagebuch.

Dabei kennt sie diesen *Akh* nur aus Erzählungen. Leonora hat viel von ihm gehört. Der Kontakt kommt über eine »Glaubensschwester« zustande. Als Leonora islamkonforme Kleidung im Internet sucht, findet sie einen Online-Shop bei Facebook. Eine Umm Yasir und ihr Mann verkaufen dort islamische Gewänder, Kopftücher und Gesichtsschleier. Die Kleider können in gedeckten Farben bestellt werden – Dunkelgrün, Dunkelblau, Weinrot und Schwarz. Das Angebot überzeugt Leonora. Es ist die Verkäuferin, Umm Yasir, die Leonora nach einer längeren Konversation den »Bruder« Nihad, alias Martin, als Ehemann vorschlägt. Er wird ihr als treuherziger und liebevoller Mann beschrieben, seine Frömmigkeit in den höchsten Tönen gelobt.

Die Kommunikation zwischen Leonora und Umm Yasir geht über Wochen und Monate. Schließlich heißt es, Martin lebe jetzt im Islamischen Staat, in der De-facto-Hauptstadt Rakka und habe einen guten Job bei der Polizei, ein gutes Auskommen, womöglich ein sehr gutes. Dort, im Land des Kalifen, heißt Martin Lemke nicht mehr Martin Lemke. Er heißt jetzt Nihad Abu Yasir oder auch Abu Yasir al-Almani, der Deutsche. Das klingt auch gleich viel aufregender. Leonora kennt nur den muslimischen Namen und seine muslimische Identität. Seine vorherige Biografie kennt sie nicht.

Als dieser Martin am Heiligabend 1990 in Sachsen-Anhalt zur Welt kommt, sind gerade zweieinhalb Monate vergangen, seit in Berlin die Wiedervereinigung Deutschlands gefeiert wurde. Martin ist ein Wendekind. Und genau wie Leonora ist dieser Martin kein Moslem von Geburt an. Wie auch? Muslime gibt es in diesem Teil der neuen Republik kaum, jedenfalls zu dieser Zeit. Leonora und Martin verbindet eine Menge. Beide kommen aus dem Osten, genau wie schon ihre Eltern. Beide suchen Anschluss an eine große, möglichst einzigartige Gemeinschaft, die sich nach außen hin abschottet. Sie wollen diesem kleinen elitären Kreis angehören, unbedingt. Etwas Besonderes sein. Martin versucht es zunächst mit dem örtlichen Fußballverein. Dort, wo er aufwächst, heißen die Vereine auch noch Jahre nach der Einheit wie zu früheren DDR-Zeiten: Lok, Motor oder Traktor. Er wird, auch weil er eher der schlaksige Typ ist, zunächst ein passabler Torhüter und später Stürmer.

Wer versucht, nach Martins Spuren aus jener Zeit zu suchen, der landet bei einem kleinen Artikel in der Regionalzeitung aus dem Jahr 2000. Es ist die Ära, in der auf jedem zweiten Dorffest eine Mini-Playback-Show aufgeführt wird, weil das Vorbild bei RTL beinahe so viele Zuschauer vor die Fernseher lockt wie ein Spiel der Nationalmannschaft. Martin ist offenbar mit großer Begeisterung dabei, auch wenn er den begehrten Pokal am Ende nicht gewinnt. Während Gleichaltrige mit Britney Spears und Liedern von Aqua und Blümchen ins Rennen um die Gunst der Jury gehen, bewegen er und seine Schwester Mund und Hüften zu dem kitschigen Volksmusik-Klassiker »Wir greifen nach den Sternen« von Andrea Jürgens und dem Nockalm Quintett. In dem Lied geht es um die Sehnsucht nach einer geliebten Person. Martin hat eine sehr enge Beziehung zu seiner Mutter und den Schwestern, die wohl auch an der Auswahl des Schlagerhits nicht ganz unschuldig sind. Doch auch wenn er am Ende nicht siegt, so steht er wenigstens ein paar Minuten im Rampenlicht, vorne, wo ihn alle sehen können. Für einen Moment dreht sich die Welt um ihn. *»Und manchmal brannte die Luft schon, wenn ein Playback-Sternchen die Showtreppe herunterkam. Die hatte zwar nur drei Stufen, passte aber sehr gut in das gesamte Ambiente«*, steht danach schon fast mitleidig in der Zeitung.

Nach dem Realschulabschluss beginnt Martin eine Lehre zum Industriemechaniker bei einem großen Unternehmen, das bis heute mit großem Aufwand versucht, feuchte Braunkohle aus der ostdeutschen Erde zu buddeln. Unter mehr als 400 Bewerbern erringt er einen der begehrten Ausbildungsplätze. Es ist ein guter Job, in einer Region, in der es nicht viele davon gibt. Auch nach der Ausbildung wird er als Schweißer Tag um Tag im Tagebau verbringen.

Doch ebenso wie Leonora scheint auch Martin etwas zu fehlen. Als wäre er auf der Suche nach etwas Größerem, das seine vielen Fragen beantwortet. Etwas Wichtigem, das klaren Regeln folgt, bei dem es nur schwarz oder weiß gibt, ohne diese undurchsichtigen Schattierungen dazwischen. Viele in der Region, aus der Martin stammt, wenden sich Gruppen und Gemeinschaften zu, die glauben, Ausländer würden ihnen die Arbeit und die Zukunft nehmen. Martin glaubt an etwas anderes. Spätestens 2011, da ist er gerade 20 Jahre alt, konvertiert er zum Islam. Hier findet er Antworten auf seine Fragen. Hier findet er eine Gemeinschaft, in der es nicht wichtig ist, welche Farbe die Haut hat, welche Muttersprache man spricht oder, noch banaler, welches aufgemotzte Auto den größten Eindruck bei den Mädels im Dorf hinterlässt.

Martin führt jetzt seinen selbst gewählten islamischen Namen: Nihat, in der türkischen Schreibweise mit einem »t« am Ende. Und Nihat radikalisiert sich im Schnelldurchlauf. Noch im selben Jahr heiratet er seine Frau zunächst nach islamischem Ritus in der Al-Rahman-Moschee in Leipzig. Das Gebetshaus in der Roscherstraße wird vom syrischstämmigen Imam Hassan Dabbagh angeführt. Die Gemeinde und ihr Vorbeter werden seit Jahren vom Verfassungsschutz beobachtet. In dessen Bericht wird der Imam und Vorsitzende des eingetragenen Moscheevereins regelmäßig als *»ein herausragender Vertreter der salafistischen Bewegung«* bezeichnet.

Dabbagh ist so einer, der auffällt. Mit seinem langen Rauschebart scheut er nicht davor zurück, in den Medien der »Ungläubigen« die Sicht der strengen Muslime zu vertreten und für Veränderungen zu streiten. Fast schon legendär sind seine Auftritte in der Sonntagabend-Talkshow von Sabine Christiansen oder Jahre später im Talk bei Sandra Maischberger. Er provoziert, lässt aber auch andere zu Wort kommen und akzeptiert deren Meinungen, jedenfalls in der Öffentlichkeit. In der Leipziger Moschee veranstaltet der Deutsch-Syrer monatlich stattfindende Islam-Seminare und Islam-Bildungstreffs. Welchen Einfluss dieses Umfeld auf Martins spätere folgenschwere Entscheidungen hatte, ist nicht bekannt.

Es dauert aber nicht lange, da werden auch Sicherheitsbehörden auf diesen Nihat aufmerksam, der mal Martin hieß. Nachdem er auf seiner Facebook-Seite die Einführung der *Scharia*, des islamischen Rechts, in der Bundesrepublik fordert und eine Brieffreundschaft mit einem in Haft sitzenden Islamisten in Schleswig-Holstein aufnimmt, wird ein sogenannter Gefahren-Abwehr-Vorgang gegen ihn eingeleitet. Ziel eines solchen Verfahrens ist die Gewährleistung der öffentlichen Sicherheit und öffentlichen Ordnung. Diese Maßnahme beruht auf den Paragrafen des Polizeigesetzes. Sie erfolgt nicht auf Grundlage des Strafgesetzbuches, weil die Tatsache, Islamist zu sein, und die bloße Äußerung, die *Scharia* einführen zu wollen, nicht strafbar sind. Es ist eine, wenn auch absurde Meinungsäußerung, die der deutsche Rechtsstaat aus gutem Grund nicht unter Strafe stellt. Dennoch stellen die Kriminalisten fest, Nihats zahlreiche Postings in den sozialen Netzwerken seien besorgniserregend, da sie *»von einer Art Todessehnsucht in Verbindung mit dem Wunsch, in den Dschihad zu ziehen«*, zeugten.

Auch dieser Wunsch ist als solcher nicht strafbar. Und dennoch will sich der Rechtsstaat wehrhaft zeigen und vorbereitet sein, wie es so oft von Politikern öffentlich beschworen wird. Die Polizei versucht es mit dem Gefahren-Abwehr-Vorgang, weil sie glaubt, von Nihat könne in der Zukunft eine konkrete Gefahr ausgehen. Allerdings sind die Mittel begrenzt, auch wenn bei dieser Art des Verfahrens die sonst übliche Unschuldsvermutung quasi außer Kraft gesetzt wird. So dürfen Beamte überprüfen, ob sich die Person auch tatsächlich an der gemeldeten Adresse aufhält und diese nicht nur zum Schein nutzt. Die Polizei darf aber keine Kontobewegungen überprüfen oder Telefone abhören.

Bei der Videoplattform YouTube betreibt Nihat einen eigenen Kanal, auf dem er die neuesten Reden und *Fatwen* bekannter Größen des Salafismus in Deutschland einstellt. Darunter finden sich neben Hassan Dabbagh auch schillernde Namen wie Pierre Vogel, Ibrahim Abou-Nagie und Abu Walaa. Zudem gestaltet er eigene Videos, in denen er der Welt zeigen möchte, dass er ein einfacher Muslim sei, kein Dschihadist, Islamist oder gar Salafist, wie er in einer animierten Grafik eines der Videos beschriftet. Es ist eine gern und häufig genutzte Rhetorik von ebenjenen Dschihadisten, Islamisten und Salafisten. Sie glauben nicht an solche Bezeichnungen und Schubladen, auch wenn sie ihnen ideologisch folgen. Für viele von ihnen ist der Salafismus keine Denkrichtung unter vielen möglichen, sondern der einzig legitime Islam. Der einzig wahre Weg, der sich auf die Zeiten des letzten Propheten Mohammed im sechsten und siebten Jahrhundert zurückbesinnt und all die angeblichen Verfälschungen des Glaubens in den folgenden Jahrhunderten ablehnt.

Das Video, ein Wechsel zwischen Schrifteinblendungen und Fotos von Nihat, wird rund 500 Mal angeklickt, wobei wohl ein guter Teil der Zuschauer Mitarbeiter von Polizei und Geheimdiensten sein dürften:

*Salam Alaykum Euer Bruder Nihat.*
*Vorsicht, gefährlich!!!*
*Warum?*
*Deutsch, konvertiert zum Islam, glaubt an die Gesetze von Allah.*
*Achtung, er könnte ja ... naja, was?*
*Ihr Medien und Politiker seid die größten Heuchler von allen!!!*
*Oder vielleicht doch ein Dschihadist!!!*
*Ein Dschihadist? Warum?*
*Weil ein Muslim alles aufgeben würde für Allah und für den Islam sterben würde? Ihr Kuffar seid so lächerlich!!! Ihr habt Angst, weil der Islam die am schnellsten wachsende Religion ist. Ihr liebt euer Leben und wir fürchten den Tod nicht!!! Ihr werdet uns nicht stoppen können!!!*

Im echten Leben macht sich Nihat für die Rechte der Muslime in seinem direkten Umfeld stark und kämpft beim Bürgermeister seines Heimatortes für einen muslimischen Gebetsraum. Im örtlichen Asylbewerberwohnheim verschenkt er Koran-Ausgaben der sogenannten Lies!-Aktion, die bundesweit Gratis-Ausgaben der heiligen Schrift verteilt. Nebenbei arbeitet er weiter als Schweißer im Tagebau, auch wenn er offenbar plant, das Deutschland der Ungläubigen bald zu verlassen. Schon Ende 2011 postet er auf seiner Facebook-Seite: »Inschaallah *kann ich bald raus aus Deutschland ... in ein paar Jahren in ein islamisches Land mit Scharia ...* inschaallah.«

Drei weitere Jahre wird er brauchen, um dieses Versprechen tatsächlich einzulösen und sich nach Syrien abzusetzen. Doch zunächst zieht er nach Leipzig. Jetzt wohnt er nur noch 2,2 Kilometer entfernt von der Al-Rahman-Moschee, wie ein Polizist damals akribisch notiert. Die Verlegung seines Wohnsitzes in ein anderes Bundesland bringt die polizeilichen Maßnahmen jedenfalls zeitweilig zum Erliegen. Denn die Übergabe eines solchen Falles kann bei den Sicherheitsbehörden Wochen, manchmal Monate dauern.

In Leipzig lernt Nihat alias Martin eine neue Frau kennen. Sie nennt sich Sherine, auch wenn ihr echter Name ein anderer ist. Sherine ist eine schlanke, dunkelhaarige Französin mit einem netten Lächeln und studiert in der ostdeutschen Metropole »Deutsch als Fremdsprache«. Ein Studiengang an der Universität Leipzig, der über die Stadtgrenzen hinaus einen guten Ruf genießt. Die 24-Jährige hatte sich für die Ausbildung entschieden, weil sie eines Tages in die Fußstapfen ihrer Mutter treten will, die im Norden Frankreichs an einer Schule arbeitet. Nihat verlässt seine bisherige Ehefrau und heiratet Sherine nach islamischem Ritus. Die Französin wird es auch sein, die mit ihrem islamischen Namen Umm Yasir einen engen Draht zu Leonora pflegen und die Mehrehe zwischen ihrem Mann und der 15-jährigen Schülerin aus Sangerhausen arrangieren wird.

Doch zunächst bekommen die beiden ein Baby, einen Sohn, den sie Yasir nennen. Daher auch die Selbstbezeichnung Umm Yasir, was so viel bedeutet wie »Mutter von Yasir«. Der Name bedeutet so viel wie *der Reiche* oder auch *der Sanfte* und geht zurück auf den Sohn eines der engsten Gefährten des Propheten Mohammed. Der Überlieferung nach gilt er zusammen mit seiner Ehefrau Sumayya als erster Märtyrer des Islam. Zufällig ist die Wahl des Namens wohl nicht. Und so heißt auch Martin alias Nihat nun Nihat Abu Yasir (Vater von Yasir). So ist es Tradition. Gemeinsam betreiben sie den Onlinehandel für islamische Kleidung, bei dem auch Leonora später einkauft und zunächst Sherine und später Nihat kennenlernt. Sherine trägt die streng konservative islamische Kleidung auch selbst. Mit dem schwarzen Gesichtsschleier fällt sie beim Besuch des Spielplatzes in Leipzig besonders auf.

Den Handel mit islamischer Bekleidung führen sie auch weiter, als sie in die niedersächsische Provinz ziehen, nach Hildesheim. Hier hat sich ein radikaler Prediger niedergelassen, der die beiden nachhaltig beeindrucken wird. Abu Walaa heißt eigentlich Ahmad Abdelaziz Abdallah und stammt aus Kirkuk im Norden des Irak. Der Mann, der eine eigene Smartphone-App mit täglich aktualisierten Sinnsprüchen und Koranzitaten betreibt und der bei verschiedenen Messenger-Gruppen aktiv ist, hat eine große Anhängerschaft im gesamten Bundesgebiet hinter sich geschart. Er gilt als kluger und manipulativer Hardliner. Schon 2012 attestiert ihm das Bundesinnenministerium, er ginge »hoch konspirativ« vor. In Hildesheim ist er der Imam einer kleinen Moschee, die ihre Räumlichkeiten in einer ehemaligen Schlecker-Filiale etabliert hat und in die zu Freitagsgebeten bis zu 300 Menschen strömen. Darunter auch viele Gläubige aus anderen Städten Westdeutschlands. Mindestens 20 Ausreisen gibt es aus dem Umfeld der Moschee. Es sind so viele, die sich von hier nach Syrien absetzen, dass Ermittler die Hildesheimer Islamistenszene für einen bundesweiten Hotspot halten.

Nach der Wahl Hildesheims als neuem Wohnort dauert es wieder, bis der polizeiliche Vorgang weitergeleitet wird, diesmal von den sächsischen an die niedersächsischen Behörden. Zudem haben die Ermittler beim Landeskriminalamt in Hannover nicht nur diesen einen Fall zu bearbeiten. In Hildesheim und vor allem in der VW-Stadt Wolfsburg hat sich eine derart große Islamistenszene zusammengefunden, dass die Beamten nicht mehr hinterherkommen, die Vielzahl der Fälle zeitnah zu bearbeiten.

Nihat hat es sich derweil mit seiner Familie im Dachgeschoss eines zentrumsnahen Mietshauses bequem gemacht. Für den Lebensunterhalt und die Miete im sanierten Altbau sorgen unter anderem die vermeintlich »Ungläubigen« – die Steuerzahler.

Ein Thema bestimmt von nun an mehr und mehr das Leben der kleinen Familie: der Islam und ein islamkonformes Leben. Als die Ermittler des LKA aus Hannover schließlich doch noch auf die neuen Mitglieder dieser brodelnden Hildesheimer Szene aufmerksam werden, sind Nihat, Sherine und Yasir schon wieder weg.

Am 2. November 2014 steigen sie am Flughafen Hannover an Bord einer Maschine und lassen die Bundesrepublik hinter sich. Endlich weg aus diesem Land, in dem sie ihren Glauben nie so leben konnten, wie sie es sich vorgestellt hatten. Endlich fort aus dem Land, in dem sie glauben, wegen ihres Glaubens als Menschen zweiter Klasse wahrgenommen und behandelt zu werden. Es ist wie die Erfüllung seiner Facebook-Prophezeiung vor drei Jahren. Das Ziel ist der Islamische Staat in Syrien. Dort, so glaubt Nihat offenbar, könnten sie endlich ankommen. Dort seien alle wie sie. Dort herrsche das Recht Gottes, die *Scharia*. Eine internationale Gemeinschaft der Gläubigen. Ein Land, das es aufzubauen gilt. Etwas Neues, woran sie ihren Anteil haben könnten. Ihre Hilfe werde dort gebraucht, so verheißen es die hochauflösenden Propagandavideos und Botschaften der Glaubensbrüder, die sie wieder und wieder angeschaut hatten. Hier könnten sie endlich das Gefühl haben, wirklich gebraucht zu werden und an etwas Wichtigem, etwas Großem, teilzuhaben.

Und diese Vorhersehung wird tatsächlich Wirklichkeit. Die verheißungsvollen Botschaften waren nicht übertrieben. Auch wenn es schwer zu glauben ist – für Nihad, der nun seinen Namen in der arabischen Form mit »d« am Wortende schreibt, ist das alles wahr geworden. So viel Anerkennung und Macht hat Martin aus der ostdeutschen Provinz noch nie verspürt.

Hier gilt die *Scharia*. Es gibt nur eine vollständig akzeptierte Religion und eine ultrakonservative Auslegung derselben. Hier haben sich strenggläubige Muslime aus der ganzen Welt zusammengefunden. Hier soll ein Staat entstehen, mit allem, was dazugehört: staatliche oder staatsähnliche Institutionen, Bürokratie, klare Hierarchien.

Und dieser Staat wächst zu jener Zeit. Täglich werden neue Gebiete erobert und unter Kontrolle gebracht. Obwohl die Internationale Koalition mit ihren Hightech-Waffen dem IS bereits den Krieg erklärt hat, expandiert das Kalifat weiter. Und mittendrin sind Nihad und seine Familie. Besser: Nihad und seine Familien. Denn der inzwischen 23-Jährige hat nicht nur eine Frau mit Kind, er hat noch eine zweite, von der die Behörden in Deutschland monatelang keine Ahnung hatten und haben werden, obwohl sie schon in der Bundesrepublik verheiratet sind und zumindest in Hildesheim zusammenlebten.

Khadija (gesprochen Chadidscha) heißt eigentlich Sabina und stammt aus Dagestan, einer kleinen russischen Teilrepublik im Nordkaukasus. Von den knapp drei Millionen Einwohnern sind dort über 90 Prozent ethnische Muslime, die zu großen Teilen in bitterer Armut leben. Nebenan, in Tschetschenien, tobt seit Jahren ein erbittert geführter Bürgerkrieg mit Tausenden Toten, angeführt von einem brutalen Herrscher von Russlands Gnaden. In den Bergregionen hat sich ein massiver islamistischer Widerstand gebildet, der ebenso brutal und menschenverachtend vorgeht wie der russisch-unterstützte Gegner.

Die islamistischen Kämpfer aus Tschetschenien und Dagestan gelten als besonders abgebrüht und verroht. Zudem verfügen sie über jahrelange Kampferfahrung. Auch in Syrien kämpfen Hunderte Männer, die aus dem Nordkaukasus stammen, aufseiten des Islamischen Staates. Sie sind sehr willkommen, auch, weil sie dafür bekannt sind, besonders ideologisiert und brutal zu sein. Die ersten Männer, die in den Propagandavideos des IS

Köpfe der Gegner vom Rumpf trennen, sind keine Syrer oder Iraker, sondern Muslime aus dem Nordkaukasus.

Khadija kommt, so wie Hunderte ihrer Landsleute, 2012 nach Deutschland. Sie hat ihren damals fünfjährigen Sohn dabei, der die gemeinsame Religion bereits im Namen trägt: Islam. Die beiden registrieren sich am 22. April 2012 in der Außenstelle des Bundesamtes für Migration und Flüchtlinge (BAMF) in Chemnitz als Flüchtlinge und wohnen fortan in einer sächsischen Asylunterkunft.

Sicher ist, dass sich Nihat und Khadija bereits in Deutschland das Jawort geben und gemeinsam in Hildesheim leben. Nach islamischem Ritus mit mehreren Frauen verheiratet zu sein, ist, anders als viele glauben, in Deutschland nicht strafbar. Lediglich die standesamtliche Bi- oder Polygamie ist verboten. Und so ist es nur folgerichtig, dass Khadija und ihr Sohn Islam am 2. November 2014 ebenfalls in die Türkei fliegen, an Bord des gleichen Fliegers wie ihr Ehemann und dessen erste Frau. Für den Flug sollen sie finanzielle Unterstützung von Hildesheimer Glaubensbrüdern erhalten haben. 2.000 Euro hätten Nihad und seine Frauen von Abu Walaa für die Ausreise erhalten, schildert später eine Zeugin aus dem Umfeld der Moscheegemeinschaft der Polizei. Einen letztgültigen Beweis dafür gibt es nicht.

Wie Nihad zur Mehrehe steht, zeigt er auf seiner damals noch aktiven Facebook-Seite. Wenige Wochen vor der Ausreise postet er ein Bild. Es zeigt das Piktogramm eines Mannes in traditioneller islamischer Kleidung. An seiner Seite steht eine vollverschleierte Frau und daneben der Schriftzug »genug«. Dann folgt ein Bild mit zwei Frauen an seiner Seite und der Beschriftung »besser«. Auf einem weiteren Piktogramm stehen bereits drei Frauen neben dem schwarz gekleideten Muslim mit der weißen *Takke*, einer typischen Gebetskappe. »noch besser«, steht darüber. Auf dem vierten und letzten Bild sind es schließlich zwei Frauen auf jeder Seite des Mannes, also insgesamt vier Ehefrauen, und der Hinweis: »perfekt«.

Nihad kommentiert die Bilder mit den Worten: *»Alles eine* Iman-*Sache«*, also alles eine Sache der Glaubensstärke. Aber geht es wirklich um die Stärke seines Glaubens? Oder auch um die erträumte eigene Stärke und sein übergroßes Machtbewusstsein? Vier Frauen zu haben, dazu noch eine Menge Kinder, wäre der Inbegriff dieser Führungsstärke und vor allem wären sie ein wertvolles Statussymbol innerhalb der Szene. Aus dem kleinen Martin vom Tagebau wäre dann der einflussreiche Nihad im Islamischen Staat geworden, der es vermag, eine so große Familie zu ernähren und zu führen.

Sherine, Nihads erste Frau, vermittelt Leonora in einschlägige WhatsApp-Gruppen, in denen es um den wahren Islam geht. Leonora ist in Dutzenden dieser Gruppen als *Meryem Leonora* aktiv. Während die Neumuslima hier nach Antworten und der Gemeinschaft sucht, schaut sich die Französin Sherine gezielt nach einer neuen Frau für ihren Ehemann um. Das ist nicht ungewöhnlich. Häufig werden in solchen Chatgruppen gezielt Partnerschaften arrangiert. In den Gruppen haben entweder nur Frauen oder nur Männer Zugang, sie sind also strikt nach Geschlechtern getrennt. Im Grunde sind es islamistische Kontaktanzeigen. Denn hier wird nicht mit althergebrachten Eigenschaften wie verständnisvoll, liebevoll oder einem guten Job und der Aussicht auf ein unbekümmertes Leben geworben. Stattdessen geht es um die Glaubensstärke, die Zugehörigkeit zu einem bestimmten Predigerumfeld oder die Fähigkeiten im Auswendiglernen des Koran.

Bevor sich Leonora für Nihad entscheidet, hat sie bereits einer Handvoll anderer Männer oder solchen, die es noch werden wollen, eine Art Ehe-Versprechen gegeben. Ein afghanischstämmiger Islamist ist darunter, mit dem sie bereits Pläne geschmiedet haben soll, das Land zu verlassen. Doch sie zögert immer wieder im letzten Moment. Ist das wirklich der richtige Weg? Sollte sie nicht doch erst die Schule beenden, bevor sie geht? Und vor allem: Kann sie das ihren Eltern antun?

*»Ich möchte nach Syrien* in shaallah ... *doch momentan bin ich sehr verunsichert, ob ich es erst mit 18 oder jetzt wagen soll. Eines ist klar:* Hidschra *[die Auswanderung] ist Pflicht!!!«*, notiert sie noch im Januar 2015 in ihr Tagebuch. Zwei Monate also, bevor sie tatsächlich den Flieger besteigt.

Als sie Nihad und seine Ehefrau virtuell »kennengelernt« hatte, lebten die noch in Leipzig und hatten ein mehr oder minder geregeltes Islamistenleben. Es geht nicht sofort um eine Ausreise in den Dschihad nach Syrien oder den Irak, mit allen Entbehrungen, die dieses Leben mit sich bringen würde. Erst einmal geht es um ein islamkonformes Leben in einer traditionellen Familienform. Also genau um das, was sich Leonora immer gewünscht hat. Der Dschihad kommt erst nach einem intensiveren Kennenlernen. Denn auch Nihad und Sherine hatten noch nicht endgültig geplant, dem komfortablen Leben in Deutschland auf Nimmerwiedersehen zu sagen. Schließlich haben sie ein kleines Kind. Und der Dschihad kann gefährlich werden.

Was der letzte, der ausschlaggebende Grund zum Besteigen des Flugzeugs war, ist nicht überliefert. Kurz vorher geriet Nihad am Bahnhof Hannover mit zwei Glaubensbrüdern in eine Polizeikontrolle. Die Abreise erfolgte danach überstürzt. Nur knapp drei Monate hatte die Familie in Hildesheim verbracht. Es ist die Zeit, in der Ermittlungsbehörden mithilfe der Einwohnermeldeämter sogenannte Ausreiseuntersagungen ausstellen und den Pass entziehen. Deutschland, so die inzwischen gewachsene Überzeugung, solle keinen Terror exportieren.

Nihad und seine Familie hinterlassen eine ungeordnete Wohnung im Dachgeschoss, die dem Vermieter noch monatelang Kopfzerbrechen bereiten und ihn eine Menge Geld kosten wird. Denn die Wohnung wurde nicht gekündigt und formal übergeben. Auch haben sich Nihad und Sherine nie bei der Stadtverwaltung abgemeldet (Khadija und ihr Sohn waren nie in Hildesheim gemeldet), und Miete überweist das Amt nach Bekanntwerden der Ausreise von Nihad und seinen Frauen auch keine mehr. So kann nur eine Räumungsklage helfen. Doch das ist gar nicht so leicht, wenn nicht zweifelsfrei erwiesen ist, wo sich der Mieter genau befindet. Einen Beweis, dass Nihad in Syrien ist, kann der Vermieter nicht beibringen. Doch die Gegenstände in der Wohnung sind rechtlich geschützt. Das regelt das Grundgesetz in § 14, wonach das Eigentum als besonders schützenswert gilt.

Und auch das LKA unternimmt erst einmal nichts. Denn Nihad und seine Familie sind weg. Es gilt als unwahrscheinlich, dass sie bald zurückkehren. Also haben andere Fälle Priorität, und die Wohnung wird mehr als ein Jahr lang nicht durchsucht. Erst nachdem die Staatsanwaltschaft in Hannover darüber nachdenkt, den Fall an den Generalbundesanwalt weiterzugeben, weil die Ermittlungen darauf hindeuten, Nihad könnte sich tatsächlich dem Islamischen Staat angeschlossen haben, entscheiden sie sich, einen Durchsuchungsbeschluss beim zuständigen Gericht zu beantragen. Dabei finden die Beamten eine Geburtsurkunde mit kyrillischen Schriftzeichen und weitere Dokumente. Erst da erfahren die deutschen Ermittler, dass Nihad eine weitere Frau, Sabina aus Dagestan, mit Sohn hat.

Der Fall zeigt exemplarisch, mit welch geringer Wirkmacht die ermittelnden Beamten vorgehen oder vorzugehen genötigt werden. Getreu dem Motto: aus den Augen, aus dem Sinn! Ist der Islamist einmal weg, haben wir keine Probleme mehr, auch wenn den Beamten natürlich bewusst ist, dass dies nur so lange gilt, wie der Delinquent nicht zurückkehrt. Gründe dafür gibt es viele, und die Geschichte von Nihad ist beileibe kein Einzelfall. Die Landeskriminalämter sind mit der schieren Masse der Verfahren überfordert, weil sie mit zu geringen personellen Ressourcen ausgestattet sind. Die Beamten sind derart überlastet, dass ein nicht unerheblicher Teil blutdrucksenkende Mittel schluckt, um überhaupt noch Dienst schieben zu können. Dazu kommt die mangelnde Vernetzung zwischen den einzelnen Bundesländern, ganz zu schweigen von Staatsgrenzen. Und häufig fehlt den Beamten auch der geschulte Blick, die Hintergründe und Entwicklungen eines Falles richtig einschätzen und bewerten zu können, auch wenn sich das in den vergangenen Jahren schon deutlich gebessert hat. Manchmal gibt es aber auch einen ganz lapidaren Grund für zögerliche Ermittlungen: mangelndes Interesse und die Scheu, an die Grenzen des Machbaren zu gehen und Verantwortung zu übernehmen.

Nihad bekommt von alledem nichts mit. Er hat es in sein gelobtes Land geschafft, in diesen Islamischen Staat, der ihm ein neues Leben ermöglicht mit Einfluss, Geld und sogar ein wenig Macht. Denn Nihad wird zum Beamten des Islamischen Staates in Rakka. Zunächst ist er kurzzeitig Mitglied der *Hisba*, der berüchtigten Sittenpolizei. Später wird er einer der ganz wenigen Deutschen, die es in die Ränge des IS-Geheimdienstes, des *Amniyat*, schaffen. Der Sicherheitsdienst, was die wörtliche Übersetzung bedeutet, soll den neu entstehenden Staat nach innen verteidigen. Denn viele angebliche Feinde lauern nicht irgendwo außerhalb des Kalifats, sondern in den eigenen Reihen und innerhalb der örtlichen Zivilbevölkerung. Jedenfalls glaubt dies der IS.

Nihad hat einen Mitgliedsausweis, der belegt, zu welcher Einheit er gehört und welcher Tätigkeit er konkret nachgeht. Dass eine Terrororganisation Mitgliedsausweise an seine Anhänger verteilt, ist extrem außergewöhnlich und zeigt das Selbstverständnis dieser Organisation. Viel würden deutsche Terrorfahnder geben für eine Mitgliederliste der RAF oder der PKK. Der Islamische Staat will nicht nur ein Staat sein, er geriert sich auch als solcher. Selten haben Terrororganisationen eine derart ausufernde Bürokratie geführt, wie es dieses selbst ernannte Kalifat praktiziert. Alles und jeder wird erfasst, monatlich werden Rechenschaftsberichte für die nächsthöhere Institution geschrieben. Jeder Grenzübertritt wird sauber notiert und abgeheftet. Und es werden eben auch Mitgliedsausweise ausgegeben. Der von Nihad hat die Größe einer Bankkarte. Nur dass hier nicht das »S« für die örtliche Sparkasse abgedruckt ist, sondern ein roter Stempel, der die Echtheit beweisen soll. Oben rechts findet sich das Glaubensbekenntnis des Islam: »Es gibt keinen Gott außer Allah und Mohammed ist sein Gesandter.« Darunter der Name des Inhabers und sein Geburtsjahr. In der dritten Zeile steht die Art der Tätigkeit und der Einsatzort. Nihad, so steht es da, arbeitet als eine Art Wachmann im National-Krankenhaus von Rakka. Wobei nicht klar ist, was diese Tätigkeit alles umfasst. Aus dem Schweißer im Tagebau ist der Mitarbeiter des Geheimdienstes geworden. Zudem soll Nihad, nach Informationen deutscher Sicherheitsbehörden zu dieser Zeit, Zugang zu Geld und Waffen erhalten haben, die in frisch eroberten Gebieten erbeutet wurden. So soll er über größere Barmittel verfügt und mehrere Autos aus dem Beutegut der Islamisten bekommen haben. Sein Anteil an der Haupteinnahmequelle des IS. Das wird, wie fast alle auf den Kronzeugen Anil O. zurückgehenden Anschuldigungen, später bestritten werden.

Denn die Terrororganisation produziert fast nichts selbst, exportiert stetig geringer werdende Mengen an Erdöl und Antiquitäten. Der IS ist in dieser Zeit in erster Linie eine Beuteökonomie, die zur eigenen Versorgung auf die Eroberung und Plünderung immer neuer Gebiete angewiesen ist, wie der Radikalisierungsforscher und Terrorismusexperte Peter Neumann vom Londoner King's College sagt. Die Kämpfer und Beamten dieses Staates bekommen ihren Teil der gestohlenen Güter. Die Glaubensbrüder teilen brüderlich. Und es gibt noch viel Platz und viele Ressourcen für neue Geschwister aus der ganzen Welt, jedenfalls 2014 und 2015, auf dem Höhepunkt seiner Expansion.

Für den Lebensunterhalt ist gesorgt. Das wurde auch Leonora vor ihrer Abreise aus Breitenbach zugesichert und versprochen. Es stünde ein warmes Bett bereit und es gebe alles, was eine gute Muslima sonst noch in diesem Islamischen Staat brauche. Ohnehin könne sie alles Wichtige vor Ort kaufen. Bis auf qualitativ hochwertige Damenunterwäsche vielleicht. Die sollte besser aus Europa mitgebracht werden. Nihad, Sherine und Khadija hätten alles für die Schwester aus Deutschland vorbereitet. Sie müsse einfach nur noch einreisen.

Welchen Job und welche Stellung ihr zukünftiger Ehemann genau innehabe, sagte man ihr freilich nicht. Denn ein Restzweifel bleibt bei diesem Staat der Verschwörungstheoretiker immer. Die 15-jährige Leonora könnte schließlich eine ausländische Spionin sein und versuchen, den Islamischen Staat zu unterwandern. Auch deshalb muss sie, genau wie fast alle anderen Neuankömmlinge, zuerst in eines der sogenannten Frauenhäuser von Rakka, wo sie drei Tage auf Herz und Nieren geprüft wird, bevor ihr neuer Ehemann sie endlich abholen und heiraten kann.

Etwa ein halbes Jahr ist Nihad schon im Islamischen Staat, bis Leonora schließlich einreist. In dieser Zeit hat er es offenbar geschafft, sich in der IS-Hierarchie Stück für Stück nach oben zu arbeiten und an Einfluss und Macht zu gewinnen. Das erzählt jedenfalls ein ehemaliges Mitglied der Terrormiliz, das wir nach seiner Flucht aus Rakka Anfang 2016 in der Türkei treffen. Anil O. aus Gelsenkirchen hatte sich ein Jahr zuvor ebenfalls der Terrororganisation angeschlossen und erzählt, Nihad mehrfach in Rakka getroffen zu haben. Das Aufeinandertreffen sei nicht ganz freiwillig gewesen. Denn Anil O. und seine Familie, so erzählt er es, hatten einen Fluchtversuch unternommen, nachdem sie bemerkt hatten, dass das Leben im Islamischen Staat nicht der erhofften Realität entsprach. Die Flucht scheiterte zunächst und Anil O. wurde vom IS-Geheimdienst verhaftet und in eines der *Amniyat*-Gefängnisse gesperrt. Später wurde er nach eigenen Angaben in die Psychiatrie des National-Krankenhauses von Rakka überstellt. Dort, so O., sei er schließlich von Abu Yasir al-Almani, wie er Nihad nennt, vernommen worden.

Dabei und bei einem weiteren Treffen außerhalb des Gefängnisses im Anschluss habe er erfahren, dass Abu Yasir al-Almani inzwischen eine neue Aufgabe beim Geheimdienst habe. Diese beinhalte die Aufsicht über alle *Muhadschirin* in Zentral-Rakka, also alle ausländischen Kämpfer und deren Familien. Damit hätte Nihad eine Führungsposition bei einer der gefährlichsten Terrororganisationen der Weltgeschichte inne. Er wäre damit auch einer der ganz wenigen Deutschen, die innerhalb dieses Systems IS wirklich Karriere machen konnten. Zudem habe Nihad Kontakte in die absolute Führungsriege des Islamischen Staates. Anil O. erzählt, Nihad habe ihm gegenüber erwähnt, Abu Mohammed al-Adnani getroffen und mit ihm zusammengesessen zu haben. Adnani galt lange Zeit als Nummer zwei des IS. Außerdem war er eine Art Sprecher der Terrororganisation und nach Überzeugung ausländischer Geheimdienste der Bevollmächtigte für die Abteilung *»Foreign Operations«* – also Terroroperationen, die außerhalb des selbst ernannten Kalifats stattfinden sollten. Adnani starb schließlich durch einen gezielten US-Angriff im August 2016. Und zu diesem Schwergewicht des internationalen Terrorismus soll Nihad Zugang gehabt haben. Anil O. meint deshalb über den Deutschen beim IS-Geheimdienst: *»Der foltert nicht selbst, der lässt foltern.«* Vorwürfe, die Martin Lemke später dementieren und als Lüge bezeichnen wird.

Um es einmal zugespitzt zusammenzufassen: Aus dem Niemand Martin, dem ehemaligen Mitarbeiter eines ostdeutschen Tagebaus, ohne jeden Einfluss oder gar Personalverantwortung, ist der Dschihadist Nihad geworden. Ein Mitarbeiter des Geheimdienstes einer der grausamsten Terrororganisationen der Welt. Eine größere Erfüllung kann es für diesen verblendeten Menschen wohl kaum geben. Zumal er nicht in einer bescheidenen Wohnung in einem der typischen Plattenbauten aus den 80er-Jahren lebt, sondern über mehrere Wohnungen in der Hauptstadt des Kalifats verfügt. Dazu drei Frauen und genügend Geld für einen guten Lebensunterhalt. Die bemerkenswerte »Karriere« Nihads bleibt der deutschen Öffentlichkeit vergleichsweise lange verborgen.

Ein erster großer Artikel über ihn erscheint im Dezember 2017 in der Wochenzeitung DIE ZEIT. Auch hier spielen die Aussagen Anil O.s eine bedeutende Rolle. Denn der westdeutsche Dschihadist hatte sich nach seiner Rückkehr als Kronzeuge gegen das sogenannte Abu-Walaa-Netzwerk angeboten. Seine Aussagen führen zur Verhaftung und schließlich zur Anklage und zum Gerichtsprozess des aus dem Irak stammenden Predigers und vier weiterer Personen aus der Moscheegemeinde in Hildesheim sowie aus Dortmund und Duisburg. Der ZEIT-Artikel trägt den Titel »Vom Schweißer zum Schlächter« und zeichnet akribisch das Bild vom Aufstieg Martin Lemkes aus der Provinz zum Geheimdienstbeamten Abu Yasir in Rakka, den die US-geführte Internationale Koalition am liebsten per Luftschlag ausschalten würde.

Die Journalisten Christian Fuchs, Yassin Musharbash und Holger Stark sprachen für den ganzseitigen Artikel auch mit vielen Freunden und Bekannten Lemkes aus seiner alten Heimat. Sie beschreiben den einstigen Mitarbeiter im Bergwerk als weltoffen, humorvoll, aber auch als nicht besonders intelligent. Darüber hinaus sei er eher labil gewesen, jemand der sich nicht gern unterbuttern ließ und sich deshalb an Stärkeren orientierte. Mit einem, so steht es da, sei Martin Lemke alias Nihad auch nach der Ausreise nach Syrien weiter in Kontakt geblieben und habe ihm gegenüber per Facebook-Nachricht damit geprahlt, »Köpfe abgeschlagen« zu haben. Ob diese Aussage stimmt oder nur Prahlerei ist, bleibt unklar. Bis heute fehlen Beweise, die Lemke mit irgendeiner Art von Tötung oder konkreter Folter in Verbindung bringen. Allerdings arbeitete Lemke mit Sicherheit für den Geheimdienst. Ein weiterer ehemaliger IS-Anhänger, Oguz G., geht darüber hinaus. Er sagt, Martin alias Nihad Abu Yasir habe ihn verhört, nachdem er durch den IS-Sicherheitsdienst Amniyat beim Fotografieren eines von Luftangriffen zerstörten Gebäudes erwischt und inhaftiert worden war. Der Deutsche sei mächtig gewesen, meint Oguz G.

Das galt jedenfalls so lange, wie der Islamische Staat über ein großes Gebiet herrschte, mit einer funktionsfähigen Hauptstadt Rakka. Doch der Reichtum und die Macht Nihads sind nicht von ewiger Dauer. Genauso schnell, wie er an Einfluss und Geld gewinnt, wird er beides auch wieder verlieren und ganz tief fallen. Doch dazu später mehr.

Zunächst einmal hat Nihad ein vergleichsweise angenehmes Leben in Rakka, mit seinen Frauen und seinem Lebensstandard. Doch das freundschaftliche Verhältnis zwischen Nihads Frauen bekommt schon sehr früh Risse. Denn nach und nach erfahren die Frauen, dass die Rolle als Erst-, Zweit- oder Drittfrau gar nicht so einfach zu leben ist. Welche Rechte haben sie? Wer darf wie viel Zeit mit dem Ehemann verbringen? Wen beachtet er mehr? Dabei geht es gar nicht nur um das partnerschaftliche Verhältnis in der Beziehung oder um sexuelle Ansprüche. Ohne Mann an der Seite sind die Frauen im Islamischen Staat sehr eingeschränkt, was die eigene Bewegungsfreiheit anbetrifft. Zwar dürfen sie kleinere Strecken im Wohngebiet allein unternehmen, zum Lebensmittelmarkt, in Ausnahmefällen zum Internetcafé oder zu einem Spezialgeschäft für den täglichen Bedarf einer Frau. Aber eine einfache Taxifahrt als Frau allein ist schlicht tabu.

Und auch im familiären Zusammenleben gibt es schnell Spannungen. Leonora lebt in den ersten Monaten mit Sherine und deren Sohn Yasir in einer Wohnung im Nordwesten der Stadt zusammen. Zwar hat jede ein eigenes Zimmer und somit einen eigenen Rückzugsbereich, dennoch kreuzen sich naturgemäß häufig die Wege in diesen vier Wänden. Vor allem dann, wenn Nihad da ist. Und so kommt es oft zum Streit, auch weil der Geheimdienst-Mitarbeiter launisch ist und sich besonders um die neu eingetroffene Leonora zu kümmern scheint.

Leonora gibt sich ihm gegenüber unnahbar. Außerdem ist sie noch so jung und braucht auch bei Kleinigkeiten seine Unterstützung. Eine Zeit lang scheint es so, als lese Nihad ihr jeden Wunsch von den Augen ab. Leonora kann tun und lassen, was sie will, jedenfalls im strikten Rahmen des IS. Seine anderen Frauen müssen vor allem eines: gehorchen. Der Machtmensch Nihad macht auch hier deutlich, wer das Sagen hat. Sherine stört die besondere Zuneigung zu Leonora sehr, zumal sie es war, die die junge Deutsche nach Syrien gelockt hatte und nun als Dankeschön weniger Aufmerksamkeit erhält, manchmal beinahe ignoriert wird. Die Zickereien der Frauen meldet Leonora in Echtzeit an ihre Freundin Emine zu Hause in Sangerhausen:

*Leonora: Gibt wieder ein bisschen Stress hier. Sherine dreht voll durch und Nihad hat 24 Stunden schlechte Laune.*

*Emine: Warum das?*

*Leonora: Keine Ahnung. Sie heult durchgehend wegen Nihad.*

*Emine: Wieso das denn? Was hat sie?*

*Leonora: Alle dumm.*

*Emine: Oh jaaaa.*

*Leonora: Nihad sagt die ganze Zeit: Geh doch mal weg und nerv mich nicht. Ich bin eigentlich schon auf meinen Balkon gezogen. Hier habe ich meine Ruhe und keiner nervt. Der kommt auch seit ein paar Tagen immer in mein Zimmer und jault rum. Sie hat sich die Haare knallrot gefärbt, aber richtig krass rot, weil sie rot liebt. Und er kommt in mein Zimmer und sagt: Ach du Scheiße. Ich hasse rot. Das sollte sie langsam mal wissen nach zwei Jahren.*

*Emine: Die sind einfach so hohl. Hahaha. Wirklich alle!*

*Leonora: Also ich finde es schon lustig 😁 Werde ich wenigstens ein bisschen bespaßt! Manchmal denke ich mir so: Das kann jetzt nicht ihr Ernst sein. Haben die nichts Besseres zu tun?*

Zuweilen nehmen die Streitereien, die sich meistens an Lappalien entzünden, groteske Züge an. Während Bomben auf Rakka fallen, Menschen umkommen und die Familie in Deutschland in größter Sorge lebt, dass Leonora vielleicht sterben könnte, diskutieren die Frauen im Kalifat über zerschnittene Büstenhalter. Beinahe so, als ob das eigene Überleben davon abhinge. Wieder wird der Vorgang direkt nach Deutschland kommuniziert und um elterliche Unterstützung gebeten. Es könnte thematisch der Streit zweier Schwestern im Kinderzimmer in Deutschland sein, doch er findet im Zentrum des Bürgerkriegsgebietes Syrien statt:

*Leonora: Boar. Ich raste gleich richtig aus. Ich werde bekloppt hier.*

*Babette: Ruhig.*

*Leonora: Warte. Pass auf. Sherine will mir ernsthaft unterstellen, ihre Unterwäsche zerschnitten zu haben. Wie verrückt ist das denn? Die haben sich alle gegen mich verschworen!*

*Babette: Was geht denn bei euch?*

*Leonora: Nein, so etwas ist mir noch nie untergekommen.*

Babette: Bleib ganz ruhig!!

Leonora: Als ob ich so etwas nötig habe. Mama, du weißt, dass ich die Letzte bin, die auf sie neidisch ist … die letzte! Wie soll ich das beweisen? Die hat sogar ein Bild in dem BH, wo der noch ganz war und sie meint: Der war nie kaputt.

Babette: Ruhig bleiben und überlegen, wie du sie überführen kannst, dass du es nicht warst!

Leonora: Ich bin total verzweifelt und zugleich sauer.

Babette: Na wer fotografiert denn seinen BH? Das ist doch schon verdächtig.

Leonora: Nein, auf Diskussionen lasse ich mich nicht ein. Dafür ist mir meine Zeit echt zu wertvoll. Das ist so mies … Ich will auch nicht unterstellen, dass sie das selbst war …

Babette: Dann frag sie, warum sie dich beschuldigt und so etwas auch nur in Erwägung zieht … das ist ja unglaublich.

Leonora: Aber ist klar dass alle denken, dass ich es war. Weil sie meint, der ist neu und hat erst einmal ein Bild gemacht darin für Nihad. Und seitdem liegt er im Schrank. Und sie wollte ihn gerade anziehen und es waren zwei große Knoten drin.

*Babette: Und der Kleine war es nicht?*

*Leonora: Ich bin richtig schockiert. Vor allem ein BH? Was bringt mir das denn?*

*Babette: Was ist nur mit ihr?*

*Leonora: Na super. Und alle denken ich war es. Ziel erreicht 👍*

*Babette: Das muss aufhören dieser Neid!*

*Leonora: Ich würde jetzt am liebsten alles in die Ecke schmeißen.*

Die Auseinandersetzungen unter den Frauen des Geheimdienst-Mannes aus Deutschland, welche Dame die größte Aufmerksamkeit genießen darf, sind ebenso Alltag in diesem Islamischen Staat und seiner Hauptstadt Rakka wie das tägliche Sterben auf den Straßen des Kalifats.

# Die Frauen des Kalifats

Fünf Tage nach Leonoras Verschwinden schwanken Maik, Kathleen und Leonoras Mutter Babette zwischen Angst, Verzweiflung und Hoffnung. Hoffnung auf Rettung. Vielleicht ist Leonora ja noch in der Türkei und die Schleuser des IS warten noch auf einen günstigen Zeitpunkt, um sie über die Grenze nach Syrien zu bringen? Vielleicht findet sie ja noch jemand im Grenzgebiet und kann sie in Sicherheit bringen? Doch wer sollte das sein?

Maik berät sich darüber auch mit dem Team von *Hayat*. Oft gelingt es den *Hayat*-Mitarbeitern und ihrer resoluten Chefin Claudia Dantschke, die Jugendlichen vom Weg der Radikalisierung abzubringen – durch Beratung der Angehörigen und durch klassische Sozialarbeit. Dantschke und ihr Team haben viel zu tun in diesem März 2015. *Hayat* ist in Notfällen 24 Stunden am Tag erreichbar. Das Handy klingelt jetzt nahezu täglich. Verzweifelte Eltern berichten den Beratern von *Hayat* vom Verschwinden ihrer Kinder. Immer öfter geht es dabei um Mädchen und junge Frauen, die ausgereist sind. Es ist eine regelrechte Mädchen-Ausreisewelle im Gange.

Doch was treibt diese jungen Frauen in die Hände der Islamisten? Wie werden sie geködert und was bringt sie dazu, ihre Eltern zu belügen und freiwillig in ein Kriegsgebiet zu reisen? Es sind Fragen, denen wir damals schon einige Zeit zusammen mit einer Kollegin für eine gemeinsame Recherche von NDR, WDR und *Süddeutscher Zeitung* nachgehen. Am Ende der monatelangen Recherche werden wir schließlich in der ARD in einer Sondersendung über das Phänomen berichten – der Film trägt den Titel »Bräute für das Kalifat«.

An diesem 11. März 2015, als Maik sich mit *Hayat* berät, planen wir gerade eine Reise in die Osttürkei. Im Grenzgebiet zu Syrien wollen wir uns am nächsten Tag mit Atilla aus München treffen. Der türkischstämmige Vater sucht hier seit Tagen nach seiner 16-jährigen Tochter Elif. Dass Elif und Leonora sich zu diesem Zeitpunkt gerade im sogenannten Frauenhaus in Rakka anfreunden, kann damals noch keiner von uns wissen. Jedenfalls wollen wir Elifs Vater Atilla auf der Suche nach seiner Tochter mit der Kamera begleiten und ihn mit unseren Kontakten vor Ort unterstützen. Das teilen wir auch Claudia Dantschke mit, zu der wir schon lange Kontakt halten, weil sich kaum jemand besser mit der islamistischen Szene in Deutschland auskennt als sie.

Nach Rücksprache mit Maik entschließt sie sich, uns in Leonoras Fall einzuweihen und unsere Kontaktdaten auszutauschen. Sie vermutet, dass die Ausreisefälle von Leonora und Elif irgendwie zusammenhängen. Und wenn wir schon nach Elif suchen, warum dann nicht auch nach Leonora?

Die Suche nach den beiden führt uns am 12. März über Istanbul nach Gaziantep. Die 1,8-Millionen-Metropole ist eines der industriellen Zentren im Südosten der Türkei. Gaziantep liegt auf mehreren Hügeln, und von der modernen Autobahn, die am Rande der Stadt von Ost nach West verläuft, kann man weite Teile des Panoramas überblicken. Neben zahllosen Minaretten fallen einem sofort die übergroßen Fahnenmasten mit der türkischen Flagge auf. Im ganzen Land stehen sie und bezeugen den ausgeprägten Nationalstolz, der in der Türkei weit verbreitet und tief verwurzelt ist. Und noch etwas anderes fällt auf: Überall wird gebaut. Unzählige Apartment-Blocks wachsen in den Himmel über Gaziantep – sie alle gleichen sich in ihrer Bauweise und haben so gar nichts typisch Türkisches, sie könnten auch am Rande einer chinesischen Boom-Town stehen.

Auch Antep, wie die meisten Einheimischen ihre Stadt abgekürzt nennen, ist so eine Boom-Town. Unter der Führung der islamisch-konservativen *AK-Parti* hat die Türkei einen enormen wirtschaftlichen Aufschwung erlebt, der das Land, jedenfalls in den ersten Jahren, unter die Top 20 der Volkswirtschaften der Welt katapultiert hat.

Bei aller berechtigten Kritik an der zunehmend autokratischer werdenden Führung von Präsident Erdoğan wurde das im Westen oft übersehen. Die Menschen vor Ort liebten den Präsidenten deshalb, jedenfalls bis zu dem Moment, als die Lira in den freien Fall überging und eine Rekordinflation zur Folge hatte. Auch stieg die Arbeitslosenquote zuletzt stark an. Im Antep des Jahres 2015 spielt dies aber noch keine Rolle. Neben der guten wirtschaftlichen Situation dieser Zeit gibt es jedoch noch einen weiteren Grund für den Bauboom vor Ort: den Bürgerkrieg im Nachbarland Syrien. Die Stadt liegt nur rund 60 Kilometer von der Grenze entfernt. Seit Ausbruch des Krieges 2011 hat sich Gaziantep rasant verändert. Geschätzt 250.000 Syrer haben hier Zuflucht gefunden – die Zahl entspricht ungefähr der Einwohnerzahl von Gelsenkirchen.

Nicht alle Syrer sind arm, als sie in Antep ankommen. Viele von ihnen stammen aus der einst wohlhabenden Handelsmetropole Aleppo; sie können sich hier in Antep durchaus teure Wohnungen leisten. Durch den Zuzug sind die Mieten in der Stadt explodiert. Zudem ist Gaziantep Ausgangspunkt für viele Waren und Güter, die offiziell und inoffiziell nach Syrien gebracht werden. Auch viele Hilfsorganisationen haben in der Stadt, die über einen internationalen Flughafen verfügt, ihren Sitz.

Gaziantep ist das Tor nach Syrien, und deswegen tummeln sich in der Stadt NGOs, Geheimdienste, syrische Oppositionelle, Flüchtlinge, seriöse wie windige Geschäftsleute und auch der IS. Die Terrororganisation ist natürlich nicht offiziell vertreten, aber sie verfügt in der Stadt über eine logistische Basis. So wickelt der IS über Antep Geschäfte ab. Verzweifelten jesidischen Familien, deren Frauen und Kinder vom IS versklavt wurden, bieten die Dschihadisten zuweilen an, dass sie ihre Familienangehörigen freikaufen können. Das Geld, bis zu 15.000 US-Dollar für eine Jesidin, ist in einem *Hawala*-Büro in Gaziantep zu bezahlen. Ein *Hawala*-Bankier fungiert dabei wie ein Treuhänder – ähnlich wie beim Geldtransfer über *Western Union* nimmt der Bankier das Geld entgegen und signalisiert einem Kontaktmann an einem anderen Ort, dass es eingegangen ist. Das System basiert auf Vertrauen und hat eine jahrhundertealte Tradition im Nahen Osten.

Über Antep organisiert der IS auch den Nachschub an Kämpfern und Frauen für sein Kalifat – die Stadt ist eine Drehscheibe für die *Hidschra*, also die Ausreise in den IS, geworden. So wie Leonora mit dem Bus von Istanbul nach Antep und dann nach dem Zwischenstopp in einem »*safe house*« in den IS reist, reisen in diesem Sommer ebenfalls Tausende anderer Islamisten aus aller Herren Länder. Auch Elif nimmt diesen Weg. Sie wird zum letzten Mal in der Nähe des Busbahnhofes der Stadt gesehen. Hier beginnen wir zusammen mit Elifs Vater die Suche nach ihr. An den Haltestellen, Reisebüros und kleinen Läden zeigt Atilla das Foto seiner Tochter herum. Doch niemand will sie gesehen haben. Schließlich fahren wir zusammen mit Vater Atilla und unserem lokalen Mitarbeiter Munzer die kleinen Bergdörfer entlang der Grenze ab. Munzer ist Syrer, er kam kurz nach Ausbruch des

Bürgerkriegs als Flüchtling in die Türkei und arbeitet zu dieser Zeit vor allem für amerikanische Medien als Journalist. Er kennt hier im Grenzgebiet fast jeden Schleichweg und hat überall lokale Kontaktleute. Wenn uns hier jemand Türen öffnen kann, dann er.

Die Grenzdörfer scheinen aus einer anderen Zeit zu stammen: Alte Mütterchen mit Kopftuch führen Esel über lehmige Straßen, die Männer sitzen in verrauchten Teehäusern unter dem Bild des türkischen Staatsgründers Kemal Atatürk und spielen Backgammon. Vater Atilla, der Syrer Munzer und wir, die deutschen Journalisten, werden hier mit der traditionellen Gastfreundschaft empfangen – man holt Tee herbei, bietet Zigaretten an und zeigt große Anteilnahme am Leid des Vaters, der seine Tochter sucht.

Die Grenze nach Syrien verläuft hier durch Felder, Olivenhaine und Wiesen, manchmal ist ein kleiner Erdwall oder ein Zaun der einzige Hinweis darauf, dass hier die Türkei endet. Irgendwo hier müssen auch Elif und Leonora über die Grenze gelangt sein. Einige Dorfbewohner schmuggeln auf Motorrädern oder Eseln Waren nach Syrien, und das schon seit dem Zusammenbruch des Osmanischen Reichs vor knapp hundert Jahren. In einem der kleinen Dörfer treffen wir einen der Schmuggler. Der Mann weiß zu berichten, dass hier in der Gegend beinahe täglich Ausländer hinüber ins »Kalifat« geschleust werden. Zu Fuß rennen sie über die Grenze, gerade gestern erst hat er welche gesehen, genau dort, wo er selbst Hühner in den IS geschmuggelt habe. Doch mit den Fotos von Elif und Leonora kann er nichts anfangen, wie auch alle anderen, denen wir sie zeigen.

Als wir hören, dass die türkischen Behörden eine Reisegruppe von zwölf Mädchen auf dem Weg zum IS festgenommen hat, fahren wir zurück nach Gaziantep. Auf einmal keimt neue Hoffnung auf: Sind Elif und vielleicht auch Leonora möglicherweise gerade in türkischem Gewahrsam? Die Enttäuschung erleben wir bei Gericht in Gaziantep – ein Mitarbeiter hat die Namen der Mädchen mit denen der Festgenommenen abgeglichen – Elif und Leonora sind nicht darunter.

Bei unserer Suche nach den Mädchen werden wir innerhalb von zwei Tagen dreimal von der türkischen Polizei festgehalten – einmal, unweit der syrischen Grenze, führen uns Beamte mit gezogenen Waffen ab und halten uns stundenlang auf der Wache fest. Angeblich sind alle Polizeistationen im Grenzgebiet über Elifs Verschwinden informiert, so hatten es die Behörden Elifs Vater versichert – doch die Polizisten auf der Wache in Eybeli hören das erste Mal von ihr und interessieren sich nach unserem Eindruck auch nicht sonderlich dafür.

Stattdessen werfen sie uns »antitürkische Propaganda« vor und lassen uns erst gehen, nachdem wir von Geheimdienst-Mitarbeitern fotografiert und befragt worden sind und ein Dokument unterschrieben haben, dessen Inhalt wir nicht lesen konnten. Angeblich haben wir bestätigt, dass wir die Stunden auf der Wache freiwillig verbracht haben.

Am Ende ist alle Mühe vergebens. Nach einigen Tagen brechen wir die Suche ab – Maik hat inzwischen Nachricht erhalten, dass Leonora in Syrien und verheiratet ist, und von Elif haben wir keine Spur finden können. Doch das Verschwinden der 16-jährigen Elif gibt uns tiefe Einblicke in die Rekrutierungsmethoden des IS, denn Elif hat eine Art Tagebuch hinterlassen – es sind Notizen, in denen sie die letzten Tage vor ihrer Ausreise als Countdown festhält.

*Nur noch 15 Tage* Inschallah. *Der Tag rückt immer näher, heute werde ich* Inschallah *mein Flug-Ticket kaufen.* Ich *muss ehrlich sein, ein bisschen Angst habe ich, dass irgendwas schief läuft …*

*14 Tage noch ...Also 1 Woche Ferien und eine Woche Schule danach heißt es* Inschallah *forever ciaoooo, scheiß Deutschland. Ich hasse es hier. Mein Herz sehnt sich nach dem* Adhan *[dem Gebetsruf]*

Aus den Aufzeichnungen geht auch hervor, wer Elif für den IS rekrutiert hat. Elif schreibt von einer Frau – sie nennt sich »Sawda«.

*Sawda – Ich liebe sie sehr für Allah. Sie gibt mir Motivation auf dem Weg Allahs. Ohne sie hätte ich ja nicht den Mut,* Hidschra *zu machen. Sie erinnert mich an meine Pflichten. Sie warnt mich vor Sünden. Sie ist sehr nett und hat einen schönen Charakter.*

Durch das Tagebuch haben wir erstmals eine konkrete Spur einer Anwerberin. Es dauert Wochen, bis wir herausfinden, wer sich hinter dem Namen verbirgt. »Sawda« ist die arabisierte Form ihres richtigen Namens: Sevda. Sie ist Kurdin und stammt aus einem kleinen Ort im Rheintal unweit von Bonn. Ihr Vater hatte sich früh aus dem Staub gemacht, und die Mutter war offenbar mit der Erziehung der Kinder überfordert. Sevda, so berichten es uns Bekannte der Familie, musste in ihrer Kindheit regelmäßig Holz hacken, damit es warm in der Wohnung war. Oft wurde der Familie der Strom abgeschaltet, weil kein Geld für die Rechnung da war.

Nach der Realschule zieht Sevda dann nach Hamburg zu ihrer Schwester, um das Abitur nachzuholen und Medizin zu studieren. Doch es läuft nicht wie geplant. In Hamburg verliert das Mädchen aus der rheinland-pfälzischen Provinz vollends den Halt. Eine Schulfreundin erzählt uns, Sevda sei damals viel auf Partys gegangen, habe mit Drogen experimentiert und in einer Drückerkolonne gejobbt, für die sie an Haustüren Stromverträge verkauft. Schließlich findet sie wieder Halt – im Glauben. Durch Verwandte kommt sie in Kontakt mit der extremen Form des Islam, dem Salafismus.

Bei der Beratungsstelle *Hayat* kennt man viele Lebensläufe wie den von Sevda. Claudia Dantschke beobachtet, dass gerade ihre Probleme und Sehnsüchte die Mädchen offen für den Salafismus machen: »*Es gibt bei diesen jungen Mädchen häufig einen schwachen Punkt, einen Mangel in ihrem Leben, der sie so empfänglich für die Botschaften der Islamisten macht. Oft ist das die Sehnsucht nach Geborgenheit, nach festen Strukturen. Den Mädchen fehlt das in ihrem Leben und die Salafisten gehen genau darauf ein. Sie hören zu, sie interessieren sich für die Mädchen und sie bieten ihnen an: Komm zu uns, wir kümmern uns um dich und in unserer Gemeinschaft bist du willkommen und geborgen.*«

Sevda radikalisiert sich zunehmend, bis sie schließlich nach Syrien ausreist. Dort lebt sie, nach islamischem Recht verheiratet, mit ihrem Mann Munir, der aus Pforzheim stammt und als Dschihadist für den IS kämpft. Im Herbst 2014 nimmt Munir wie viele deutsche IS-Kämpfer an der Schlacht um die kurdische Stadt Kobane teil. Der IS hat bereits rund ein Jahr lang versucht, Kobane einzunehmen. Jetzt ist die Stadt an der türkischen Grenze eingekesselt, die Dschihadisten stehen bereits am Stadtrand. Bis zu 500.000 Menschen sind im Kessel von Kobane gefangen – sollte der IS die Stadt einnehmen, droht ein Massaker. Die kurdischen Verteidiger sind in diesen Wochen in einer ausweglosen Lage, der Fall von Kobane scheint kurz bevorzustehen. Doch dann wendet sich das Blatt – mit massiver Luftunterstützung der Amerikaner und der Hilfe von irakisch-kurdischen Peschmerga werden die Truppen des IS zurückgedrängt. Es ist die erste große militärische Niederlage der bis dahin erfolgsverwöhnten Truppen des IS. Unter den Toten ist neben zahlreichen anderen deutschen Islamisten auch Sevdas Mann Munir. Er soll durch eine Sprengfalle getötet worden sein.

Sevda ist nun Witwe eines *Schahids*, eines Märtyrers. Vom IS erhält sie dafür eine Witwenrente. Im Islamischen Staat könnte sie nach vier Monaten und zehn Tagen erneut heiraten. Heiratswillige Dschihadisten gibt es genug, zumal es im Islam Pflicht ist, die Frauen von Märtyrern zu heiraten, sei es als Zweit-, Dritt- oder Viertfrau. Doch Sevda entschließt sich, allein zu bleiben. Sie wohnt fortan in einer kleinen Wohnung in Al Bab im Nordosten Syriens. Von hier aus kämpft sie auf ihre Art den Dschihad. Ihre Waffen sind Handy und PC, ihre Beute sind junge Frauen, die sie für den IS rekrutiert. Aus der verführten Sevda wird nun selbst eine Verführerin. Sevda ist dabei nicht allein, sie hat Kampfgefährtinnen in Deutschland. Da ist Amira, Munirs kleine Schwester, die 16 ist und auch nach Syrien wollte, der die Eltern aber den Pass abgenommen haben.

Sie alle sind bei Facebook aktiv und nutzen Messenger-Dienste wie WhatsApp oder Telegram. Ihre Ideologie mag archaisch sein, doch die Mittel, die die Anwerberinnen zur Rekrutierung nutzen, sind aus dem 21. Jahrhundert. Dank Social Media spielt es keine Rolle, ob Sevda in Syrien oder Amira in Süddeutschland wohnt. Sie können überall mit Mädchen in Kontakt treten und sie manipulieren, ohne sie je zu Gesicht zu bekommen. Und Sevda und Amira sind dabei sehr fleißig. Bei Facebook »liked« die 16-jährige Amira die Fotos von Leonora, bei WhatsApp animiert sie in einem Gruppenchat mehr als 20 Mädchen aus dem gesamten Bundesgebiet zur Ausreise. Nur bei zweien soll sie am Ende Erfolg gehabt haben, ein drittes Mädchen wird kurz bevor sie sich auf einer Klassenfahrt in Berlin absetzen will, von ihrer aufmerksamen Lehrerin an der Ausreise gehindert.

Auch Sevda ist umtriebig. Sie schreibt sich über eine WhatsApp-Gruppe mit Elif und anderen Mädchen aus Deutschland und Österreich. Einer Schülerin bietet sie sogar an, ihre Reisekosten nach Syrien zu übernehmen. Wir haben uns lange gefragt, wie solche Anwerbechats wohl aussehen und womit die Mädchen gelockt werden. Erst als uns Luise, eine alte Schulfreundin von Sevda, ihre monatelangen Chatverläufe mit ihr zeigt, bemerken wir, wie subtil die Anwerbeversuche vonstattengehen. Sevda schickt Fotos von Zuckerwatte und Marktständen mit Obst. »Alles frisch«, schreibt sie dazu. Es folgt ein kitschiges Foto vom Sonnenuntergang. Dann wird der Krieg thematisiert:

Sevda: Baby, hier sind gerade drei Bomben gefallen.

Luise: Oh, mein Gott. What the fuck?
Pass auf dich auf!

Sevda: Ja, hehe.

Den Krieg erwähnt Sevda ganz beiläufig. Zu leugnen ist er ja nicht, aber so wie Sevda es darstellt, ist alles halb so wild.

Luise: Und gehst du arbeiten?

Sevda: Nö. Haha.

Luise: Und woher kriegst Du $$$?

Sevda: Vom IS 😛. Und von meinem Mann. Ach so, du weißt das net. Haha, mein Mann ist tot!

Luise: What? OMG! Du Arme!

Sevda: Ach geht schon. Hehe. Alles jut.

Und dann schwärmt die 21-Jährige von ihren beruflichen Chancen, hier im IS. Dabei geht sie geschickt auf Luises eigene ungewisse berufliche Zukunft ein:

*Seuda: Ärztin werden. Hehe, oder Lehrer hahaha.*

*Luise: Studieren????*

*Seuda: Ich hab Chancen ohne Zeugnis. Das bockt!*

*Luise: Krass, Alter! Will auch Lehrerin werden, aber brauche Abi.*

Medizin studieren, auch ohne Abi. Das Kalifat als Land der unbegrenzten Möglichkeiten. Auch Leonora wird von ihrem Mann einmal für eine Laufbahn als Ärztin vorgesehen – so hätte sie endlich eine Aufgabe und wäre in seiner Nähe, da er ja als Geheimdienst-Beamter auch im Krankenhaus arbeitet.

*Leonora: Ich gehe nächste Woche oder so ins Krankenhaus und fange ein »Studium« an. Kinder/Frühgeburtenstation. Die brauchen Unterstützung. Das wird schwer 😒. Das ist ein »Studium«, was eigentlich 3 Jahre dauert und dann ist man schon Doktorin. Ich kann kein Blut sehen, hahaha. Wenn ich da jemandem Blut abnehmen soll, falle ich um.*

*Emine: Gehst du dann regelmäßig da hin?*

*Leonora: Ich weiß noch nicht, ab wann. Nihad klärt das. Assad und Amerika versuchen das Krankenhaus immer zu bebomben, aber haben noch nie getroffen. Ich hoffe, das bleibt auch so. Ich soll Ärztin werden, weil ich in der Schule war und Englisch kann. Ich arbeite dann von 9 bis 19 Uhr. 10 Stunden. Ich soll am besten, haben sie gesagt, auf Kinder- und Babystation. Denke mal, mache dann Geburten und kümmere mich um Frühgeburten. Davon haben die nämlich viel, weil wenn die Frauen sich erschrecken, wegen Bomben, kommen die viel zu früh zur Welt. Manche Babys sind so groß wie meine Hand.*

Später erzählt uns ein deutscher IS-Deserteur, den wir in der Türkei treffen, dass der IS tatsächlich auf solche Art »Ärzte« ausbildet. Und so muss auch nicht alles, was Sevda ihrer alten Schulfreundin schreibt, Lügenpropaganda sein. Für sie, die eine schwere Kindheit hatte und für sich keine guten Perspektiven in Deutschland gesehen haben mag, wirkt das Leben im sogenannten Islamischen Staat – so komisch das auch klingen mag – vielleicht tatsächlich wie eine Verbesserung, zumindest in der Zeit der Expansion bis ins Jahr 2015. Und damit ist sie nicht allein. Die Aussicht auf ein Leben im IS bedeutet offenbar für einige junge Frauen eine Art von Befreiung. Nicht nur, weil sie dort vermeintlich ihren Glauben freier als zu Hause ausleben können, sondern auch, weil es für viele eine Fluchtmöglichkeit ist. So mag es das deutsch-russische Mädchen gesehen haben, dessen Vater Alkoholiker ist und der öfter die Kontrolle verliert. So mag es auch dem türkischstämmigen Mädchen gegangen sein, deren Eltern nur einen Türken als Ehemann akzeptieren wollten, oder dem Kind aus einem radikal christlichen Elternhaus, das die ständigen Bibelkreis-Sitzungen nicht mehr mitmachen wollte.

Und dann ist da noch die Aussicht auf klare Verhältnisse. Die

Beschäftigung mit dem Islam ist oft Teil einer ganz normalen Sinnsuche, die die meisten Teenager durchleben. Das Leben scheint komplex und der salafistische Islam, den der IS propagiert, hebt sich davon für viele wohltuend ab – denn hier gibt es eindeutige Antworten, hier ist alles klar geregelt. Es gibt Gut und Böse, *halal* und *haram*, also Erlaubtes und Verbotenes, eine strikte Anleitung für den Alltag und eine klare Rollenzuweisung für die Frauen. *»Im Islam werden Frauen behandelt wie ein Diamant. Der Schleier ist nur zum Schutz der Frauen da«*, schreibt Leonora in einem Chat. Der Gesichtsschleier, für viele das Symbol der Frauenunterdrückung in dieser Spielart des Islam, ist für sie und andere verführte Mädchen ein Symbol der Wertschätzung.

Auch die Aussicht auf ein Abenteuer ist für viele Mädchen verlockend. Auf Fotos und in Videos präsentieren sich die jungen Männer des IS stets mit Waffe und stolzem Blick. Oft zeigen sie dazu noch den erhobenen Zeigefinger, der zeigen soll, dass es nur einen Gott und eine Gemeinschaft der Gläubigen gibt. Sie präsentieren sich wie der Actionheld Rambo – und dieses Machogehabe macht auf viele junge Mädchen durchaus Eindruck. Das Leben als Frau und Mutter an der Seite eines verwegenen Gotteskriegers, der für das edelste Ziel überhaupt kämpft, nämlich Allahs angeblichen Willen, gibt den jungen Frauen Halt, eine klare Rolle und Bedeutung.

Das Projekt der Auswanderung nach Syrien, die *Hidschra*, stellt die Mädchen aber vor eine große Herausforderung. Denn vom Ticketkauf bis zur Fahrt an die türkisch-syrische Grenze besteht die ständige Gefahr der Entdeckung. Auch die allererste *Hidschra* war voller Gefahren. Damals, im siebten Jahrhundert, so die Überlieferung, wanderte der Prophet Mohammed von Mekka nach Medina aus. Beide Städte liegen im heutigen Saudi-Arabien und sind gut 450 Kilometer voneinander entfernt. Mohammed hatte einen

Glaubenskrieg begonnen, er war der erste Gotteskrieger, der den Islam mit dem Schwert verbreiten wollte. *Sayfullah* bedeutet Schwert Gottes und ist heute eine beliebte *Kunya*, ein selbst gewählter Kampfname, unter den Dschihadisten des IS. Als es in Mekka zu gefährlich für ihn wurde, wanderte der Prophet aus. Mit Mohammeds *Hidschra* hatte also alles begonnen. Ohne seine Auswanderung sind die Ausreisen von deutschen Mädchen heute, rund 1400 Jahre später, nicht zu verstehen. Während Mohammed eine beschwerliche Reise durch die Wüste unternehmen musste, stehen den Frauen und Männern aus Europa heute alle Annehmlichkeiten des modernen Reisens zur Verfügung – sie dürfen sich nur nicht erwischen lassen. Und wie man das am besten anstellt, das wird ihnen in einer Anleitung erklärt. Der englischsprachige Ausreiseratgeber kursiert im Internet und nennt sich *»Hijrah to the Islamic State. What to packup. Who to contact. Where to go.«*

> *Sag Ihnen, dass du Tourist bist. Es ist besser, wenn du auch gleich ein paar Sehenswürdigkeiten aufzählen kannst. Zum Beispiel die blaue Moschee in Istanbul oder das Atatürk-Mausoleum in Ankara. Stelle sicher, dass du die Touristenattraktionen in der Türkei gut kennst. Besorge dir im Reisebüro ein paar Broschüren oder kaufe dir einen Reiseführer. Das ist wichtig, denn wenn sie dich befragen, kannst du ihn vorzeigen und beweisen, dass du wirklich Tourist bist.*

Den »Schwestern«, die ausreisen wollen, ist ein eigenes Kapitel gewidmet.

> *Stellt sicher, dass ihr ein Handy dabeihabt (oh, und wenn eure Eltern euer Handy konfisziert haben, dann bitte probiert die Hidschra erst gar nicht). Es ist besser, wenn ihr ein Android-Handy dabeihabt. Kauft euch am Flughafen eine SIM-Karte, aber nicht irgendeine,*

*kauft eine Turkcell-Karte und stellt sicher, dass ihr genügend Gesprächsminuten kauft und auch Datenvolumen. 1 Gigabyte sollte reichen. Inschallah! Zieht keine Aufmerksamkeit auf euch (an türkischen Flughäfen laufen normalerweise eher wenige Frauen mit Nikab herum). Wenn ihr in einer Gruppe mit mehreren Schwestern reist, also mit mehr als 3 Schwestern, so ist der Rat der Brüder, NICHT Tickets für das gleiche Flugzeug zu buchen. Teilt euch in Gruppen von zwei (und eine Gruppe von drei Schwestern, bei ungerader Zahl) auf.*

Wie viele Mädchen und Frauen aus Deutschland diese Reise angetreten haben, kann wohl nur der IS genau sagen. Die Terrororganisation unterhält eine »General-Grenzverwaltung« und es ist bekannt, dass sie generell akribisch Buch führt – im Gegensatz zu deutschen Behörden. Die haben es aber auch nicht so leicht wie der IS. Es fängt damit an, dass das Verschwinden überhaupt erst einmal auffallen und dann auch angezeigt werden muss. Doch manchmal reisen ganze Familien in den IS und Lehrer und Nachbarn denken, die Familie sei zurück in ihre Heimat ausgereist – wie wir am Beispiel einer türkischen Familie aus Berlin erfuhren.

Khadija, die zweite Frau von Leonoras »Ehemann« Nihad stammt aus Dagestan in Russland und kam als Asylbewerberin nach Deutschland. Ihre Ausreise und die ihres damals sieben Jahre alten Sohnes wurde von den deutschen Behörden nicht registriert. Überhaupt gibt es auch ein Problem mit der Zählweise: Manche Bundesländer erfassen ausgereiste Jugendliche ab einem Alter von 14 Jahren, andere zählen erst ab 16, wieder andere Länder zählten die Ausreise von Frauen ursprünglich überhaupt nicht. Und so sind die offiziellen Zahlen mit Vorsicht zu genießen. Von den rund 1.050 aus Deutschland nach Syrien ausgereisten Personen sind nach Schätzung der Behörden rund 20 Prozent

Frauen. Hinter vorgehaltener Hand erzählen Ermittler aber, dass sie bei den Ausreisen von einer Dunkelziffer vom Faktor 2 bis 3 ausgehen. Das hieße, dass bis zu 3.000 Personen aus Deutschland nach Syrien und dem Irak ausgereist wären.

Doch warum ist der IS in den Gründungsjahren 2014 und 2015 so scharf auf junge Mädchen aus Europa? Zum Kämpfen werden sie nicht gebraucht – mit Ausnahme der Frauen in der berüchtigten *Al-Khansaa*-Brigade. Dort dienen Islamistinnen vollverschleiert und bewaffnet, um vor allem in der »Hauptstadt« Rakka und im irakischen Mosul andere Frauen auszuspionieren und zu maßregeln. Alle anderen Frauen sind im IS von Militärdiensten freigestellt.

Der Wert der Frauen aus Europa bemisst sich für die Terrormiliz nach anderen Maßstäben. Zwar ist der IS die reichste Terrororganisation aller Zeiten – doch ein normaler Kämpfer erhält oftmals im Monat nur rund 100 bis 400 US-Dollar Grundgehalt – dazu kommen Grundnahrungsmittel und Zuschläge für Frauen und Kinder –, doch auch das ist nach unseren Maßstäben finanziell nicht sonderlich attraktiv. Wer reich werden will, geht nicht zum IS. Neben dem Versprechen, dass man für Gott kämpfe und einen Platz im Paradies sicher habe, bietet der IS aber noch andere, ganz irdische Anreize, die für junge Männer verlockend sind: Es ist die Aussicht auf Macht und Sex.

Nicht alle der nach Syrien ausgereisten Männer und Frauen sind in unserer Gesellschaft das, was man als Verlierer bezeichnen könnte – aber es gibt doch viele unter ihnen, zu denen dieses Attribut passt. Sie haben in Deutschland ein Leben geführt, das durch einen Mangel an Perspektiven gekennzeichnet ist.

In einer Studie über die Radikalisierungshintergründe haben Verfassungsschutz und Bundeskriminalamt im Jahr 2016 Daten zu 669 ausgereisten Personen analysiert. Die Studie zeigt, dass viele eine Karriere als Kleinkriminelle hinter sich haben. So liegen für zwei Drittel der untersuchten Personen polizeiliche Vorerkenntnisse vor. Meist sind es Gewalt- und Eigentumsdelikte (je 29 Prozent) sowie Delikte aus dem Bereich Betäubungsmittel (16 Prozent), mit denen die später Ausgereisten aufgefallen sind. 147 Personen waren arbeitslos und von jenen 115, bei denen bekannt ist, dass sie eine Ausbildung begonnen hatten, haben 31 Prozent die Lehre abgebrochen. Ohne Ausbildung sinken die Chancen auf einen guten Job und die Chance, eine eigene Familie ernähren zu können. Und dann kommt der IS und bietet einem eine Uniform, eine Waffe und das Ansehen, das man durch eine Mitgliedschaft in einer der meistgefürchteten »Gangs« der Welt bekommt. Man kann plötzlich nicht nur eine, sondern bis zu vier Frauen heiraten. Wem das nicht reicht, der kann sich noch eine jesidische Sexsklavin kaufen, mit der er ganz offiziell fast alles machen darf, was er möchte. Dazu gibt es die Aussicht auf Kriegsbeute – man bedient sich an den Autos, den Wohnungen und dem sonstigen Besitz derer, die man vertrieben, versklavt oder ermordet hat. Oder wie es ein Syrien-Rückkehrer aus Wolfsburg formulierte: *»Wer würde da schon nein sagen, wenn dir einer vier Frauen und ein Auto anbietet?«*

Aber nur wenige der ausländischen Kämpfer sprechen arabisch, und die meisten erwachsenen Frauen in Syrien sind bereits verheiratet. Da ist es natürlich praktisch, wenn der IS einem deutschen Kämpfer auch eine deutsche Braut und einem Türken eine Türkin als Ehefrau bieten kann. Und diese Ehefrauen kochen und waschen dann für sie, sie halten den Dschihadisten den Rücken frei und sie gebären Kinder für sie und das Kalifat. Der IS will ein Staat sein – und der braucht ein Staatsvolk. Die Zahl der Flüchtlinge aus Syrien zeigt, dass viele Syrer das Leben im selbst ernannten Islamischen Staat nicht für erstrebenswert halten. Bevölkerungszuwachs aus dem Ausland ist der Terrormiliz daher hochwillkommen. Zudem ist die Einreise der jungen Frauen ins Kalifat auch ein großer Propagandaerfolg für den IS. Das Kalifat ist im Narrativ der Dschihadisten so attraktiv, dass den Ungläubigen sogar die Töchter davonlaufen, damit sie hier leben können. Eine »Kartoffel« wie Leonora, also ein Mädchen ohne muslimischen oder anderen Migrationshintergrund, noch dazu aus der ostdeutschen Provinz, ist so gesehen für den IS eine ganz besondere Trophäe.

Der IS hat für die jungen Frauen, die es bis auf sein Gebiet schaffen, eine Eingliederungsprozedur festgelegt, die auch Leonora durchläuft. Nachdem sie am 8. März über die Grenze rennt und auf syrischer Seite von schwer bewaffneten Dschihadisten in Empfang genommen wird, muss sie sich registrieren lassen. Bei ihr läuft die Prozedur reibungslos, denn sie ist bereits einem Mann versprochen, und der ist schon im IS und hat offenbar für sie gebürgt.

Bei Elif, die einige Tage zuvor einreist und noch keinen »Verlobten« hat, ist der IS vorsichtiger. Die Münchnerin wird einige Tage an der Grenze wie eine Gefangene festgehalten und verhört. Der IS ist regelrecht paranoid, was Spitzel angeht, und hält es offenbar auch für möglich, dass Geheimdienste 16-jährige Mädchen zum Spionieren schicken. Schließlich wird aber auch Elif nach Rakka gebracht – in das sogenannte Frauenhaus. Hier treffen sich Leonora und Elif das erste Mal.

Das Frauenhaus ist der zentrale Sammelpunkt für alle allein eingereisten Frauen. In einem schwer bewachten Gebäude, das manche Mädchen als »Villa« bezeichnen, werden sie interniert, bis sie »abverheiratet« werden. Kontakt nach außen ist streng verboten und sowieso nicht möglich, da alle ihre Handys abgeben müssen.

Doch für die Mädchen fühlt sich der Aufenthalt im Frauenhaus wohl eher aufregend an. Es ist ein bisschen wie Klassenfahrt. Man sitzt zusammen und erzählt sich vor dem Einschlafen Geschichten von der dramatischen Reise über die Grenze und vom Leben in der Heimat, wo viele aufgrund ihres Glaubens oder ihrer Verschleierung angefeindet wurden. Hier sind sie nun endlich am Ziel, und sie merken, dass sie nicht allein sind. Aus aller Welt sind die Schwestern angekommen. Die Euphorie, die sie bei diesem internationalen Mädchentreffen im Frauenhaus erfasst haben muss, klingt in Leonoras Chat mit Maik einige Tage nach ihrer Hochzeit immer noch durch:

*Maik: Ok, hast du viele Deutsche dort, dann wärst du nicht allein?*

*Leonora: Ja, viele Deutsche, auch Französinnen, England, Holland, Finnland, Kanada, Indonesien und viele, viele mehr. Aus allllllen Ländern.*

*Maik: Nur gut, dass Du so gut Englisch kannst*

*Leonora: Am Anfang war es schon schwer, aber jetzt geht es.*

Da ist Leonora gerade einmal fünf Tage im Kalifat, doch sie klingt, als ob sie schon Jahre hier wohnt. Sie hat das Frauenhaus verlassen und ist verheiratet. Mit 15. Als Drittfrau. Weil sie und Martin alias Nihad sich schon in Deutschland die Ehe versprochen haben, war sie auch nur drei Tage im Frauenhaus. Andere Mädchen bleiben länger, wie Elif. Eine ganze Nacht haben die beiden miteinander geredet. Das schreibt Leonora einige Zeit später Elifs Mutter. Für die Mutter ist diese Nachricht damals das erste

Lebenszeichen von Elif. Leonora versucht, der Mutter die Angst um ihre Tochter zu nehmen.

> *Ihre Tage sind normal. Hier im Frauenhaus ist es entspannt. Man frühstückt gemeinsam mit Cay [Tee], Sucuk [türkische Wurst], Brot – was man möchte. Mittags sitzt sie meist mit anderen Schwestern im Garten und lernt arabisch oder redet einfach …*

Elif muss im Frauenhaus warten, bis eines Tages Riza kommt. Der junge Deutsch-Türke hat in seiner Heimatstadt Frankfurt eine Karriere als Kleinkrimineller hinter sich. In der JVA Wiesbaden verbüßte er eine knapp einjährige Haftstrafe wegen unterschiedlicher Straftaten. Im Wiesbadener Knast wird aus dem Kriminellen ein strenggläubiger Muslim. Es ist eine erfolgreiche Strategie der Islamisten, sich um Strafgefangene zu bemühen. »Knast-*Dawa*«, Missionsarbeit im Knast nennen sie das. Und die Gefangenen sind besonders dankbar, dass sich jemand um sie kümmert. Viele von ihnen wissen, dass ihr bisheriges Leben gescheitert ist. Sie müssen etwas ändern, wegkommen vom Kiffen und den Schlägereien. Und dann bieten ihnen die Islamisten einen Ausweg aus dem kriminellen Leben an. Die »Brüder« sind die besseren Sozialarbeiter, wie es der Psychologe und frühere *Hayat*-Mitarbeiter Ahmad Mansour formuliert.

Bei seiner Haftentlassung wird Riza von bekannten deutschen Islamisten am Tor der JVA abgeholt. Sie fahren mit ihm direkt in die Frankfurter Innenstadt, wo er dann am »Lies!«-Stand selbst *»Dawa«* macht und kostenlose Korane verteilt. Von ihrer Aktion drehen sie ein Video, das sich bei YouTube findet. Viele der deutschen Dschihadisten in Syrien haben zuvor an diesen Ständen *»Dawa«* gemacht. Und wie sie ist auch Riza irgendwann so weit, dass er mehr machen will, als nur Korane zu verteilen. Er folgt dem Ruf in den Dschihad nach Syrien.

Als Riza im März 2015 in Rakka das Frauenhaus betritt, ist er auf Brautschau. Wobei das Wort Brautschau nicht ganz zutrifft, denn zu schauen gibt es nicht viel. Die Mädchen sind vollverschleiert, und so können die Männer ihre Bräute nur nach dem Eindruck, den sie aus kurzen Gesprächen erhalten, auswählen. Hat man sich für eine Braut entschieden, muss auch sie ihr Einverständnis geben. Die Mädchen können sich ihren Mann zwar nicht frei aussuchen, aber immerhin können sie ablehnen. Bei Riza willigt Elif schließlich ein. Das Lüften des Gesichtsschleiers ist gleichbedeutend mit dem Jawort bei uns. Erst jetzt sieht der Mann zum ersten Mal seine zukünftige Gattin. Und erst jetzt beginnt auch das normale Leben für die Mädchen im IS. So normal ein Leben in einem selbst ernannten Gottesstaat einer extrem grausamen Terrororganisation in einem Bürgerkrieg mit Hunderttausenden Toten und Luftangriffen überhaupt sein kann.

Auf die Straße dürfen die Frauen des IS nur vollverschleiert und mit Handschuhen. Nackte Haut könnte ja die Männer erregen. Während Leonora sich in der Hauptstadt Rakka auch mal kurze Strecken allein in der Öffentlichkeit bewegen darf, um ins Internetcafé oder den *Nikab*-Shop, also den Laden, in dem man Schleier kaufen kann, zu gehen, bleibt Elif die meiste Zeit allein zu Hause. Sie ist mit Riza nach Jarablus gezogen, eine Kleinstadt, direkt an der türkischen Grenze. Elifs und Rizas damalige Wohnung liegt keine 400 Meter von der Türkei entfernt. Als uns eine Rechercheреise in den türkischen Zwillingsort Karkamis führt, können wir Elifs Haus sogar mit bloßem Auge ausmachen – zwischen uns und ihr liegt zu dem Zeitpunkt neben dem Grenzzaun nur ein Olivenhain, den der IS allerdings vermint hat.

Wenn Riza die Wohnung verlässt, um an der Grenze *Ribat* zu

machen, also Wache zu schieben, schließt er die Tür ab – zu ihrer eigenen Sicherheit sei das, so sagt er. Bei einem Wohnungsbrand müsste Elif aus dem Fenster der Wohnung im 1. Obergeschoss springen. Und so ist Elif tagsüber die meiste Zeit Gefangene in ihrer eigenen Wohnung, eingesperrt allein mit ihren Katzen und den hier überall umherkrabbelnden Kakerlaken, vor denen sie sich so sehr ekelt. Nur wenn Riza oder eine andere Frau sie begleitet, kann Elif raus, um zur Moschee zu gehen oder andere Dschihad-Pärchen zu besuchen. In Jarablus gibt es damals eine kleine deutsche Community, auch zwei Österreicherinnen sind hier. Riza und Elif verbringen mit ihnen oft die Abende, denn viel zu tun gibt es für die jungen Leute aus Deutschland in Jarablus sonst nicht. Aber das Leben in der Kleinstadt hat auch Vorteile – hier ist die Überwachung durch den IS nicht so umfassend wie in Rakka, wo Leonora lebt.

Leonora, die Nebenfrauen und ihr Mann müssen im Juli 2015 auf den eigenen Internetzugang verzichten. In einem Dekret verkündet der IS damals das Verbot – es gilt für alle Einwohner in der Hauptstadt Rakka. Auch für Nihad, den Geheimdienst-Mann, gibt es da keine Ausnahme.

*Leonora: Die Wlan-Stationen werden morgen eingesammelt. Das ist nur gegen Spione.*

*Emine: Was ist das für ein Schwachsinn?*

*Leonora: Keine Ahnung. Vor allem haben die gar nicht an die Frauen gedacht. Was sollen wir machen, wenn was passiert und so weiter?* Dawla [der Staat] *hat das Netz verboten. Man darf zu Hause kein Net mehr haben, man muss immer ins Internetcafé gehen. Aber ich hab' schon zu meiner Mama gesagt: macht euch keinen Kopf. Dieses Gesetz wird auch nicht lange halten, da es schon viele Beschwerden gab.*

Hier wird sich Leonora irren. Die Führung der Terrormiliz lässt sich von den Beschwerden ihrer ausländischen Kämpfer nicht beeindrucken. Private Internetzugänge sind den Dschihadisten ein Dorn im Auge – ganz besonders, weil eine Gruppe von Aktivisten im Untergrund damals regelmäßig heimlich gedrehte Videos aus der Stadt veröffentlicht. Die Aktivisten nennen sich *Raqqa is being slaughtered silently* – Rakka wird still abgeschlachtet. Unter Todesgefahr filmen und fotografieren die jungen Männer, wie es in Rakka wirklich aussieht. Sie zeigen, wie die Sittenpolizei Einwohner schikaniert, wie vermeintliche Sünder grausam bestraft werden, und sie filmen ihre eigenen Aktionen: Nachts sprayen sie Graffiti gegen den IS an Häuserwände oder legen Comics aus, in denen sie sich über den IS lustig machen. Für die Terrororganisation ist das ein echtes Problem – es widerlegt die aufwendig betriebene Propaganda vom glücklichen Leben der Muslime im Kalifat und zeigt, dass nicht alle mit dem vermeintlichen Gottesstaat einverstanden sind und dass es trotz aller Brutalität noch Leute gibt, die dagegen vorgehen. Viele der Aktivisten bezahlen für ihren Widerstand mit dem Leben. Für den IS sind sie offenbar so bedrohlich, dass er die Aktivisten selbst noch im türkischen Exil ermordet. Doch die Überlebenden lassen sich davon nicht einschüchtern. Sie machen weiter. Und sie werden sich später auch anbieten, ihr Leben zu riskieren, um die ihnen vollkommen unbekannte Leonora aus dem IS zu befreien.

# Alltag im Kalifat

Das Leben in Rakka hat neben dem WLAN-Verbot noch einen anderen, ganz erheblichen Nachteil. Die Hauptstadt des Kalifats ist das Ziel ständiger Luftangriffe. Nahezu jede Nacht kreisen die Kampfjets und Drohnen der Internationalen Koalition über der Stadt. Meist sind es amerikanische Jets und Kampfdrohnen, die den IS in Rakka angreifen, aber auch Jordanien und die Vereinigten Arabischen Emirate werfen hier Bomben ab. (Nach den Anschlägen von Paris im November 2015 kommen noch vermehrt französische Kampfjets hinzu.) Sie alle verfügen über lasergesteuerte Präzisionsbomben, und doch treffen auch sie manchmal daneben. Später in diesem Sommer bombardieren auch die Russen die Stadt. Wie der Diktator Assad nutzen sie offenbar auch herkömmliche Freifallbomben, die ihr Ziel nur ungefähr treffen. Leonora wusste vor ihrer Ausreise von der Gefahr durch die Bombardements, doch damals schreckt sie die Aussicht noch nicht. Die Ermittler des LKA Sachsen-Anhalt finden in einem Schulheft einen Briefentwurf an ihre Reisebegleiterin Martina, darin schreibt sie kurz vor ihrer Ausreise:

*Eines Tages werden die Engel die Menschen fragen, warum sie nicht ausgewandert sind und sich unterdrücken lassen von den Kuffar und nach ihren Gesetzen gelebt haben. Sie werden keine richtige*

*Ausrede erzählen können, denn Allah weiß alles, alles und alles! Ich möchte lieber an einer Bombe sterben in drei Sekunden, als qualvoll in einem Altenheim der Kuffar. Ich liebe dich für Allah!*

Jetzt in Rakka ist die Lebensgefahr für sie nicht mehr so abstrakt, sondern auf einmal ganz real.

> *Leonora: Gestern war soo schrecklich 😧 , richtig viele Bomben. Über 12 Stück. Hatte so noch nie Angst. 😧 . Habe mich nur noch an der Matratze festgekrallt. Hat so gewackelt und geknallt. 😟 . Es kamen sogar 5 Bomben auf einmal! Das war voll heftig. Ich habe von meinem Fenster die Feuerbälle gesehen und in der Küche ist das Fenster kaputt gesprungen. Das war das letzte Fenster aus Glas in der Wohnung. Alle anderen Fenster in der Wohnung sind schon aus sowas bombensicherem.*

Für Maik sind die Schilderungen seiner Tochter fast genauso schlimm, wie es die Bombardierungen für Leonora sind. Er sitzt Tausende Kilometer entfernt und erlebt den Kriegsalltag seiner Tochter doch fast hautnah mit. Wie es ihm geht, als sie dieses erste Mal von den Bombardierungen berichtet, erinnert Maik kurz darauf noch ganz genau:

*Das Schlimmste ist das Gefühl der Ohnmacht. Ich sitze hier in Breitenbach in meinem Garten – und meine Leo wird bombardiert und ich kann nichts tun. Ich hab' mir dann gesagt: Das will ich nicht akzeptieren, dass ich gar nix tun kann. Na ja, und da hab' ich mich dann an das erinnert, was ich bei der Bundeswehr als Panzergrenadier gelernt hab'. Wenn ich Leo jetzt auch nicht vor Ort beistehen kann,*

*kann ich ihr wenigstens ein paar Tipps geben. Wie man sich unter Feuer am besten verhält. Damit wollte ich ihr helfen, mit der Situation klarzukommen. Ich dachte mir, ein paar Tipps können im Zweifelsfall lebensrettend sein. Sie können ihr aber auch ein gutes Gefühl geben, dass sie sich besser gewappnet fühlt für solche Angriffe und vielleicht weniger Angst hat. Und natürlich hat mir das auch geholfen, weil ich so wenigstens irgendwas tun konnte, um Leo beizustehen.*

Und so unterbreitet Maik Leonora seine Tipps im Chat:

*Beachte bei Luftangriffen folgendes: Wenn dich ein Flieger auf freiem Feld erwischt, laufe niemals vor ihm weg, sondern immer auf ihn zu. Sobald du an dem Flugzeug Einzelheiten wie zum Beispiel Raketen erkennst, lauf ganz schnell nach rechts oder links. Die Flieger sind zu schnell und können nicht reagieren. Bis er eine Kurve geflogen hat, hast du Zeit, dir eine Deckung zu suchen.*
*Bei Luftangriffen meide große Plätze oder markante Gebäude. Überlege dir immer, was das Ziel des Angriffs sein könnte und meide diesen Ort. Bewege dich stets ganz dicht an Hauswänden und Mauern. Mögliche Ziele sind immer: viele Autos auf einem Haufen, Öl- und Treibstofflager, Häuser mit vielen Antennen, Kasernen, Gefängnisse, Verwaltungsgebäude und Materiallager usw. Pass nach einem Angriff auf die Granatsplitter auf, die sind unglaublich scharf und noch lange sehr heiß!*

*Leonora: Mensch, Papa, Du kannst direkt ne Militärschule eröffnen. 💪.*

*Maik: Ok, Maus. Ich fange jetzt an, Rasen zu mähen. Hab dich lieb. Knutsch. 😘*

Zu der Angst vor den Bomben kommt für Leonora auch der Respekt vor den Kontrollen – nirgends hat der IS seine Untertanen so im Blick wie in Rakka. Auf den Straßen patrouillieren ständig Autos der *Hisba*, einer Mischung aus Sittenpolizei und Ordnungsamt. Die Tugendwächter achten streng auf die Einhaltung der Kleiderordnung. Ein verrutschter Gesichtsschleier oder ein unbedecktes Handgelenk zwischen dem schwarzen Handschuh und dem *Khimar*, dem Gewand, kann Stockschläge bedeuten, und so muss jeder Schritt auf der Straße wohl bedacht sein. Die Männer der *Hisba* achten auch auf die Einhaltung der Ladenöffnungszeiten. Wer zu den Gebetszeiten sein Geschäft nicht geschlossen hat, dem droht die Peitsche – zumindest solange der IS noch ausreichend Geld hat. Später sind die Islamisten pragmatischer: Ladenbesitzer können sich von der Auspeitschung freikaufen. Die strikte Überwachung durch die *Hisba* und die Frauen der *Al-Khansaa*-Brigade wird sich später, als es um Leonoras Flucht aus dem IS geht, noch als großes Problem erweisen.

Doch erst einmal beginnt für die 15-Jährige der Alltag in Rakka. In ihrer ersten Wohnung in einem Mietshaus im Nordwesten Rakkas lernt Leonora mit der Zeit auch ihre syrischen Nachbarn kennen. Unten im Haus ist ein kleiner Lebensmittelladen mit einem Cola-Automaten vor der Tür. Der Ladenbesitzer erweist sich als netter Mann und trägt der jungen Deutschen immer das Wasser, das sie bei ihm kauft, in die Wohnung. Leonora spricht zwar noch kaum Arabisch, abgesehen von den verschiedenen Lobpreisungen Allahs wie *Maschallah, Elhamdulilah, Subhanallah* oder *Inschallah*. Doch sie schafft es, sich mit Händen und Füßen und ein paar Brocken Englisch mit ihren syrischen Nachbarn irgendwie zu verständigen. Eine Frau wird sogar zu einer Freundin. Die Syrerin von nebenan ist oft allein, weil ihr Ehemann Lkw-Fahrer ist. Leonora bietet sich als Babysitterin für ihren kleinen Jungen an. Für sie, die verrückt nach Kindern ist und in Deutschland eine Ausbildung zur Erzieherin machen wollte, bietet sich hier die Chance auf etwas Abwechslung und soziale Kontakte, wenn Nihad wieder einmal weg ist und die Erstfrau Sherine ihr auf die Nerven geht. Mit der Zeit wird klar, dass die Nachbarin dem IS gegenüber kritisch eingestellt ist und dass die *Ansaris*, also die einheimischen Syrer, vom IS häufig schlechter behandelt werden als die Leute, die aus dem Ausland in das Kalifat gekommen sind.

Es ist eine regelrechte Zweiklassengesellschaft, die hier entstanden ist. Westliche Kämpfer erhalten mehr Sold, ihre Familien bessere Wohnungen und Versorgung. Das alles passt so gar nicht zur Propaganda des IS, in der immer die Einheit der *Umma*, der Gemeinschaft der Gläubigen, betont wird. Leonora findet das ungerecht. Und auch wenn sie noch viel von der Propaganda des IS für bare Münze nimmt, sind durch die Berichte der Nachbarin bei ihr Zweifel an diesem »Gottesstaat« gesät. Dass ihre Ausreise ein großer Fehler war, ist ihr aber auch schon vor den Berichten der Nachbarin klar. Nur leider kann sie das nicht all jenen Teenagern sagen, die in Deutschland durch die Medien von ihrer Reise in den IS erfahren haben und es ihr nachmachen wollen:

> *Leonora: Mich schreiben so viele Mädchen an. Wie hast du das gemacht? Wie können wir kommen? Bitte Bitte antworte usw. Solche Nachrichten kommen. Nihad sieht das und schreibt von meinem Handy mit*

*denen usw. und manchmal muss ich selbst antworten wenn er sagt ja schreib das und das. Das ist so ein dummes Gefühl. Weil ich weiß, wie es an der Stelle ist, wenn man sich alles kaputt macht. Denen kann man noch helfen. Ich würde gern alle warnen.*

Nihad kümmert sich also offenbar auch selbst um den Nachschub an heiratswilligen Bräuten für das Kalifat. Und er animiert Leonora, noch mehr zu tun. Sie soll Mädchen anwerben:

*Leonora: Nihad wollte, dass ich mir einen Facebook-Account mache und von* Dawla *prahle …*

Und Nihad kümmert sich auch um seine Familie. Drei Frauen und zwei Kinder hat er jetzt zu versorgen. Das klappt auch ganz gut, denn Nihad ist zu einem gewissen Wohlstand im IS gekommen. Als Geheimdienst-Mann ist er privilegiert und verfügt über zwei möblierte Wohnungen, ein Cross-Motorrad, wohl auch ein Auto und Ersparnisse. Sollte er vor seinen Frauen ins Paradies kommen, gäbe es ein kleines Erbe zu verteilen. Im Juni 2015 wird Nihad zum Fronteinsatz abkommandiert – zum ersten Mal soll er nun richtig kämpfen. An der Front im Norden gibt es schwere Gefechte mit den Kurden von der YPG (*Yekîneyên Parastina Gel*), dem syrischen Ableger der PKK. Nihad bestreitet später, jemals gekämpft zu haben.

*Leonora: Nihad ist weg. Er ist kämpfen zum ersten Mal.*

*Emine: Ehrlich? Und wie lange?*

Leonora: Weiß keiner. Aber in ein gefährliches Gebiet. Er hat Testament schreiben müssen.

Emine: Okay. Hat er was zu dir gesagt?

Leonora: Ja, er meinte: Mach viel Dua [Fürbitte] und dann hat er mir erklärt, was ich alles erbe usw.

Emine: Was erbst du denn? Als ob er viel hat.

Leonora: Macbook, 3.000 Euro und 50.000 syrische. Seine Cross soll verkauft und das Geld gespendet werden und die beiden anderen bekommen auch 3.000 und 50.000.

Emine: Er soll ruhig wegbleiben. Ganz weg. Wo ist er jetzt hin?

Leonora: Haha ja, Inschallah. Mhh, komisches Gefühl. Beim letzten Mal wusste ich, dass es noch nicht sicher ist, ob er geht, aber heute ist es sicher. Seit einer Stunde sind sie weg.

Leonora muss das Testament ihres Ehemannes dann sogar persönlich beim *Scharia*-Gericht hinterlegen, es ist der 2. Juni 2015.

Testament ☝

Von unserem geliebten Mann Abu Yasir Al Almani

IM NAMEN ALLAHS, DES ALLERBARMERS, DES BARMHERZIGEN

Wahrlich, mich hat nun der Tod erreicht und alles was ich an meinen Taten vorausgeschickt habe, werde ich nun von mir sehen, seien es gute als auch schlechte Taten. So bitte ich Allah, den Gnädigen, um Gnade.

Ich rufe jeden Muslim auf, Allah zu fürchten und sich vom Satan, der Nafs [der menschlichen Seele], der Dunya [dem diesseitigen Leben] und den schlechten Menschen nicht von dem Tag ablenken zu lassen, an dem jeder Mensch für jedes Stäubchen befragt wird.

Haltet am Koran und an der Sunna [die Überlieferung aus dem Leben des Propheten Mohammed] fest und lernt, lebt und lehrt den Tauhid [die göttliche Einheit] und warnt vor dem Schirk [den Beigesellern] und Bida [Neuinterpretationen des Glaubens]!!!!

Ich sage mich von allem los, wovon sich Allah und sein Gesandter losgesagt haben.

Ich möchte, dass die Menschen gemäß der Sunna max. drei Tage um mich trauern, außer meine drei Frauen Umm Yasir, Umm Islam, Umm Maryam, denen vier Monate und zehn Tage Trauer erlaubt sind. Es dürfen keine üblen Menschen oder Sektenanhänger auf meiner Trauerfeier sprechen. Es soll nach der Sunna ablaufen. Ich bitte darum, in drei aufeinander folgenden Freitagspredigten darum zu bitten, mir zu verzeihen und für mich um Vergebung zu bitten.

Sollte ich jemandem in meinem Leben Unrecht zugefügt haben, so bitte ich diese Person um Vergebung.

Sollte ich Vermögen hinterlassen, so möchte ich, dass nach Abzahlung von evtl. Schulden das Restvermögen geteilt wird. Dinge wie mein Motorrad sollen verkauft werden und das Geld soll ebenfalls geteilt werden:

- 1/3 soll an die Waisen der Schuhada [der Märtyrer] gehen
- 1/3 soll in den Islam meiner Kinder und Frauen investiert werden

- *1/3 gehört meinen Frauen, was sie zu gleichen Teilen aufteilen.*

*Haltet euch an der* Hidschra *und dem* Dschihad *fest und vergesst nicht den Lohn des* Schahids *[Märtyrers]. Wisset, dass die Ehre der* Umma *nur mit Blut zurückerlangt werden kann.*

*Unser Wiedersehen wird* bi idhnilla *[alles Lob gebührt Allah]* firdaus al-A'ala *[die höchste Stufe des Paradieses] sein!*

*Ich bitte um Vergebung.*

*Alles Lob gebührt Allah, dem Herrn der Welten und Frieden und Segen seien mit dem Gesandten, seiner Familie und seinen Gefährten.*

Assalamualeikum Wa rahmatuLlahi Wa barakatuh. *[Der Friede sei mit Euch und die Barmherzigkeit Gottes und sein Segen]*

*Abu Yasir*

*Martin XXX* ☝

Aber Leonora wird nicht mit 15 zur Witwe – ihr Mann Nihad wird zurückkommen. In seiner Abwesenheit gehen Leonora und ihre einstige Rekrutiererin und Nebenfrau Sherine in der Stadt auf Tour:

*Leonora: Wir nutzen die Zeit, so gut es geht. Wir müssen aber zusammen fahren, weil eine Frau hier nicht allein Taxi fahren darf.*

*Emine: Achso, was wollt Ihr machen?*

*Leonora: Wollen in die große Stadtbäckerei. Will mal*

*wieder Brötchen essen 🥐. Ich verwöhntes Bäckerkind kann nicht ohne. Und ich hab seit 3 Monaten kein Brötchen gegessen. Weil die hier alle nur dieses arabische Brot essen. Vermisse das Brot von Deiner Mum, das war am Besten.*

*Emine: Haha ♡*

*Leonora: Und in der Innenstadt gibt es eine große Bäckerei, wo man alles bekommt. Muss auch Bilder und Rezepte für meinen Papa besorgen*

*Emine: Gefällt es dir dort? Also wenn du jetzt so nachdenkst, würdest du dort bleiben wollen?*

*Leonora: Das Leben an sich in dieser Stadt ist eigentlich normal. Aber ich komme hier nicht klar. Ich kann nicht ohne meine Familie sein und auch nicht hier sein, wenn solche Menschen über die Stadt herrschen.*

Und wie der IS über Rakka herrscht, das kann Leonora nun mit eigenen Augen sehen. Am Naim Square, dem zentralen Platz der Stadt, wird sie Zeugin der Grausamkeit, mit der der IS all jene bestraft, die seine Regeln nicht befolgen. Es ist Juli, der wärmste Monat im Jahr. Dem Internet-Informationsdienst climate-data.org zufolge liegt die durchschnittliche Temperatur in Rakka im Juli bei 30,1 Grad Celsius – doch oft erreichen die Temperaturen in diesem Sommer in Rakka auch fast 50 Grad. In diesem Jahr ist im Juli auch Ramadan, der Fastenmonat. Von Sonnenaufgang bis Sonnenuntergang darf kein Muslim essen oder trinken, selbst das Schlucken ist verboten. Die strengen Regeln gelten sogar für Kinder, nur die ganz Kleinen und die Kranken dürfen sich ernähren.

Leonora berichtet ihrer Freundin Emine an jenem 24. Juli 2015 per Telegram-Nachricht vom Ausflug ins nahe gelegene Stadtzentrum:

> *Ich war in der Stadt und hier gibt es so einen berühmten Kreisverkehr. Und in dem Kreis stand so ein Käfig und da waren 5 Männer drin und ich dachte mir nur, Ohhhhhh, Gott, nicht dass die jetzt verbrannt werden 😨 😨 😨 😨 Und dann sagt mir eine: die haben nicht gefastet, deswegen müssen die jetzt immer von Dhur [Morgengebet] bis Maghreb [Abendgebet] in der Sonne stehen. Sooooo krank, Alter! Wurden nicht umgebracht, aber die müssen das jetzt 5 Tage jeden Tag machen.*

> *Emine: Wie krank kann man nur sein?*

> *Leonora: Als ob die perfekt sind. Ja, Fasten ist Pflicht, aber sie müssen doch mal mit denen reden und es erklären, dass es Pflicht ist und dass man Belohnung bekommt von Allah. Und nicht sowas, da will man ja erst recht nicht fasten.*

> *Emine: Heuchler sind das, eklige Heuchler!*

Ihrem Glauben an Allah bleibt Leonora treu, aber den IS, dem sie eigentlich dienen wollte, den »verrät« sie schon früh. Und auch von ihrem Ehemann wendet sie sich schon bald nach der Hochzeit ab, denn sie durchschaut ihn immer mehr. Der edle und tapfere Gotteskrieger Nihad entpuppt sich als Maulheld.

> *Leonora: Emine, ich hasse den so! Weiß nicht, ob du das kennst, aber keine Ahnung, richtig Ekel vor ihm. Der ist 2 Kilometer von der türkischen Grenze und hat deswegen Netz. Dachte mir nur so: bitte lass mich in Ruhe und nerv nicht. Booahh, ich hasse den! Labert die ganze Zeit: ja, ich geh kämpfen blabla und was macht er im Endeffekt? Er sitzt in irgendeiner Stadt und macht Wache wegen PKK. Hat eh schiss. Hoffentlich nimmt die PKK den mit und verkauft ihn nach China oder so. Ich kann nur Dua [Fürbitte] machen, dass Allah ihn zu sich nimmt und mich befreit.*

Eigentlich sollte mit der *Hidschra* nach Syrien für Leonora Schluss sein mit dem Doppelleben, mit all den Lügen und Heimlichkeiten. Doch jetzt ist sie wieder an diesem Punkt, wieder muss sie sich verstellen.

Sie hasst ihren Ehemann, und sie ist entsetzt über die Grausamkeit des IS. Aber das darf sie nicht sagen und nicht zeigen, denn Ehrlichkeit könnte Repressionen, Schläge oder sogar den Tod bedeuten.

Nur in den Nachrichten an Maik, ihre Mutter und Emine kann sie ihre wahren Gefühle offenbaren, jedenfalls solange sie von zu Hause aus schreiben kann. Aber auch hier droht ihr ständig die Gefahr der Entdeckung, denn nach seiner Rückkehr von der Front kontrolliert Nihad die Handys seiner Frauen regelmäßig. Leonora muss die Chats nach Deutschland immer gleich wieder löschen, bevor er das Handy in die Finger bekommt. Sie verabredet mit

Maik, Emine und Mutter Babette auch ein Geheimzeichen, damit die wissen, dass sie wirklich mit ihr und nicht mit Nihad chatten:

> *Leonora: Und denkt dran, meine Nachrichten haben immer einen doppelten Punkt. Alles andere kommt nicht von mir. Denkt an den doppelten Punkt.*

Nihad misstraut seinen Frauen, und er will die volle Kontrolle über sie haben. Nihad ist offenbar im Machtrausch. Er gebietet über drei Frauen und zwei Kinder – und vergisst dabei schon mal, dass im IS die Regeln auch für ihn gelten. Als er die Chatverläufe in Leonoras Handy kontrolliert, findet er auch Fotos von ihrer Ausreisegefährtin Martina. Die Bilder sind nach unseren Maßstäben unverfänglich, doch im IS darf kein Mann außer Samih, Martinas Ehemann, diese Fotos je zu Gesicht bekommen. Denn Martina ist darauf unverschleiert zu sehen. Und in diesem »Staat« ist es *haram*, auch nur das Antlitz einer fremden Frau zu sehen. Irgendwie erfährt Samih von Nihads Schnüffeleien. Er ist so erbost, dass er zu seinem Vorgesetzten, seinem *Amir*, geht und den Verstoß meldet.

> *Leonora: Uff. Totales Chaos. Nihad ist richtig sinnlos durchgedreht. Wollte mir auch mein Handy abnehmen, aber* Elhamdullilah *hat er nicht gemacht.*

*Emine: Wieso das?*

> *Leonora: Es ist herausgekommen, dass er an unsere Handys geht und er hat Stress bekommen, weil das* haram *ist und naja weißt ja, er sieht keine Fehler ein. Mr. Unfehlbar, macht ja keine Sünden. Und da ist er*

*hier durch die Bude gerannt und hat gesagt: Ich klatsch euch gleich allen eine. Blablabla. Hatte dann schnell meine Zimmertür zugemacht, damit er mir keine mitgibt.*

*Emine: Er müsste mal eine geklatscht bekommen. 😒*

*Leonora: Ja, so habe ich auch geschaut. Seine geliebte Frau 😁 Ja, so sind die hier. Alles verlogen und dreckig.*

Neben dem häuslichen Ärger mit Nihad ist Leonoras Leben in Rakka zu dieser Zeit vor allem von Langeweile geprägt. Die Tage sind endlos, besonders wenn man die meiste Zeit ohne echte Aufgabe nur zu Hause sitzt und jeder Tag dem anderen ähnelt. Wenn man versucht, der Nebenfrau und dem eigenen Ehemann möglichst aus dem Weg zu gehen und die Hauptbeschäftigung im Putzen und Kochen besteht. Leonora hatte sich noch nie besonders als Hausfrau geeignet, dafür war sie einfach zu umtriebig und um Hausarbeiten hat sie schon immer einen großen Bogen gemacht. Doch hier in Syrien muss sie das jetzt machen und zumindest das Kochen liegt ihr, jedenfalls mehr als das für Sherine gilt. Die ist inzwischen mit dem zweiten Kind schwanger.

Wir verfolgen Leonoras Leben von Deutschland aus anhand der Chats mit Maik und Emine. Und ab und zu bitten wir Emine und Maik, in den Chats gezielt bestimmte Fragen zu stellen. Wir suchen damals schon nach einer Idee, nach einem Ansatzpunkt, wie man sie aus dem IS herausbekommen könnte – und da kann jede Information nützlich sein. Beispielsweise könnte eine Komplikation bei Sherines Schwangerschaft ein Anlass sein, dass sie ihr Kind in der Türkei oder in Deutschland zur Welt bringen muss. Und vielleicht kann Leonora sie ja begleiten. Bei anderen haben solche Vorwände schon dazu geführt, dass sie den IS verlassen durften. Also bitten wir Emine, sich nach dem Befinden von Sherine zu erkundigen.

*Leonora: Sie steht auf (immer unterschiedlich). Kommt darauf an, wann der Kleine aufwacht. Sie betet in ihrem Schlafzimmer oder im Wohnzimmer. Sie verlässt die Wohnung ca. 1 mal am Tag oder gar nicht. Kommt darauf an, ob sie etwas braucht. Krankheiten hat sie keine, außer ihre Behinderung im Kopf. Die Schwangerschaft verläuft bisher ohne Probleme. Gibt aber wieder ein bissel Stress hier. Sherine dreht voll auf und Nihad hat 24h schlechte Laune.*

*Emine: Warum das?*

*Leonora: Keine Ahnung. Sie heult durchgehend wegen Nihad. Verstehe das selber nicht.*

*Emine: Wieso das denn? Was hat sie?*

*Leonora: Alle dumm. Nihad sagt die ganze Zeit: geh doch mal weg und nerv mich nicht! Dann bringt sie ihm was zu essen und er sagt: boaar, was ist das, bäh. Dann heult die rum. Jeden Tag dasselbe. Ich koche immer für sie und sie sagt, dass sie gekocht hat, damit er ruhig ist.*

Abwechslung vom Streit und der Langeweile zu Hause findet Leonora nur im Babysitten bei der Nachbarin und in den kleinen Ausflügen zum *Nikab*-Shop und zum Internetcafé, wo die Verbindung schneller und stabiler ist. Ihr Aktionsradius in der Stadt ist so aber auf wenige Hundert Meter um die Wohnung herum beschränkt. Leonora lebt zwar in Rakka, aber sie kennt die Stadt nicht, wie sich später, als es um ihre Flucht geht, noch zeigen wird. Freitags fährt Nihad mit allen seinen Frauen und den beiden Kindern in die Deutsche Moschee, wo sie den Predigten von Mohamed Mahmoud lauschen. Der übergewichtige Österreicher hat vor seiner Ausreise in Deutschland als Prediger und Hetzer gewirkt. Mahmoud war hier führender Kopf des inzwischen verbotenen Vereins *»Millatu Ibrahim«* mit Sitz in Solingen. Viele der *»Millatu Ibrahim«*-Leute sitzen jetzt freitags auch in dieser Moschee, etliche sind inzwischen aber auch im Kampf für den IS gestorben.

Im Sommer 2015 ruft Mahmoud einige der Deutschen aus seiner Moscheegemeinde in Rakka zusammen. Gemeinsam machen sie einen Ausflug in die vom IS eroberte zentralsyrische Stadt Palmyra. Hier drehen sie ein Propagandavideo. Das professionell produzierte Video beginnt mit martialischen Bildern: In Pick-up-Trucks fahren bewaffnete deutsche Kämpfer in Camouflage-Uniform vor. Als sie absitzen, trägt einer die Flagge des Islamischen Staates vor sich her. Schließlich sitzen die Dschihadisten im Kreis auf dem Boden vor ein paar Palmen. Yamin Abou Zand führt das Wort. Der junge Mann stammt aus Bonn, wo er als Telekom-Techniker gearbeitet hatte. Jetzt lobt er das Leben hier in *Sham*, in Syrien, und ruft seine Glaubensbrüder zur Ausreise in das Kalifat auf. Wer nicht kommen kann, der soll den Dschihad eben in Deutschland führen: *»Nehmt Euch ein Messer und schlachtet die* Kuffar *in ihren eigenen Häusern.«*

Dann folgt der Auftritt des Österreichers Mahmoud. Zusammen mit Abou Zand steht er vor den Kulissen der antiken Tempel in Palmyra. Vor den beiden bewaffneten Dschihadisten knien zwei Gefangene, sie schauen zu Boden, als Mahmoud seine Rede beginnt. Auch er erinnert die Islamisten in Deutschland an ihre vermeintliche Pflicht zur Ausreise: *»So eilt, eilt meine Brüder. Es ist schon Mittag! Die Khilafa [das Kalifat] ist errichtet! Worauf wartet ihr denn noch?«*

Dann folgt eine Drohung: *»Und an euch in Deutschland, und an dich Merkel, du dreckige Hündin: wir werden uns rächen. Wir werden uns rächen für eure Verbrechen an den Muslimen, die ihr in Afghanistan begangen habt und für eure Unterstützung für die Kurden.«*

Am Ende dieses Videos werden Mohamed Mahmoud und Yamin Abou Zand zu feigen Mördern. Mit Dauerfeuer aus ihren Kalaschnikows schießen sie den wehrlosen Männern in Rücken und Hinterköpfe. Leonora schreibt später an Emine, auch Nihad sei bei der Produktion des Videos dabei gewesen. Aber ob das wirklich stimmt oder eine Angeberei von Nihad ist, bleibt unklar, zu sehen ist er in dem Video jedenfalls nicht. Dass er ihr gegenüber zuweilen Desinformation betreibt, wird klar, als Leonora sich mit dramatischen Neuigkeiten meldet.

*Leonora: Hilfe, wir werden angegriffen! Hört jetzt zu, es kann sein, dass ich mich nicht mehr melde. Es sind Angreifer in der Stadt und 5 Flugzeuge. Es kann sein, dass ich mich nicht mehr melde. Ich muss in Sicherheit. Hier ist gerade Mann gegen Mann. Richtig Feuerwerk. Hallllllloooo. Ich muss gleich los und möchte wenigstens die letzten Minuten die ich kann mit euch schreiben.*

*Maik (3 Stunden später): Hallo. Haben gerade erst deine Nachricht bekommen. Alles okay bei Dir?*

*Leonora: Hallo. 140 Tote. Ich konnte jetzt wieder heim. Die Flugzeuge sind weg.*

*Maik: Gut, dass es dir gut geht. Wie geht es Nihad?*

*Leonora: Dem geht es gut. Er hat geholfen. Die Angreifer sind alle umgebracht. Und zwei Kampfjets haben sie abgeschossen, unter anderem auch Deutsche.*

Auf diesen Schwachsinn will Maik gar nicht erst eingehen. Erst eine Stunde später antwortet er:

*Maik: Ok, wir gehen jetzt ins Bett. Wir lieben dich sehr!*

Ob der IS überhaupt je irgendeinen Kampfjet abgeschossen hat, ist mehr als fraglich, in dieser Nacht im Mai 2015 ist jedenfalls definitiv kein Jet abgeschossen worden. Klar ist auch, dass es damals weder Bundeswehrflugzeuge über der Stadt noch Gefechte »Mann gegen Mann« in Rakka gegeben hat. Doch mit solchen Geschichten kann Nihad Leonora manipulieren. Er ist der tapfere Held, der sie und die anderen Muslime in der Stadt verteidigt, auch gegen die bösen Deutschen. Die Episode zeigt auch, wie naiv Leonora mit ihren 15 Jahren ist.

Einmal schreibt sie Maik, sie habe jetzt das GPS am Handy angemacht, das könne er der Polizei sagen. Offenbar stellt sie sich eine Rettungsaktion durch die GSG9 vor. Auch dem Bundesnachrichtendienst scheint sie mehr zuzutrauen, als er wahrscheinlich kann und darf: *»Sie haben eine deutsche Spionin festgenommen und einen deutschen Spion. Sie wird gesteinigt, habe ich gehört.«* Ein anderes Mal schreibt sie Emine, das FBI oder die PKK würden sie schon befreien. Doch Leonora fürchtet sich auch vor dieser Rettung oder genauer vor einer Rückkehr nach Deutschland:

> *Ich habe so Angst davor, vor meiner Rückkehr. Vor den ganzen Polizisten und Medien und vor diesen Massen an »Freunden«, die dann alle ankommen. Ich glaube, ich werde sowieso erstmal Hilfe brauchen von irgendwelchen Psychologen, von dir und von meiner Familie. Und genau davor habe ich Angst. Dass ich irgendwann wieder in die falschen Hände komme.*

Zur Wahrheit über Leonoras erste Monate in Rakka gehört aber auch, dass nicht alles schlecht ist. Manchmal erlebt sie hier im Kalifat auch schöne Momente. So wie die gelegentlichen Ausflüge in den Rashid-Park, eines der Wahrzeichen der Stadt, die sie mit ihrer neuen »Familie« zumindest anfangs noch unternehmen kann. Im Sommer 2015 ist die Gegend in der Innenstadt, in der der Park liegt, noch nicht von der russischen Luftwaffe plattgebombt worden. Den Eingang des Parks zierten ursprünglich zwei steinerne Löwen aus der Zeit von Harun al Rashid. Der Namensgeber des Parks, der Rakka einst zur Hauptstadt seines Reichs machte, ist uns in Deutschland aus der Geschichte von Tausendundeiner Nacht bekannt. Der IS hat die Löwenstatuen am Eingang zerstört, für ihn waren sie Götzenbilder, und die sind *haram*. Doch auch ohne steinerne Löwen hat der Park noch seinen Reiz. Die alten Zypressen hier im Herzen der Stadt spenden jetzt im Hochsommer wohltuenden Schatten. Und die Wiesen, die den Park durchziehen, laden zum Picknick ein. Zumindest die Männer, denn für Frauen ist es schwer, den Gesichtsschleier zu tragen und dabei zu essen. Aber hier in der Innenstadt gibt es auch leckeres Eis und eine gute Pizza. Und wenn es schwer ist, in der Öffentlichkeit zu essen, dann ordern Leonora und Sherine für sich und den kleinen Sohn Yasir eben *»take away«* und genießen das geschmolzene Eis oder die kalte Pizza zu Hause.

In solchen Momenten ist Leonora mal nicht genervt von Sherine, die häufig aus Eifersucht auf sie oder wegen ihrer Schwangerschaft oder wegen Nihads Umgang mit ihr unter extremen Stimmungsschwankungen zu leiden scheint. Ihre andere Nebenfrau, Khadija, die in einer anderen Wohnung lebt, sieht Leonora hingegen kaum. Sie ist wohl auch eher in der tschetschenischen Frauencommunity in Rakka unterwegs. Sherine und Khadija hassen sich zudem, so nimmt es zumindest Leonora wahr. Doch einmal sind alle drei Frauen zusammen in der Wohnung von Khadija und sie feiern so etwas Ähnliches wie eine Party. Als Maik sich bei seiner Tochter in einer WhatsApp-Nachricht meldet, teilt er ihr mit, was es heute bei Messings in Breitenbach zu essen gibt.

*Ich schreibe ihr oft von solch kleinen alltäglichen Dingen, wie leckerem Essen, das sie ganz besonders mag. Dazu wurde mir auch in der Beratung von* Hayat *geraten. So entfremdet sich Leo nicht von uns, sie kann teilhaben an unserem Alltag und sie wird auch daran erinnert, auf was sie da unten alles verzichten muss. Sie merkt dann, dass es sich lohnt, die Idee der Rückkehr zu uns nicht aufzugeben.*

*Maik: Hallo, alles gut hier. Heute gibt's bei uns was ganz Feines. Käse-Lauch-Suppe.*

Die Internetverbindung bei Khadija in der Wohnung ist viel besser als in Leonoras Wohnung und so kann sie diesmal per Audionachricht antworten:

*Oh, ich glaub' Sherine kommt zu euch. Denn Sherine liebt Käse und vermisst Käse. – (Sherine spricht kurz, mit starkem französischen Akzent: ›Ja, ich komme. Oh ja, französischer Käse.‹) – Also hier gibt es auch Käse, aber, ich weiß nicht, der schmeckt nicht so gut wie in Deutschland. Es gibt zwar sehr guten, aber der ist auch sehr teuer. Und wir sind zu faul den zu kaufen, weil wir davon lieber was anderes kaufen.*

Es sind gar nicht Leonoras Worte, sondern vielmehr die Art, wie sie es sagt, die zeigt, wie ausgelassen sie in diesem Moment ist. So wie ein ganz normales Teenager-Mädchen kichert sie ein wenig beim Sprechen, und in ihrer Stimme klingen Überschwang und Unbekümmertheit mit. »*Das ist wahrscheinlich die fröhlichste Audionachricht, die ich je aus Syrien von Leo bekommen habe. Und da ist mir auch das Herz aufgegangen. Das hat mir auch viel gegeben. Ich wusste, meiner Großen geht es gerade gut. Sie hat Spaß und jetzt in diesem Moment plagen sie keine Sorgen.*«

Momente der Freude, in denen sie ihrer Angst, ihrem Heimweh und dem Ärger mit Nihad entflieht, schafft sich Leonora auch durch heimliches Musikhören. Wie gefährlich das ist, ist ihr durchaus klar. Musik ist *haram*. Wenn sie dabei erwischt werden würde, droht ihr eine schmerzhafte Strafe, Stockschläge oder Peitschenhiebe. Anfang Februar 2016 berichten internationale Medien sogar über den Fall des 15-jährigen kurdischen Jungen Ayham Hussein aus Mossul. Den Berichten zufolge soll Ayham beim Musikhören mit einem tragbaren CD-Player erwischt und deswegen enthauptet worden sein. Das bestätigen auch irakische Stellen, aber unabhängig überprüfen lässt sich die Geschichte nur schwer, und Propaganda betreiben mitunter auch die Feinde des IS. Leonora lebt in jedem Fall gefährlich, wenn sie Musik hört, aber sie ist bereit, diese Gefahr für die Freude an der Musik einzugehen. Heimlich hat sie sich im IS Helene-Fischer-Songs heruntergeladen, und wenn sie ihre Kopfhörer aufsetzt, hört sie wieder und wieder diesen einen Song – es ist Helene Fischers Superhit »Atemlos«, in dem es um Liebe geht, um Küsse, Leidenschaft. Kurzum: ein freies Lebensgefühl. All das, was hier im IS niemals offen gezeigt werden darf.

Mit dem Lied träumt sich Leonora fort von Rakka in das Leben eines normalen deutschen Teenager-Mädchens, mit Discobesuchen und Jungs. Doch die von Helene Fischer besungenen Bilder, die man nie vergisst, sind für Leonora die Bilder von öffentlicher Folter und nächtlichen Luftangriffen. Und es ist auch nicht ihre Zeit, sondern die des IS. Als sie in das Kalifat auswandert, ist die Terrororganisation erfolgsverwöhnt. Täglich folgen Dschihadisten aus allen Teilen der Welt dem Ruf des selbst ernannten Kalifen Abu Bakr Al Baghdadi. Und beinahe wöchentlich dehnt sich das »Staatsgebiet« aus. Zwischenzeitlich beherrscht der »Kalif« ein Gebiet von der Fläche Großbritanniens, auch wenn weite Teile davon unbewohnte Wüste sind. Rund sechs Millionen Menschen sind damals Untertanen dieses »Staates«, und es scheint so, als würden es immer mehr werden. Wichtige Eroberungen wie die der zentralsyrischen Stadt Palmyra werden in der Hauptstadt Rakka mit Paraden gefeiert:

> *Leonora: Die haben momentan so viel Erfolg. Gestern war hier richtig Krach, weil die gefeiert haben und mit Panzern durch die Straßen gefahren sind wegen einer neuen Eroberung.*

Und überall, wo der IS hinkommt, plündert er. Bei der Eroberung Mossuls, der zweitgrößten Stadt des Irak, hatte die Terrororganisation Anfang Juni 2014 aus der Zweigstelle der irakischen Zentralbank 429 Millionen US-Dollar in bar geraubt. Der IS ist so reich, wie noch nie zuvor eine Terrororganisation auf der Welt war. Auch zahlreiche andere Geldquellen sprudeln zunächst: Die sechs Millionen Untertanen müssen Steuern zahlen, der IS kassiert zudem Maut und Zölle und er handelt mit Immobilien. Allein in Mossul sollen die Dschihadisten rund 3 000 Häuser beschlagnahmt haben. Hinzu kommen Einnahmen aus Öl- und Diesel-Handel, denn der IS verfügt zu jener Zeit auch über eigene Ölquellen und Raffinerien. Den Sprit verkaufen die Dschihadisten offenbar auch an ihre Feinde vom Assad-Regime und an kurdische Ölhändler im Irak.

Die »IS AG« plündert zudem das kulturelle Erbe Syriens und des Irak. Was der IS in den Museen der beiden Länder oder durch Raubgrabungen in die Finger bekommt, landet oftmals auf verschlungenen Wegen in Auktionshäusern in Europa. Abgerundet wird das Portfolio des IS durch Menschenhandel mit jesidischen Sklavinnen und Lösegeldeinnahmen aus Entführungen sowie Schutzgelderpressungen. Und dann gibt es noch Spenden von Salafisten aus aller Welt, darunter auch reiche Einzelpersonen aus den Golfstaaten. Westliche Nachrichtendienste schätzten das Budget des IS für das Jahr 2014 auf gut eine Milliarde US-Dollar.

2015 sinken die Einnahmen der Schätzung zufolge jedoch. Es gibt weniger lukrative Eroberungen, und durch die Bombardierungen der Internationalen Koalition sinken schließlich auch die Einnahmen aus dem Ölgeschäft. Der Staatshaushalt soll im Jahr 2015 noch 800 Millionen US-Dollar betragen haben – ein Minus von 20 Prozent zum Vorjahr. Ende 2015 schätzt ein westlicher Geheimdienst die Einnahmen der Terrororganisation auf »nur noch« 50 Millionen US-Dollar monatlich – was für das Jahr 2016 hochgerechnet 600 Millionen Dollar Einnahmen wären. Und die Spirale geht in den Folgejahren immer weiter abwärts, weil die Terroristen immer weiter an Boden verlieren, vor allem lukrative Städte und Grenzübergänge.

Auf der Suche nach neuen Einnahmequellen greift der IS schließlich auch auf Leonoras Konto bei der Sparkasse Mansfeld-Südharz zurück. Leonora hatte ihre Karte für das Girokonto mit nach Syrien genommen, und die Ermittler vom LKA Sachsen-Anhalt hatten Maik gebeten, das Konto nicht sperren zu lassen. Falls jemand mit der Karte Geld abhebt, so die Hoffnung, könnte es eine Spur zu seiner Tochter geben.

Am 1. Oktober 2015 erhält Maik dann tatsächlich einen Anruf von der Sparkasse. Die Sachbearbeiterin teilt ihm mit, dass mit der Bankkarte umgerechnet 99,32 Euro abgehoben wurden. Doch wo das Geld abgehoben wurde, bleibt für Maik zunächst unklar.

*Maik: Die Frau von der Sparkasse meinte, sie kann erst am nächsten Tag, wenn der vorgemerkte Umsatz richtig abgebucht wird, sehen, an welchem Geldautomaten Leos Karte benutzt wurde. Ich hab' dann gleich für 9 Uhr am nächsten Tag einen Termin gemacht und auch sofort beim LKA angerufen. Ich war natürlich schon aufgeregt. Vielleicht war Leo ja in Begleitung in die Türkei gereist, um Geld zu holen, und vielleicht könnte man sie jetzt dort finden. Vielleicht hat auch Nihad das Geld geholt, und die türkische Polizei könnte ihn festnehmen. Solche Dinge sind mir da durch den Kopf gegangen.*

Es bleibt nicht bei dieser einen Abhebung. In den kommenden Tagen bis zum 4. Oktober wird die Karte noch viermal benutzt. Mal werden Dollar abgehoben, mal türkische Lira und einmal auch Euro – insgesamt holt sich der IS von Leonoras Konto 377,44 Euro – damit ist das Girokonto dann auch überzogen. Meist sind es Geldautomaten in Einkaufszentren der türkischen Stadt Gaziantep, die für die Abhebungen genutzt werden. In einem Spielfilm würde man jetzt wohl die Szene sehen, in der ein deutscher Polizist zum Telefon greift und seinen türkischen Kollegen anruft. Der würde dann mit Blaulicht zum Geldautomaten fahren und die Bilder aus der Überwachungskamera sicherstellen. Wenig später würde es dann eine Festnahme geben, und die Aussage des Bösewichts würde einen sichergestellten Millionenschatz offenbaren. In der Realität passiert jedoch nichts dergleichen. Als Maik nach Monaten beim LKA nachfragt, was denn nun mit den Abhebungen sei, erhält er eine ernüchternde Antwort:

*Die haben mir dann gesagt, dass sie bei den Türken ein Rechtshilfeersuchen gestellt haben. Und irgendwann hat die türkische Polizei dann mitgeteilt, dass sie keine Erkenntnisse zu dem Vorgang hat. Das hat einfach alles viel zu lang gedauert. Ich schätze mal, dass es auch schon viel zu spät war, als das Ersuchen bei den Türken eingetroffen ist, um noch Bilder aus den Überwachungskameras zu sichern.*

Leonoras Freundin Emine hat bei ihrer Recherche mehr Erfolg. Sie fragt Leonora, was sie über die Abhebungen weiß.

*Leonora: Also Nihad hat die Karte genommen. Ich wollte sie ihm nicht geben, aber Sherine hat mich verraten, weil sie wusste, dass ich diese Karte habe. Er hat die Karte jemandem gegeben, der immer in die Türkei fährt und dort guckt, ob was auf den Karten ist, oder so. Er hat die Karte genommen, hat dann aber zu Nihad gesagt, dass die Karte leer ist. Also, dass da kein Geld drauf ist. Ob Nihad wieder die Karte hat, weiß ich noch nicht. Aber ich denke nicht, weil er hätte sonst was gesagt. Er hat nur gesagt, dass die Karte leer ist.*

Ob das Geld dann am Ende beim IS gelandet ist oder ein korrupter »Bruder« es sich selbst in die Tasche gesteckt hat oder ob Nihad seine Ehefrau vielleicht angelogen hat, bleibt unklar. Dass die Bankkarte überhaupt noch in Leonoras Besitz war, ist ungewöhnlich, denn normalerweise zieht der IS die Karten bei der Einreise ein und notiert die PIN dann auf einem Zettel, der an die Karte geklebt wird. Geldkuriere werden dann mit einem ganzen Stapel solcher Karten in die Türkei geschickt, um dort Geld abzuheben – so haben es uns mehrere Quellen übereinstimmend berichtet. Wir gehen davon aus, dass das Geld auf den Konten der IS-Kämpfer mitunter auch vom deutschen Staat kommt. Wenn die Ausreise nicht gleich bemerkt wird, laufen Transferzahlungen wie BAföG, Kinder- oder Arbeitslosengeld so lange weiter, bis irgendwann einmal auffällt, dass der Empfänger gar nicht mehr in Deutschland ist. So lebte Nihads zweite Frau Khadija offiziell noch in einer sächsischen Asylbewerberunterkunft, als sie tatsächlich schon im IS war und zwischendurch mit Nihad in Hildesheim gewohnt hatte. Hat also auch Khadija im IS noch staatliche Geldleistungen aus Deutschland bezogen? Wir wissen es nicht, aber es scheint durchaus möglich.

Zunehmende Geldsorgen plagen nicht nur den IS, sondern inzwischen auch Nihad und seine Familie. Durch Sherines Schwangerschaft ist die gemeinsame Wohnung mit Leonora im Nordwesten Rakkas perspektivisch zu klein, und so beschließt Nihad, umzuziehen. Künftig sollen alle Frauen in eigenen Wohnungen leben. Für Leonora ist die Aussicht auf die eigenen vier Wände ein wenig wie Weihnachten. Endlich kann sie allein wohnen und endlich ist sie Sherine los, die ihr gewaltig auf die Nerven geht.

Doch die Wohnungssuche gestaltet sich schwierig. Obwohl Rakka überlaufen ist von ausländischen Kämpfern, ist die Zivilbevölkerung zu weiten Teilen in der Stadt geblieben, denn wer aus der Stadt wegzieht, dem droht der Verlust der gesamten Habe. Hinzu kommen die Bombenangriffe, die auch Wohnraum zerstören, und so herrscht in Rakka Wohnungsnot. Sherine findet schließlich eine Wohnung, die ausreichend Platz für Nihad, sie, ihren Sohn Yasir und ihren zweiten Sohn, mit dem sie schwanger ist, bietet.

> *Leonora: Eigentlich war das so geplant: Sherine zieht in eine große Wohnung und hatte eigentlich eine Freundin, die eine Wohnung für mich hat. Sherines Wohnung kostet eigentlich 35.000 Lira. Nihad meinte, das kann er sich nicht leisten und er will nur 15.000 Lira ausgeben, damit er noch 15.000 für eine Wohnung für mich hat. Jetzt kommt der Witz: Sherine meinte zu Nihad: Nein, gib mir ruhig die teure Wohnung, weil meine Freundin gibt die andere Wohnung für 10.000. Nihad und ich meinten, okay, dann ist das ja kein ding, wenn Sherine eine teure Wohnung bekommt und ich eine für weniger bekomme. Am Ende hat sich dann herausgestellt, dass es die Freundin gar nicht gibt! Jetzt hat sie eine 4 Zimmer Wohnung mit riesen Bad und Balkon und ich muss in ein Loch. Einmal hab' ich ihr vertraut und direkt wieder bereut.*

Für Leonora soll es dann nur ein kleines Apartment geben – ohne Fenster. Die würden später noch eingebaut, beteuert Nihad. Doch das lässt sie sich nicht bieten. In dieses Loch, wie sie es nennt, will sie unter keinen Umständen ziehen. Und am Ende setzt sie sich auch durch.

Doch die neue Wohnung hat einen anderen entscheidenden Nachteil. Sie ist zentral gelegen und unweit des Rashid-Parks – so wollten früher viele in Rakka wohnen. Nachdem der IS die Stadt übernommen hatte, haben sich in diesem Viertel viele Dschihadisten-Familien angesiedelt. Doch jetzt, wo auch die Russen Rakka bombardieren, ist das Viertel in der Innenstadt nicht mehr so begehrt. Zu groß ist die Gefahr durch die Bomben, manche Straßenzüge in der Nähe des Parks sind inzwischen nahezu komplett zerstört.

> *Leonora: Gestern haben Nihad und ich uns die Wohnung angeschaut. Musste bei der Besichtigung voll anfangen zu heulen, weil mir der Gedanke durch den Kopf ging, dass ich da nicht wegkomme. Schau mal, die Wohnung an sich ist eine Katastrophe, aber wenn man da zwei Tage putzt und neu malt ist es kein ding, aber mich stört diese Gegend! Es ist einfach mitten im Zentrum und da sind immer Bomben. Noch dazu ist eine Etage unter der Wohnung ein großes Dawla Büro* [ein Verwaltungsbüro des IS]. *Dachte mir nur so OMG. Dawla Büros sind Bombenopfer hoch 1000!* 😧 😧 😧 😧 *Bitte schreib Bashar Assad, diesem Hund, eine Email, dass er das Haus nicht bebomben soll.*

Durch die eigene Wohnung gewinnt Leonora ein wenig mehr Ruhe und Freiheit. Wenn Nihad bei den anderen Frauen wohnt, ist Leonora allein. Das ist einerseits gut, denn dann gibt es keinen Streit mit Sherine und keine cholerischen Ausraster von Nihad, andererseits ist es allein manchmal aber auch einsam, ganz besonders wenn es Bomben hagelt.

Anfang 2016 wird Sherines zweiter Sohn geboren. Nihad muss jetzt also drei Frauen, drei Kinder und drei Wohnungen unterhalten, und gleichzeitig steigen die Lebensmittelpreise immer weiter an. Da auch das Kalifat in Finanznot ist, wird in dieser Zeit auch noch eine Soldkürzung für IS-Kämpfer aufgrund »besonderer Umstände« verkündet. Bis zu 50 Prozent sinken die Gehälter von Kämpfern in Rakka. Auf einmal ist das Leben für Nihad und seine Familie, das zumindest in finanzieller Hinsicht relativ sorgenfrei war, deutlich beschwerlicher geworden.

Leonora bleibt nichts anderes übrig, als sich mit der neuen Situation, die durch mehr Bombenangriffe und weniger Geld gekennzeichnet ist, zu arrangieren. Dass sie an den Umständen nicht verzweifelt, liegt vor allem an ihrem Glauben, irgendwann zurück nach Hause reisen zu können. Ihre Liebsten in der Heimat werden sie da schon irgendwie rausholen, hofft sie.

*Emine: Möchtest du auch wirklich wieder nach Hause? Meinst du es vollkommen ernst?*

*Leonora: Zu 100%!!!! Wirklich, Emine. Aber ich hab so Angst, dass irgendwann eine Normalität eintritt, weißt du? Dass meine Eltern mich vielleicht aufgeben werden oder du.*

*Emine: Nicht dass du einen Rückzieher machst, wenn wir es schaffen, dich da raus zu holen? Leo, wir werden dich nie aufgeben!*

Es ist ein Versprechen, das Emine und Leonoras Familie immer halten werden. Sie werden sich niemals damit abfinden, dass Leonora dort unten in Syrien im Krieg sitzt. Bei einem gewalttätigen und obendrein cholerischen Ehemann. In der Hand der gefährlichsten und brutalsten Terrororganisation der Welt. *»Leo gehört da nicht hin.«* Maik wiederholt diesen Satz immer wieder. Er ist sein Mantra. Leonora hat ihn und alle, die sie lieben, belogen und verlassen, aber das spielt keine Rolle. Sie ist Maiks geliebte Tochter, und er wird sie da rausholen – koste es, was es wolle. Irgendwie wird er es schon schaffen. Auch wenn er momentan noch keine Ahnung hat, wie das überhaupt gehen soll.

# Treffen mit al-Qaida

*Vom ersten Tag an war mir klar, dass ich Leo da rausholen will. Klar war mir aber auch, dass ich dabei Hilfe brauchen werde. Ich kann die Sprache nicht, ich kenne keinen in der Gegend, und ich hab` keine Ahnung von Syrien, dem IS und dem ganzen Kram. Und so habe ich meine Hoffnung eben auch auf Volkmar und Georg gesetzt. Ich hab` mir gedacht, die beiden beschäftigen sich schon länger mit dem Thema und sind oft in der Region unterwegs. Der Volkmar spricht auch noch Arabisch – vielleicht finden die Jungs ja jemanden, der Leo da rausbekommt. Na ja, und dann hab` ich sie halt gebeten, mal Augen und Ohren offenzuhalten, wenn sie das nächste Mal in der Türkei sind.*

Maiks Bitte war von Anfang an problematisch für uns – wir sind Journalisten und keine Fluchthelfer, und ein falscher Rat oder Kontakt kann tödliche Konsequenzen haben. Andererseits war da ein Vater, der uns um Hilfe bat, der uns vertraute und dessen Vertrauen für uns auch Verpflichtung war. Dieser Konflikt sollte uns noch oft beschäftigen und intensive Diskussionen untereinander und auch mit unserem privaten und beruflichen Umfeld zur Folge haben.

Im Juli 2015 steht unsere nächste Reise in die Türkei kurz bevor. Wir wollen erneut ins türkisch-syrische Grenzgebiet reisen und dort über den Schmuggel in den IS recherchieren. Wir haben uns vorgenommen, die Lage zu sondieren. Wenn es tatsächlich jemanden geben sollte, der Leonora aus Rakka rausholen könnte, dann würden wir ihn am wahrscheinlichsten hier in der Grenzregion finden, und dann würden wir den Kontakt an Maik übergeben – so der Plan.

Wieder bitten wir unseren syrischen Freund und Kollegen Munzer, uns zu begleiten und uns Kontakte vor Ort zu organisieren. Munzer erzählt von einem Schmuggler, der Tariq heißt oder, was uns wahrscheinlicher scheint, sich so nennt. Der Name passt zu seinem Beruf, denn Tariq bedeutet »der Weg«. Tariq ist Syrer und pendelt regelmäßig zwischen dem IS-Territorium und der Türkei, meist, um allerlei Waren in den IS zu transportieren. Doch es heißt, er könne auch Leute rausbringen. Tariq hat einem Gespräch mit uns zugestimmt und will uns in Karkamis, der türkischen Grenzstadt direkt gegenüber vom syrischen Jarablus, treffen.

Es ist extrem heiß, als wir uns am Vormittag des 17. Juli mit unserem Mietwagen aus Gaziantep auf den Weg in das kleine Städtchen machen. Rund 3.000 Einwohner hat Karkamis – und schon vor dem Ort, wo wir an einer Tankstelle Wasser kaufen, fallen wir auf wie bunte Hunde. Alle interessieren sich für uns und wollen wissen, was wir hier wollen. Ob wir wegen ISID, so die türkische Bezeichnung für den IS, hier seien, werden wir gleich mehrfach gefragt.

Karkamis wirkt wie leer gefegt. Nur hin und wieder sehen wir Menschen auf den Straßen, die sich in der Mittagshitze dicht an die Hausmauern drängen, um ein wenig Schatten abzubekommen. Vor dem Rathaus halten wir schließlich an – hier sind wir mit Tariq und seinem Kompagnon Mustafa verabredet.

Einen ungünstigeren Treffpunkt hätten wir kaum vereinbaren

können, denn einerseits stehen wir mit dem kleinen Mietwagen hier bei Temperaturen von 38 Grad im Schatten in der prallen Sonne, und andererseits werden wir argwöhnisch vom türkischen Militär beäugt. Gut 30 Meter rechts von uns sind zwei Soldaten in voller Kampfmontur vor dem Grenzwall nach Syrien postiert. 20 Meter weiter steht ein gepanzertes Fahrzeug vom Typ Otokar Cobra, dessen Besatzung uns offenbar als willkommene Abwechslung vom Grenzwall-Beobachten ansieht und jetzt lieber uns anstarrt. Als die beiden Syrer Tariq und Mustafa endlich mit der durchaus ortsüblichen Verspätung erscheinen, laden wir sie schnell ins Auto. Wir wollen weg von hier – irgendwohin, wo man ungestört reden kann.

Tariq lotst uns schließlich über eine holprige Piste an das Ufer des Euphrat. Vereinzelt erblicken wir hier kleine Gruppen, meist ausschließlich Männer, die baden und picknicken. Tariq führt uns zu einem abgelegenen Busch, direkt am Kiesstrand eines Seitenarmes des Euphrat. Leider passen wir nicht alle in seinen Schatten, sodass sich am Ende des zweistündigen Gesprächs unsere vergleichsweise blasse Hautfarbe in ein dunkles Rot verwandelt haben wird. Und noch ein weiteres Detail lässt den Gesprächsort als nicht besonders zweckmäßig erscheinen: Wir sind hier im direkten Grenzgebiet zum IS, und der Grenzverlauf ist nicht durch einen Wall gekennzeichnet. Zudem sind weit und breit keine Soldaten zu sehen. Hätte uns jemand von diesem Ort rüber zum IS nach Syrien entführen wollen, er hätte ein furchtbar leichtes Spiel gehabt.

Unser Gespräch mit Tariq und seinem schweigsamen Geschäftspartner Mustafa dreht sich zunächst um die Schmuggel-Geschäfte, die die beiden hier in der Region Karkamis/Jarablus abwickeln. Tariq ist hier aufgewachsen, und es scheint uns nur ein klein wenig übertrieben, als er unserem Kollegen Munzer auf

Arabisch versichert, dass er hier jeden einzelnen Stein kenne. Seine Ortskenntnis nehmen wir ihm ab und auch, dass er den IS verachtet. Die vom IS seien Verbrecher und würden sogar das Rauchen verbieten, echauffiert sich Tariq, der ohne Unterbrechung eine nach der anderen wegqualmt. Schließlich lenken wir das Gespräch auf die Frage, ob er auch eine Person aus dem IS rausholen könne. Wir erzählen Tariq dabei nur das Nötigste: Eine junge Frau müsse aus Rakka in die Türkei geschmuggelt werden. Sie spreche kein Arabisch, und nach spätestens zwei Stunden würde wahrscheinlich auffallen, dass sie verschwunden ist. Der Schmuggler beteuert, dass das für ihn kein Problem sei. Doch wie er eine solche Aktion konkret anstellen will, scheint er selbst nicht zu wissen. Mal schlägt er vor, seine alte Mutter könne beim Rausschmuggeln behilflich sein, mal bietet er an, Leonora, deren Namen er natürlich nicht kennt, zunächst bei Verwandten zu verstecken, um sie dann irgendwann auf verschlungenen Pfaden über kurdisch kontrolliertes Gebiet in die Türkei zu bringen.

Die Vielzahl möglicher Fluchtvarianten, die Tariq ins Spiel bringt, lässt uns an seinen Fähigkeiten zweifeln. Als eine Option schlägt er uns sogar vor, Leonora müsse sich allein auf die türkische Seite durchschlagen, und dann würde er sie dort abholen und zum Vater ins Hotel bringen. Offenbar ist Tariq selbst nicht sicher, ob er eine solche Flucht aus dem IS überhaupt organisieren kann. Klar ist für ihn nur, dass es ein sehr teures Unterfangen wird, das betont er immer wieder. Wir verabschieden uns schließlich von Tariq und danken für sein freundliches Hilfsangebot. Doch uns ist klar, dass wir diesem Mann nicht zutrauen, Maiks Tochter aus Rakka zu holen und dass wir ihn daher auch nicht mit Maik in Kontakt bringen werden.

Wir entschließen uns, es bei anderen Schmugglern zu versuchen, und so fahren wir erneut die kleinen Dörfer entlang der

Grenze ab, während unser syrischer Kollege Munzer einen Schmuggler nach dem nächsten abtelefoniert. Munzer ist selbst nicht überzeugt von den Männern, mit denen er spricht. Es ist schon Abend, als er uns ein wenig geknickt erklärt, woran es den Männern mangelt:

*»Die sind gut, um heimlich Medikamente in den IS oder ein Fass Diesel in die Türkei zu schmuggeln. Aber die haben keinen Plan, wie sie jemanden durch die Checkpoints in Rakka bringen sollen. Dafür braucht man jemanden von einem ganz anderen Kaliber.«*

Und während er das sagt, kommt Munzer auf eine Idee: Vielleicht könnte Abu Ismael weiterhelfen – er sei ein Bekannter, der in Sanliurfa wohnt und schon öfter Jesiden und auch westlichen Geiseln geholfen habe, aus Syrien herauszukommen. Sanliurfa ist rund drei Stunden entfernt, und wir sind alle müde und haben schmerzenden Sonnenbrand. Ein kühles Bier an der Hotelbar wäre jetzt nicht schlecht. Doch als Abu Ismael am Telefon einem Treffen zustimmt, fahren wir gleich los.

Sanliurfa liegt rund 150 Kilometer östlich von Gaziantep und ist mit rund zwei Millionen Einwohnern in etwa gleich groß – auch sonst ähneln sich die beiden Städte: Auch in Urfa, so der gebräuchliche Kurzname der Stadt, gab es in den letzten zehn Jahren einen wirtschaftlichen Aufschwung, und auch hier gibt es sehr viele syrische Flüchtlinge. Wie Gaziantep ist auch Urfa damals eine Drehscheibe für Dschihadisten, die nach Syrien wollen. Im Gegensatz zu Gaziantep gilt Urfa als besonders fromme Stadt. Tatsächlich sieht man hier auf den Straßen viel mehr Frauen, die Kopftuch tragen oder sogar vollverschleiert sind. Wir waren schon vorher mehrfach gewarnt worden, besondere Vorsicht walten zu lassen, wenn wir mal nach Urfa kommen sollten. Hier gäbe es besonders viele Islamisten, und die Stadt sei nicht ungefährlich, wie sich später bewahrheitet: Im Herbst 2015 ermordete die Terrororganisation hier zwei syrische Aktivisten der Gruppe *Raqqa is being slaughtered silently*, zu der wir auch engen Kontakt halten. Und es gab noch einen weiteren Grund, der nicht gerade zur Entspannung beitrug: Abu Ismael, den wir gleich treffen sollten, so erklärte es uns Munzer, habe enge Kontakte zur Nusra-Front, dem syrischen Ableger von al-Qaida.

Es dämmert bereits, als wir auf den Parkplatz eines großen Einkaufszentrums in Urfa einbiegen. Die »Mall« selbst sieht aus, wie solche Shopping-Tempel auch bei uns in Deutschland aussehen: Zahlreiche Geschäfte, meist Filialen internationaler Ketten, reihen sich aneinander, dazu gibt es einen Food-Court, eine Ecke mit Fast-Food-Restaurants und Cafés. Der einzige Unterschied: Am Eingang muss man wie am Flughafen durch ein Tor mit einem Metalldetektor gehen.

Abu Ismael wollte uns auf der Terrasse eines Cafés im 1. Stock treffen. Als wir pünktlich zur verabredeten Zeit dort eintreffen, sind wir gleich mehrfach überrascht. Unser Gesprächspartner ist überpünktlich und wartet schon auf uns – das erlebt man hier bei Verabredungen eher selten. Zudem sieht der Mann, der al-Qaida nahestehen soll, aus wie ein Geschäftsmann. Und er ist nicht allein gekommen, sondern in Begleitung seines 16-jährigen Sohnes Ismael.

Das Gespräch beginnt mit Small Talk und Höflichkeitsfloskeln und wird auf Arabisch geführt. Unser Freund Munzer übersetzt für uns ins Englische. Zwar spricht auch Volkmar Arabisch, doch bei einem so wichtigen Gespräch verlassen wir uns lieber auf den Muttersprachler Munzer, zumal das Arabische eine sehr blumige Sprache ist, in der Worte mehrere Bedeutungen haben können und man ein gutes Gespür braucht, um zu verstehen, wie genau das Gesagte gemeint ist. Während Munzer und Abu Ismael Kaffee bestellen und Freundlichkeiten austauschen, versuchen wir, uns einen ersten oberflächlichen Eindruck von Abu Ismael zu verschaffen.

Der Syrer ist auffällig groß, circa 1,90 Meter, und hat eine schlanke Gestalt. Auffällig sind die markanten Augenbrauen, die aus einem durchgehenden buschigen Streifen Haar über den Augen bestehen. Abu Ismael hat große Hände mit langen Fingern und sorgfältig manikürte Fingernägel, er trägt ein gebügeltes weißes Hemd und eine schwarze Anzughose – offenbar ist der Mann gut situiert. Durch seine Körpersprache und Haltung drückt Abu Ismael Souveränität aus. Bei aller Freundlichkeit, die ihn umgibt, macht er so doch auch klar, wer hier am Tisch der Boss ist. Aus der Tatsache, dass er raucht, schließen wir, dass er kein 100-prozentiger Al-Qaida-Mann sein kann, denn Rauchen gilt auch bei der al-Qaida als *haram*.

Als der Kaffee kommt und wir uns zum dritten Mal bedanken, dass sich Abu Ismael Zeit für uns nimmt, wird es ernst. Wir erklären kurz, warum wir hier sind und bitten um Verständnis, dass wir, bevor wir mehr erzählen, zunächst etwas mehr über ihn erfahren wollen. Für Abu Ismael ist das offenbar kein Problem, denn bereitwillig erzählt er, dass er vor rund zwei Jahren vollkommen mittellos als Flüchtling in die Türkei gekommen sei. Er habe vor dem Krieg in einer Firma im nordsyrischen Kamischli gearbeitet, die Mahir Al-Assad, dem Bruder des syrischen Diktators Baschar Al-Assad, gehörte. Inzwischen hasse er das Regime, da dessen Anhänger Verwandte von ihm ermordet hätten – das Gleiche gelte auch für den IS. Die Geheimdienste Assads und auch die Schergen des IS würden ihn suchen. Sollte einer von beiden ihn je zu fassen kriegen, sei das sein sicherer Tod. »*Ich unterstütze jeden, der erfolgreich gegen das Regime und den IS kämpft. Eigentlich ist das aber nur die Nusra-Front. Die freie syrische Armee ist viel zu schwach*«, erklärt Abu Ismael seine Sicht auf den Bürgerkrieg im Nachbarland.

Es ist eine Sicht auf die Dschihadisten der Nusra-Front, die wir oft gehört haben, auch von säkular-westlich orientierten Syrern.

Im Januar 2012 wurde die Organisation *Jabhat An Nusra (JAN)*, die »Unterstützungsfront des syrischen Volkes«, von Mitgliedern der al-Qaida im Irak gegründet. Anfangs war die Nusra die dominierende dschihadistische Kraft in Syrien. Das Ziel der Nusra-Front ist die Beseitigung des Assad-Regimes und die Ausrufung eines Kalifats, in dem die *Scharia* als Rechtsordnung gilt. Nusra bekam schnell Zulauf von Dschihadisten aus dem Westen und aus Asien, doch die meisten von ihnen liefen nach 2013 zum späteren IS über, der sich kurz zuvor unter der Leitung von Abu Bakr al-Baghdadi abgespalten hatte. Von der Ideologie sind Nusra und IS nicht weit voneinander entfernt. Beide wollen ein Kalifat und die *Scharia*, beide hassen die *Kuffar*, also die Ungläubigen, und insbesondere die USA und Israel. Doch die Nusra-Front tritt gemäßigter gegenüber der syrischen Zivilbevölkerung auf. Während der IS viele Syrer durch seine Brutalität abschreckt, sieht Nusra davon ab, öffentlich Menschen zu kreuzigen oder zu steinigen. Ihre Kämpfer haben sich zudem Sympathien verschafft, weil sie sich oft todesmutig dem Regime entgegenstellen und weniger korrupt sind und weniger als andere die Bevölkerung auspressen. Viele Syrer meinen daher, mit der Nusra, die von der UNO als Terrororganisation eingestuft wird, könne man durchaus leben.

Im Westen gibt es hingegen Experten, die die Nusra langfristig als gefährlicher als den IS einstufen: Weil der IS sich zu viele Feinde gemacht habe und zu brutal agiere, wird er mit der Zeit immer unbedeutender, während die Nusra geschickt daran arbeite, ihre Macht zu konsolidieren und auszubauen. Und tatsächlich wird die Nusra-Front, die sich mehrfach umbenannte, auch noch weiterbestehen, nachdem der IS in der Zwischenzeit militärisch zerschlagen wurde. Die Nusra-Front konnte sich bei ihrer

Expansion zumindest anfangs über finanzielle Hilfe aus dem Ausland freuen. Insbesondere der winzige, aber reiche Golfstaat Katar soll zu den Sponsoren der Terrororganisation gehört haben. Inzwischen ist auch das Geschäft mit westlichen Geiseln, meist humanitäre Helfer oder Journalisten, die sich in Syrien aufhalten, eine der wichtigen Einkommensquellen der Nusra-Front geworden. Und hier hat auch Abu Ismael seine manikürten Finger im Spiel.

Nachdem er verletzten Nusra-Kämpfern medizinische Hilfsgüter besorgt hatte, so erklärt uns Abu Ismael, habe die Gruppe ihn gefragt, ob er nicht auch zwischen westlichen Regierungen und Nusra wegen der Freilassung von Geiseln vermitteln könne. Während er uns dies erzählt, sitzt sein 16-jähriger Sohn Ismael neben uns und hört seinem Vater andächtig zu. Ihn habe er mitgebracht, so Abu Ismael, weil der Sohn später einmal in Europa studieren solle, da könne Kontakt mit englischsprachigen Menschen aus dem Westen nur hilfreich sein. Zudem solle Ismael das Geschäftsleben kennenlernen. Wahrscheinlich hätten wir viele der Geschichten, die Abu Ismael uns erzählt, ins Reich der Fabeln eingeordnet – doch Abu Ismael kann seine Geschichten untermauern, mit Angaben zu den Geiseln, bei deren Vermittlung er tätig war, darunter zwei Italienerinnen und zwei Schweden, deren Namen wir gleich vor Ort googeln, außerdem zeigt er Fotos auf seinem Handy. Auf einem der Bilder sitzt Abu Ismael an einem Tisch, auf dem stapelweise Dollarnoten übereinanderliegen. Abu Ismael sagt, es seien genau zwölf Millionen Dollar in bar von einer westlichen Regierung zum Freikauf von Geiseln. Außerdem zeigt er uns Bilder und Videos der Entführten, die überprüfbar nie veröffentlicht wurden.

Während einer kurzen Rauchpause gehen wir ein paar Meter an die Seite und beraten uns auf Deutsch darüber, was wir von dem Mann halten sollen. Eine Menge Fragen beschäftigen uns: Könnten die Fotos nicht mit Photoshop verfälscht worden sein? Ist der Mann vielleicht ein Hochstapler, der sich gut vorbereitet hat? Und was sagt seine Tätigkeit als Lösegeldvermittler eigentlich über seine Fähigkeit aus, Leonora aus Rakka rauszuholen? Und warum sollte er sie, wenn er sie denn rausbekäme, in die Türkei zu Maik bringen, wenn er sie auch zur Nusra-Front bringen könnte, die dann ein paar Millionen Dollar Lösegeld fordern könnte? Ein Geschäft, mit dem er sich ja offensichtlich auszukennen scheint. Und dann ist da noch die ungeklärte Frage, die wir uns gleich am Anfang schon gestellt haben: Sollen wir den Bäcker Maik Messing aus Breitenbach in Sachsen-Anhalt, der sich vorher noch nie mit den Terrororganisationen in diesem Teil der Welt beschäftigen musste und der kein Arabisch und nur ein wenig Englisch spricht, wirklich mit jemandem in Kontakt bringen, der mit einem Al-Qaida-Ableger Geschäfte macht und ganz offen zugibt, mit al-Qaida zu sympathisieren? Kann Maik den Mann überhaupt einschätzen und kann er mit ihm verhandeln? Wir werden ihm dabei nicht wirklich helfen können, das steht fest. Denn auch wenn wir schon Grenzen überschritten haben – wir können, dürfen und wollen als Journalisten nicht eine entscheidende Rolle bei einer möglichen Befreiungsaktion einer deutschen IS-Anhängerin spielen, auch wenn sie sich inzwischen von der Organisation abgewendet hat. Für den Moment beruhigen wir uns damit, dass wir die kritischen Fragen einfach direkt an Abu, wie wir ihn jetzt nennen, richten werden und dass wir nichts überstürzen müssen. Die Entscheidung, ob Maik diesen Mann treffen wird, muss nicht jetzt fallen, und wir müssen diese Entscheidung nicht allein treffen.

Als wir an den Tisch zurückkehren, richtet Abu gleich das Wort an uns – es scheint, als habe er manche unserer Gedanken erraten: *»Fragt die italienische Regierung nach mir, die kennen mich und werden meine Angaben bestätigen. Auch eure Bundesregierung kennt mich, erkundigt euch ruhig bei denen nach mir. Die werden euch sagen, dass alles, was ich euch über die Geiseln und meine Hilfe bei ihrer Befreiung erzählt habe, stimmt.«*

*»Vielen Dank, Abu Ismael, das werden wir dem Vater der Tochter gern ausrichten. Aber was sagt uns deine Geschichte darüber aus, ob du das Mädchen auch aus Rakka befreien kannst? Sie ist beim IS und nicht bei Nusra.«*

Wir bitten Munzer erneut, jedes Wort präzise so zu übersetzen, wie wir oder Abu es sagen. Und wieder greift Abu Ismael zu seinem Smartphone. Er präsentiert uns darauf ein Video. Es soll eine Jesidin mit ihren zwei Kindern zeigen, die er erst in der vergangenen Woche aus Rakka rausgeschmuggelt haben will. Den Wahrheitsgehalt können wir natürlich nicht überprüfen, aber das Video ist sehr emotional. Man sieht, wie eine vollverschleierte Frau und zwei kleine Kinder aus einem Geländewagen aussteigen. Die Frau nimmt den Schleier ab und wird offenbar von ihren Angehörigen begrüßt. Alle liegen sich in den Armen und weinen und schluchzen. Und Abu Ismael zeigt noch mehr: Diesmal sind es Fotos von jesidischen Frauen, insgesamt haben seine Leute 14 von ihnen aus dem IS geholt, die meisten direkt aus Rakka. Auch ein ungarisches Dschihadisten-Ehepaar und einen Jordanier habe er schon befreit, sagt Abu uns und präsentiert erneut Fotos. Jetzt lenken wir das Gespräch auf Leonoras Fall. Auch hier verraten wir keinen Namen und nennen nur die nötigsten Fakten. Bei ihrem Alter schummeln wir ein wenig, um es nicht zu einfach zu machen, sie zu identifizieren. Dann kommt die für uns spannendste Frage: *»Sag uns bitte, Abu, wie läuft so eine Befreiung ab? Wer macht das und wie willst du das deutsche Mädchen da rausholen? Sie kann kein Arabisch und ihr Verschwinden wird nach spätestens zwei Stunden bemerkt werden.«*

Abu Ismael zögert keine Sekunde, als er uns seinen Plan unterbreitet. Wir notieren seine Antworten, damit wir nichts vergessen:

*Zuerst muss mir der Vater des Mädchens in einem persönlichen Gespräch versichern, dass sie wirklich wegwill. Meine Männer vor Ort riskieren ihr Leben. Ich werde sie nicht in eine Falle schicken oder zu einem Mädchen, das es sich im letzten Moment noch anders überlegt und dann womöglich anfängt zu schreien. Wenn der Plan misslingt, werden meine Männer hingerichtet, davon müssen wir ausgehen. Das Mädchen kann auch getötet werden, aber es gibt auch eine gute Chance, dass sie nur in Haft genommen wird.*

*Als Nächstes brauche ich ein Passfoto von ihr, denn wir werden für den Fall einer Kontrolle ein syrisches Familienstammbuch fälschen. Dann müsst ihr mir ihre Adresse nennen, wir werden die Straße zunächst beobachten und dann einen Treffpunkt vereinbaren. Weil sie vollverschleiert ist und wie alle anderen auch eine schwarze Abaya trägt, muss sie ein Erkennungszeichen dabeihaben, am besten eine auffällige Handtasche. Mein Mann vor Ort wird dann an ihr vorbeigehen und ein Codewort flüstern, das sie wiederholen muss. Anschließend folgt sie ihm im Abstand von 20 Metern. In der Nähe wird ein Kleinbus warten, darin sitzt eine Familie, sie setzt sich mit in den Bus und hält den Mund. Dann fahren wir los. Es werden drei Fahrzeuge eingesetzt. Eins fährt circa einen bis zwei Kilometer voraus, in der Mitte der Kleinbus und hinten, mit einem Kilometer Abstand, fährt das dritte Auto. Alle stehen über Satellitentelefone in Verbindung.*

*Die kritischste Phase ist das Verlassen der Stadt. Wenn sie an einen Checkpoint kommen, wird der Fahrer reden. Er wird sagen, sie sei seine Nichte und er bringe sie zu Verwandten. Seine Angaben kann er mit einem gefälschten Stammbuch und den gefälschten*

*Ausweisen belegen. Die Kämpfer am Checkpoint dürfen die Frauen nicht direkt ansprechen, sodass es kein Problem ist, dass sie kein Arabisch kann. Sobald wir aus der Stadt raus sind, fahren wir über Nebenrouten in Richtung Norden, dort gibt es eigentlich keine Checkpoints, und wenn doch, dann ist das nicht besonders schlimm. Da gibt es kein Handysignal, und die Funkgeräte der IS-Männer an den Checkpoints haben nur eine Reichweite von circa fünf Kilometern, sie stehen also gar nicht in direktem Kontakt mit Rakka.*

*Unser Zwischenziel ist das Gebiet, das die Kurden von der YPG, den Volksverteidigungseinheiten, kontrollieren. Die Fahrt dahin würde eigentlich nur vier Stunden dauern, aber über die Wege, die wir nehmen, dauert es sechs bis zwölf Stunden. Dann müssen wir einen günstigen Zeitpunkt abwarten, sie über die Grenze in die Türkei zu schmuggeln. Nach zwei bis sechs Tagen ist sie dann hier. Ich übergebe sie dem Vater persönlich in meiner Wohnung, und wir machen ein großes Abendessen. Wenn mir der Vater das GO gibt, kann die Aktion morgen schon beginnen. Meine Leute sind bereits in Rakka.*

Es ist ein verwegener Plan, so viel steht für uns schon mal fest. Ob es auch ein guter Plan ist, das wissen wir nicht, aber zumindest hört er sich durchdacht an. Doch wer sind diese Männer eigentlich, die für Leonora ihr Leben riskieren wollen, und was will Abu für diese Aktion haben? Die erste Frage beantwortet er geradeheraus. Es seien Männer der Nusra-Front. Sie würden den IS hassen und lebten als »Schläfer« im Kalifat. Offiziell würden sie dort in unverdächtigen Jobs arbeiten und wie normale, aber besonders gläubige Syrer wirken – inoffiziell spionierten sie jedoch für die Al-Qaida-Gruppe und würden in seinem Auftrag Jesiden und ausländische IS-Mitglieder, die desertieren wollen, befreien. In fünf Städten habe er solche Schläferzellen, und die Männer seien absolut verlässlich, betont Abu. Falls wir noch anderswo Deutsche kennen würden, die rauswollten, könne er auch die aus dem IS befreien.

Was das Geld angeht, so fällt seine Antwort zunächst auch klar aus. Er will kein Geld, so sagt er mehrfach. Später erwähnt er dann die Unkosten, die sich aus dem Einsatz von sechs Männern, drei Fahrzeugen und Satellitentelefonen sowie den Kosten für Sprit und Passfälscher ergeben würden. Das seien 6.000 bis 7.000 Dollar, vielleicht auch 10.000 – so genau will er sich da nicht festlegen. Zahlbar sei das Geld sowieso erst, wenn er das Mädchen auf türkischem Boden an den Vater übergeben habe, vorher wolle er keinen Cent, so Abu Ismael. Diese letzte Aussage beruhigt uns zumindest in einem Punkt: Wir wollen auf jeden Fall vermeiden, dass Maik Geld an einen Betrüger bezahlt, der sich dann aus dem Staub macht, ohne auch nur einen Finger für seine Tochter zu krümmen.

*»Aber Abu, wer sagt uns, dass du das Mädchen nicht zur Nusra-Front bringst und sie dann als Geisel festgehalten wird?«* Die Reaktion von Abu Ismael bleibt professionell, schließlich ist die Frage naheliegend. Seine Antwort aber fällt entschieden aus: Abu Ismael wedelt heftig mit erhobenem Zeigefinger hin und her und macht dabei immer wieder ein Geräusch »Tsss tss tss«. Schließlich sagt er, dass so etwas nicht infrage komme und dass sein Beruf von seinem Ruf abhänge. Er wohne in der Türkei, und die Behörden würden ihn kennen, so etwas könne er sich gar nicht leisten. Er wolle auch nicht ewig in der Türkei bleiben. Falls wir ihm und seiner Familie einen Aufenthalt in Deutschland ermöglichen könnten oder wenigstens seinem Sohn einen Studienplatz, vielleicht in Belgien, dann würde er sogar die Kosten für Leonoras Befreiung ganz allein tragen. Ismael solle plastischer Chirurg werden, damit er nach dem Krieg die entstellten Gesichter syrischer Bürger-

kriegsopfer wieder richten könne. In jedem Falle sollten wir doch bitte den deutschen Behörden mitteilen, wer das deutsche Mädchen aus dem IS befreit habe.

Nach knapp drei Stunden beenden wir das Gespräch und vereinbaren, dass wir mit dem Vater Rücksprache halten und uns melden würden. Auf der Rückfahrt geht uns vieles durch den Kopf. Wie gut ist dieser Plan? Können wir es verantworten, den Mann mit Maik in Kontakt zu bringen? Wie würden wir damit umgehen, wenn Menschen bei diesem Befreiungsversuch ums Leben kämen? Welche Verantwortung tragen wir, und können und wollen wir diese Verantwortung überhaupt tragen? Wäre es nicht vielleicht besser für Leonora, wenn sie im IS bliebe? Zusammen haben wir beide schon einige heikle Situationen erlebt. Drei Monate zuvor waren wir bei einer Recherchereise im Nordirak in der Stadt Sindschar in ein heftiges Gefecht zwischen PKK und IS gekommen, bei dem wir von zwei Seiten aus nächster Nähe beschossen wurden. Doch im Häuserkampf von Sindschar waren wir nur für uns selbst verantwortlich. Nun kann unser Handeln oder Nicht-Handeln fatale Konsequenzen für andere haben. Sicherlich könnte man uns keinen Vorwurf machen, wenn wir uns einfach aus der Sache raushalten würden, aber das können und wollen wir nicht. Wir müssen also umsichtig handeln und vorsichtig sein. Wir dürfen Maik nichts verschweigen und müssen ihn auf jede mögliche Gefahr hinweisen und ihm klarmachen, dass eine solche Aktion nur die Entscheidung von ihm, Babette und Leonora selbst sein kann.

Als wir nachts im Hotel in Gaziantep ankommen, rufen wir Maik sofort an. Wir schildern ihm, was wir erlebt haben und welchen Plan uns Abu unterbreitet hat. Und dass er den Mann selbst treffen muss, wenn er Interesse daran hat und sich alles selbst von ihm anhören muss. Außerdem bieten wir ihm an, dass er sich mit uns zusammen auch noch mit Aktivisten von *Raqqa is being slaughtered silently* treffen kann – vielleicht hätten die auch noch eine Idee, wie Leonora aus dem IS rauskommen kann. Maik willigt ein – er will sich diesen Abu einmal persönlich anschauen. Kurzfristig schaufelt er sich Zeit frei, was gar nicht so einfach ist, wenn man eine Bäckerei führt. Aber Maik schafft es und kann schon am übernächsten Tag in Gaziantep sein, wo wir ihn am Flughafen abholen.

*Maik: 18. Juli 2015, Flughafen Leipzig. Ich nehme Abschied von meiner Frau. Mit Mühe kann ich die Tränen zurückhalten. Es fällt mir sehr schwer, sie allein mit all der Arbeit auf unserem Hof zu lassen, aber es muss sein. Leo muss heim und dazu ist es nötig, dass ich fliege. Ein letzter Kuss, die letzten lieben Worte und ich muss zur Abflughalle, da mein Flug schon aufgerufen wird. Dann bin ich allein und merke eigentlich erst jetzt, wie sehr mich meine Flugangst schüttelt. Um mich abzulenken, beobachte ich die anderen Fluggäste, die wie ich auf das Boarding warten. Es sind eher unauffällige normale Leute südländischen Typs. Alle sind scheinbar entspannt und locker, nur mir zittern die Knie. Um es kurz zu machen: Der Flug dauerte gefühlte 48 Stunden, war aber unspektakulär. Beim Landeanflug auf Istanbul wagte ich einige Blicke aus dem Fenster, eine riesige Stadt breitete sich vor mir aus: Da war der Bosporus und da die Hagia Sophia und da waren ganz deutlich die Stadtmauern des alten Konstantinopel zu sehen. Zum ersten Mal sah ich mit eigenen Augen, worüber ich schon so viel gelesen hatte.*

*Nach der Landung ging es durch riesige lange Gänge vom internationalen zum nationalen Airport. Ein unglaubliches Gewimmel von Menschen mit allen nur erdenklichen Hautfarben, Sprachen und den zum Teil skurrilsten Bekleidungen umgaben mich. Eine Fülle von Eindrücken und fremden Gerüchen prasselten auf mich ein. Wäre* eine Gruppe Massai-Krieger um die Ecke gekommen, hätte es mich nicht gewundert – so vielfältig war das Völkergemisch, das mich umgab. Mitten im Schauen und Staunen traf mich die harte und bittere Realität in Form einer Gruppe vollverschleierter Frauen. Das Wort Kulturschock trifft es am besten, um zu beschreiben, was ich dabei gefühlt habe. Ich dachte so bei mir: Das tut sich Leo freiwillig an – und das jeden Tag!

Der Weiterflug nach Gaziantep war kurz. Ich erhielt einen ersten Eindruck, wie riesig die Türkei ist. Einige mutige Blicke aus dem Fenster zeigten mir, dass weite Teile des Landes einheitlich braun waren. Nach der Landung sollte ich erfahren, was die Ursache dafür ist: Beim Verlassen des Flugzeugs schlug mir eine unglaubliche Hitze entgegen. Es war zwar schon früher Abend, aber die Wärme dennoch gewaltig. Kein Wunder, dass alles von oben braun aussah – alles, was nicht bewässert wurde, war verbrannt. Ganz nebenbei registrierte ich auffallend viele sehr große türkische Flaggen überall am Horizont. Das ist sicher Ausdruck des Nationalstolzes der Türken, dachte ich.

Der Flughafen von Gaziantep ist relativ überschaubar, und die Formalitäten waren schnell erledigt. Spätestens hier war ich das einzige »Bleichgesicht« unter lauter südländischen Frauen und Männern. Ich verließ das Gebäude, als direkt vor mir ein Auto hielt und eine sehr große, schlanke vollverschleierte und ganz in Schwarz gehüllte Frau und ein dazugehöriger »Finstertyp« ausstiegen. Für einen Moment dachte ich, dass jetzt eigentlich nur noch das Schild ›Willkommen in Gaziantep‹ fehlt. Da stand ich nun, Tausende Kilometer weg von daheim, mitten unter Fremden und schwitzte. Aus dem Menschengewühl fielen zwei Typen auf, die freudig winkend und eifrig mit einer Kamera filmend auf mich zukamen. Volkmar und Georg! Gott sei Dank, nun bin ich nicht mehr allein, dachte ich. Nach kurzer Begrüßung und Vorstellung von Georg, den ich bislang nur *vom Telefon kannte, begann die Fahrt zum Hotel. Georg fuhr und Volkmar erklärte, was alles geplant war.*

Als wir Maik und sein Gepäck im Auto hatten, nutzten wir die Gelegenheit, ihm noch einmal die wichtigsten Fakten und ein paar Verhaltensregeln mitzuteilen. Die Zeit war knapp, denn unser Bekannter Abdelaziz, der in Berlin wohnt und dort politisches Asyl genießt, war auch gerade in Gaziantep. Abdelaziz ist einer der Mitbegründer von *Raqqa is being slaughtered silently* oder RBSS, wie sich die Organisation abkürzt. Jedenfalls war Abdelaziz in der Stadt und hatte kurz Zeit, sich mit uns zu treffen. Abdelaziz wollte auch Hamood mitbringen, einen der Köpfe der Gruppe von jungen Männern aus Rakka, die gewaltlos, aber erfolgreich gegen den IS kämpfen. Hamood fällt unter den Mitgliedern der Gruppe etwas aus dem Rahmen, da er zu dieser Zeit auch mit der freien syrischen Armee, der FSA, verbandelt ist. Durch seine Kontakte zur FSA, so hatte uns Abdelaziz im Vorfeld erklärt, könnte Hamood Leonora vielleicht in das von der FSA kontrollierte Gebiet schmuggeln lassen. Offenbar verfügte nicht nur die Nusra-Front, sondern auch die FSA über »Schläfer« in Rakka. Das und noch viel mehr versuchten wir auf der kurzen Autofahrt Maik zu erläutern.

*Meine erste Autofahrt im Orient war sehr beeindruckend. Die Straßen in sehr gutem Zustand, relativ sauber, alle Autos gut in Schuss, alle Mopeds und Motorräder mit mindestens drei Personen besetzt und Traktoren mit abenteuerlichster Ladung auf dem Hänger, das waren meine ersten Eindrücke. Dann die erste Straßensperre der Militärpolizei. Die Herren waren beschäftigt, und wir konnten ungehindert passieren. Nebenbei erzählten meine beiden Freunde schauerliche Geschichten über Festnahmen in der Türkei. Das kann ja lustig werden, dachte ich. Am Straßenrand waren immer mal Fa-*

milien zu sehen, die unter ausrangierten Lkw -und Agraranhängern zu wohnen schienen. Auf meine Frage, was mit denen los sei, bekam ich zur Antwort: »Das sind Flüchtlinge.« Arme Schweine, dachte ich, bei der Hitze draußen kampieren zu müssen, ist ganz bestimmt kein Spaß.

Im Hotel konnte ich mich nach dem Einchecken kurz frisch machen und mit meiner Frau telefonieren. Es tat gut, ihre Stimme zu hören. Zur verabredeten Zeit fanden wir uns auf der Dachterrasse des Hotels ein. Ein freundlicher Kellner nahm unsere Bestellung entgegen, und so kam ich zu meinem ersten türkischen Bier. Ich erhielt von Volkmar und Georg einen Crashkurs über den Umgang mit Muslimen, außerdem gaben sie mir Infos zu den Personen, die wir treffen wollten.

Relativ pünktlich trat ein junger Mann, europäisch gekleidet, leichter Bart, südländisch gebräunt, an unseren Tisch. Abdelaziz. Kurze Begrüßung, wir nehmen Platz und das Palaver beginnt. Volkmar und Georg kennen Abdelaziz schon, und so dreht sich der erste Teil des Gesprächs um das Übliche: Wie geht's dir, was macht die Familie und so weiter. Nebenbei verzehrten wir unsere bestellten Speisen, die sehr gut waren. Der Abend war angenehm kühl, und die Abendsonne ließ alles in einem sehr angenehmen weichen Licht erscheinen. Fast wie Urlaub – wenn da nicht der sehr ernste Grund meiner Reise wäre.

Ich erzählte Abdelaziz meine Geschichte auf Deutsch, die beiden Jungs übersetzten ins Englische, und Abdelaziz schüttelte über das, was er hörte, den Kopf. Er machte mir keine falschen Hoffnungen, versprach aber, Hamood sofort zu kontaktieren, um ein Treffen zu arrangieren. Nach einigen Telefonaten auf Arabisch stand fest, dass es noch am gleichen Abend zu einem Treffen mit Hamood kommen und dass er zu uns ins Hotel kommen würde. Mir war das nur recht, da ich keine Lust verspürte, im Dunkeln durch die Stadt zu ziehen und in irgendwelchen dunklen Ecken jemanden zu suchen, den ich nicht kannte.

Nach einiger Zeit kam Hamood. Ein mittelgroßer kräftiger Typ, dunkle Haare, stattlicher dunkler Vollbart, sehr ruhig, aber sicher und überlegt im Auftreten. Kurzer Händedruck, prüfender Blick: Aha, der checkt dich erst mal ab, dachte ich. Auch er ist wie Abdelaziz Syrer. Wieder erzählte ich meine Geschichte, die von Georg und Volkmar auf Englisch an Abdelaziz übersetzt wurde und von diesem auf Arabisch an Hamood weitergegeben wurde. Wir erfuhren etwas über die Arbeit von Raqqa is being slaughtered silently. Hamood zeigte auf seinem Handy kleine Filme und Fotos, die seine Aussagen sehr plastisch untermalten. Dann sprachen wir über die Möglichkeiten und eventuellen Vorgehensweisen, um Leo aus Rakka herauszuholen.

Der Plan zur Rettung von Leo war recht einfach und schnell skizziert: Aufnahme an einem zuvor vereinbarten Treffpunkt, ein Mann fährt mit ihr über die Grenze zur Türkei. Klingt relativ unspektakulär und etwas zu einfach. So ganz überzeugte mich das Ganze nicht. Man darf dabei niemals vergessen, dass im Falle des Scheiterns nicht nur Leo, sondern auch die Jungs, die man zu ihrer Rettung schickte, umgebracht werden konnten. Es beschäftigte mich sehr, dass ich eventuell Leute in den Tod schickte, um ein Mädchen rauszuholen, das freiwillig zum IS gegangen war. Dass der Tee, den Hamood bestellt hatte, nicht kam und der Kellner ihn ignorierte, entging mir zunächst. Erst einige sicher nicht schmeichelhafte Worte von Hamood zum Kellner veranlassten diesen dann tatsächlich dazu, das gewünschte Getränk zu bringen. Volkmar und Georg erklärten mir, dass es leider sehr häufig so ablaufe und dass die Syrer nicht sehr beliebt in der Türkei seien. Rassismus und Hass auf Flüchtlinge gibt es anscheinend überall.

Nun wollten wir natürlich wissen, zu welchem Preis mein Kind aus Rakka herausgeholt wird. Ich hatte überhaupt keine Vorstellung davon, welchen Betrag ich für das Leben von Leo zahlen muss. Schnell stellte sich der Preis heraus: Ich sollte dafür sorgen, dass der Schleuser, der Leo aus Rakka holt, in Deutschland Asyl bekommt. Ich überlegte fieberhaft, wie man das anstellen soll. Über die Kirche? Ein Brief an die Kanzlerin oder ein persönliches Gespräch im Innenministerium, wo ich meinen Fall darlegen und um Hilfe bitten könnte? Oder vielleicht über eine mir bekannte Bundestagsabgeordnete? Tausend Gedanken schwirrten mir durch den Kopf. Ich sah mich schon bettelnd durch die Instanzen ziehen, um irgendjemanden zu finden, der mir hilft.

Hamood erzählte uns vom Schicksal seines Vaters, der sich in den Händen des IS befand und dessen Hinrichtung unmittelbar bevorstand. Der IS wusste natürlich auch, wer Hamood ist und was er tut. Also haben diese feigen Lumpen sich seinen alten Vater geschnappt, um aus Hamood Informationen herauszupressen. Für ein paar verratene Namen wurde ihm die Freilassung seines Vaters zugesichert. Er ging nicht darauf ein, da er nicht ein Wort dieser Halunken glaubte und sein Vater so oder so getötet worden wäre. Man stelle sich vor: Ich sitze neben einem Mann, dessen Vater vom IS mit dem Tode bedroht wird, und er ist trotzdem bereit, mir zu helfen, obwohl mein Kind freiwillig zu genau den Typen gegangen ist, die ihm solchen Schmerz zugefügt haben. Wohlgemerkt: Er wollte kein Geld, sondern einen seiner Jungs aus Syrien herausbekommen und in Deutschland in Sicherheit bringen. Ich war und bin tief beeindruckt von Hamood. Welche inneren Kämpfe hat dieser Mann durchlitten? Welche Seelengröße muss er besitzen, um nicht doch ein paar Namen zu verraten in der vagen Hoffnung, seinen Vater vielleicht doch noch zu retten?

Im Laufe unseres Gesprächs erhielt Hamood per Handy die Nachricht, dass der IS das Hinrichtungsvideo seines Vaters veröffentlicht hat. Ich war sprachlos und wusste nicht, was ich sagen sollte. Die harte und brutale Realität, sprich das wahre Antlitz dieses Krieges, zeigte sich mir in seiner ganzen erschreckenden und menschenverachtenden Form. Wie klein und jämmerlich sind dagegen unsere Sorgen und Nöte daheim!

Hamood hat sich dann relativ schnell verabschiedet. Wir blieben noch einige Zeit mit Abdelaziz sitzen und verabredeten weiteren telefonischen Kontakt. Als auch er ging, besprachen Volkmar, Georg und ich das soeben Gehörte. Beide gaben mir den Rat, erst einmal das für den folgenden Tag geplante Gespräch mit Abu Ismael abzuwarten und keine voreiligen Entscheidungen zu treffen. Auch wir gehen nun auseinander, und der lange, anstrengende Tag bescherte mir eine durchschlafene Nacht.

19. Juli 2015, Sonntag. Ich war relativ zeitig auf den Beinen und vor meinen Begleitern am Frühstücksbuffet. Etwas ratlos erkundete ich die dargebotenen Speisen. Da war zum Beispiel eine ganze Honigwabe in einem Gestell aufgebaut. Es gab unglaubliche Mengen an Obst, verschiedene Marmeladen, Croissants, Brötchen und eine Art Weißbrot. Ein recht junges Bürschlein trat an mich heran und fragte mich etwas. »Tut mir leid, mein Guter, aber ich verstehe kein Wort«. Mehr konnte ich nicht antworten. Kurzerhand schob er mich beiseite und begann auf einem Teller allerhand Speisen aufzustapeln, schob mich dann an den nächsten freien Tisch und deutete mir, mich zu setzen. Gleichzeitig servierte er mir mit gekonntem Schwung den zuvor reichlich bepackten Teller. »Kaffee?« Das verstand ich und nickte freudig. Was er dann brachte, war ein Höllensud, der selbst mir hartgesottenem Kaffeejunkie das Herz zum Rasen brachte. Das Essen war ganz okay – aber ich finde, Oliven gehören einfach nicht in ein Brötchen oder Croissant.

Als Volkmar und Georg kamen, besprachen wir den Tagesplan – aber nur leise und ganz kurz. Man weiß ja nie, wer mithört. Ich ging dann noch einmal auf mein Zimmer und telefonierte mit meiner Frau. Sie war so weit weg, ich fühlte mich im Moment des Anrufs schon ein bisschen einsam. Sie war und ist die wichtigste Stütze in meinem Leben und in meinem Bemühen, Leo rauszuholen. Ich erzählte ihr, dass wir gleich nach Urfa fahren und dort einen Typen namens Abu treffen. Wir plauderten noch ein bisschen und verabredeten uns zum nächsten Telefonat am Abend. »Passt auf euch auf.« – »Machen wir, keine Angst – ich bin mit guten Leuten unterwegs. Bis heute Abend, ich liebe dich.« – »Ich liebe dich auch.«

Wenig später trat ich aus dem Hotel, wo Volkmar mit unserem Dolmetscher auf weichen, sehr bequemen Sesseln saß und rauchte. Unser Dolmetscher war ein recht großer, schlanker und sportlicher Typ. Eine amerikanische Pilotensonnenbrille auf seiner Nase verhinderte den Augenkontakt, aber der Syrer von geschätzt Anfang dreißig wirkte sympathisch und freundlich. Volkmar stellte ihn mir als Munzer vor. Wir waren sofort per Du, aber leider spricht Munzer kein Wort Deutsch. Viel später erst werde ich Einzelheiten über Munzer erfahren. Auch er musste aus Syrien fliehen, er war zuvor vom Assad-Regime gefoltert worden. Als wir vollzählig waren, bestiegen wir unser Auto und fuhren los. Auf einer nagelneuen Autobahn mit wenig Verkehr ging es zügig voran. Während Georg fuhr und Munzer neben ihm mit seinem Handy beschäftigt war, drehte Volkmar auf der Rückbank ein Interview mit mir. Der Inhalt: Wir waren auf dem Weg zu al-Qaida! Ich hatte überhaupt keine Vorstellung davon, was auf mich zukam. Währenddessen durchfuhren wir eine gleichförmig öde Landschaft. Sanfte Hügel, tiefe Geländeeinschnitte, einige wenige Plantagen mit mir unbekannten Bäumen, sehr wenige Häuser und absolut keine Menschen. Alles tot und scheinbar ohne Leben. Auch an einem sehr großen Flüchtlingscamp kamen wir vorbei, aber es war zu weit weg, um außer sehr vielen Zelten Einzelheiten zu erkennen.

Nach einiger Zeit meldete sich Georg und meinte: »Das kann jetzt Zufall sein – aber sowohl vor als auch hinter uns sind Fahrzeuge mit syrischen Kennzeichen, und beide Fahrzeuge sind voll besetzt mit jungen Männern.« Anweisung von Volkmar: »Gas geben und an der nächsten Tankstelle rechts ran.« Donnerwetter, dachte ich, das wird ja richtig interessant. Als wir an der nächsten Tankstelle anhielten, fuhren beide Fahrzeuge, die wir inzwischen abgehängt hatten, vorbei und waren bald darauf nicht mehr zu sehen. Da wir einmal an einer Tanke standen und auch noch genügend Zeit war, beschlossen wir, einen Kaffee zu trinken. Auch hier bekam der Syrer erst mal nichts und auf Nachfrage »aus Versehen« das Falsche. Zufall? Wohl kaum – eher ein Hinweis auf die tiefe Kluft zwischen den Nachbarvölkern.

Wir erreichten Urfa etwas zu früh, was gut war. Denn der vereinbarte Treffpunkt, eine große Einkaufspassage, war geschlossen. Volkmar rief Abu an und vereinbarte einen anderen Treffpunkt. Diesmal ein Hotel, das wir schnell erreicht hatten. Wir betraten einen typisch orientalischen Bau und ließen uns im angenehm kühlen Innenhof nieder. Abu war noch nicht da, sodass mir Volkmar und Georg etwas über Urfa erzählen konnten. Zum damaligen Zeitpunkt war Urfa Drehschreibe des Handels mit dem IS. Waffen, Lebensmittel, Technik jeder Art und auch Menschen wurden von hier aus zum IS geschmuggelt. Im Gegenzug brachten Schmuggler Öl von dort zurück. Nun könnte man glauben, in einem richtigen »Räubernest« zu sein, aber Urfa ist eine sehr moderne, weitläufige Stadt mit sehr gepflegten Parks und Grünanlagen. Mittendrin in dem Sumpf aus Schmuggel und dunklen Geschäften lebten ganz normale Menschen. Die Sprache kam auch auf Abu Ismael und die Organisation, der er, nach eigenen Worten, nahestand. Dschabhat al-Nusra oder kurz die Al-Nusra-Front ist ein Teil von al-Qaida. Damit man mich nicht falsch versteht: Ich wurde durchaus im Vorfeld meiner Reise darüber informiert, wen wir treffen wollten. Nur war vor dem Abflug in die Türkei noch nicht klar, ob die gegebenen Zusagen für ein Treffen mit mir eingehalten würden.

Es vergingen noch circa 20 Minuten, bis Abu Ismael in Begleitung eines zweiten Mannes erschien. Aufstehen, gerade hinstellen, bei der Begrüßung fest in die Augen sehen und niemals die linke Hand benutzen, das waren so meine Gedanken, während ich Hände schüttelte. Abu war circa Anfang 50, mittelgroß und schlank und schaute freundlich drein. Bart und Haare waren sorgfältig gestutzt, und mir fielen sofort seine lang gezogenen Finger mit einem dicken Goldring an der linken auf. Seine ganze Erscheinung, seine Mimik und Gestik sowie seine eher ruhige Stimme, alles das zeigte: Hier sitzt ein Geschäftsmann und einer, der die Fäden in der Hand hat. Sein Begleiter wurde vorgestellt als eine Art Adjutant, im weiteren Gesprächsverlauf spielte er keine große Rolle. Er war etwa im gleichen Alter wie Abu, aber etwas rundlicher. Wieder musste ich eine meiner Vorstellungen revidieren. Die beiden sahen eher aus wie Autoverkäufer, aber nicht wie Terroristen.

Es folgte eine mehrstündige und für mich sehr anstrengende Unterhaltung. Genauer gesagt: ein mehrstündiges Verkaufsgespräch. Abu war über mich schon im Bilde, da Volkmar und Georg ihn ja schon vor meiner Ankunft getroffen hatten. Ich schilderte aber trotzdem noch einmal die Ausreise von Leo, erzählte alles, was ich über Leos Aufenthaltsort wusste und beschrieb unsere Kommunikation mit ihr. Georg übersetzte auf Englisch an Munzer und der auf Arabisch an Abu. Dieser hörte sehr aufmerksam zu und stellte Zwischenfragen. Nebenbei erhielt ich von Volkmar, der direkt neben mir saß, unentwegt Anweisungen. »Erzähle ihm dies oder jenes, lass das weg, erzähle das auf keinen Fall usw.« Er ist sehr erfahren im Umgang mit solchen Gesprächspartnern, und so hielt ich mich an seine Vorgaben.

Nachdem ich alles erzählt hatte, was ich wusste, hätten eigentlich die Vorschläge zu Leos Rettung von Abu kommen können. Aber weit gefehlt, denn nun erzählte Abu von sich und dem, was er so machte. Volkmar, der alte Fuchs, zog ihm durch geschicktes Nachfragen noch manche nützliche Information aus der Nase. Nebenbei gab es Unmengen von Kaffee, schwarzem Tee und gefühlt tausend Zigaretten. Eine Frage der Höflichkeit und des Respekts, dass man jede angebotene Zigarette annimmt.

Während des Gesprächs zeigte Abu auf seinem Handy Bilder, die ihn mit verschiedenen Frauen und Kindern zeigten, die er angeblich aus Rakka herausgeholt hatte. Alles Jesiden, die verstört und scheu in die Kamera schauten. Auch berichtete er über seine Arbeit als Vermittler bei Freikäufen von Geiseln. Bei den Summen, die da durch die Luft schwirrten, hielt ich den Atem an. Wie viel haben die gezahlt? Zwölf Millionen Dollar für zwei Europäer, sieben Millionen Dollar für zwei andere und so weiter. Um Gottes willen, was kommt da auf mich zu?, dachte ich. So viel Geld verdiene ich nicht mal in zwei Leben. Was wird das nur werden? Die Sorge muss mir ins Gesicht geschrieben gewesen sein, denn Volkmar raunte mir zu: »Das sind Lösegelder für Geiseln. Das ist was anderes als bei dir und Leonora.« Ich bin erleichtert und greife mir eine meiner geliebten »Original Krumme« (das ist eine lange dünne wie ein Korkenzieher gedrehte Zigarre). So etwas kannten unsere syrischen Gesprächspartner noch nicht, und es kam zu einigen heiteren Äußerungen. Auch ich muss lachen über ihre erstaunten Gesichter. Darf man mit al-Qaida lachen? Und hatte ich nicht die ganze Zeit über ein beklemmendes Gefühl? Noch vor 48 Stunden war ich daheim im Harz bei meiner Frau – und jetzt sitze ich mit al-Qaida zusammen, lache und trinke Tee. Was für ein Wahnsinn!

Das Gespräch kam endlich langsam auf den Punkt. Abu berichtete, wie seine Aktionen verlaufen. Leo müsste an einem zuvor festgelegten Treffpunkt erscheinen. Sie würde dort von einer Frau angesprochen, die sie dann zu einem abseits geparkten Auto begleitete. Im Auto säße eine Familie, die Leo getarnt als weiteres Kind herausbrächte. Im Vorfeld würde ein weiterer Wagen die Situation an den Checkpoints klären, ein weiterer Wagen würde mit einigem Abstand nach hinten sichern. Alle Fahrzeuge wären permanent über Satellitentelefon miteinander und mit Abu verbunden. Es gäbe auf der Wegstrecke die Möglichkeit, Ersatzfahrzeuge zu nutzen. Dauer der Aktion: je nach Lage zwei bis sechs Tage. Die Versorgung mit Trinken wäre in jedem Fall sichergestellt, verspricht Abu. Donnerwetter, dachte ich, das sind echte Profis. Ich war sofort begeistert.

Volkmar und Georg stellten immer wieder Zwischenfragen, auf die ich nie gekommen wäre. Die wichtigste Frage war: Wer gibt uns eigentlich eine Garantie, dass Leo nach erfolgter Flucht nicht augenblicklich zu einer Geisel der Al-Nusra-Front wird? Abu wehrte ab. Er wolle unbedingt auch mal mit einem Deutschen ins Geschäft kommen, da ja einer seiner Söhne nach Deutschland oder Belgien zum Studieren solle. Hm, klang plausibel.

Nun begannen die Preisverhandlungen. Meine Frau und ich hatten vor wenigen Wochen die Kreditzusage für den Bau eines neuen Pferdestalles erhalten, sodass wir ein gewisses Budget zur Verfügung hatten. 12.000 Dollar war Abus erste Forderung. Ich war erleichtert. Das lag zwar immer noch über unseren Möglichkeiten, aber ich hatte mit deutlich mehr gerechnet. Kurze Beratung mit Volkmar und Georg. Das bekommen wir billiger! Mir war nicht ganz wohl dabei, aber Feilschen gehört hier bei jedem Geschäft dazu. Das wird erwartet, und es kommt einer Beleidigung gleich, wenn man es nicht tut. Am Ende waren wir bei 7.000 bis 8.000 Dollar. Die Details über die Aktion und die genauen Anweisungen für Leo sollten später folgen.

Das alles liest sich recht schnell, aber dort in Urfa waren wir mehrere Stunden mit Abu im Gespräch und am Verhandeln. So ganz nebenbei drehte Volkmar ein paar Szenen – aber so, dass Abu nicht auf dem Film zu sehen war. Mein Gefühl sagte mir, dass Abu echtes Interesse an unserem Fall hatte, und ich traute ihm zu, unser Kind herauszuholen. Hätte ich geahnt, welch chaotischen Verlauf die einzelnen Versuche, Leo herauszuholen, nehmen würden und hätte ich auch nur ansatzweise geahnt, wie sehr uns die deutschen Behörden im Stich lassen würden, ich wäre nicht heimgeflogen, sondern hätte Abu und seine Helfer sofort losgeschickt. Aber später mehr dazu.

Als sich Abu und sein Begleiter verabschiedeten, war für mich die Sache klar: Der Mann kann und wird mein Kind rausholen. Als wir wieder allein waren, spürte ich erst, wie anstrengend das Gespräch gewesen war. Alle Anspannung wich von mir, und ich war auch erleichtert. »Das klappt«, sagte ich und wurde prompt in meiner Euphorie gebremst. »Abwarten, was nun weiter geschieht. Man muss hier sehr vorsichtig sein. Erzählen kann man viel«, meinten Volkmar und Georg aus einem Munde. Wir bestellten ein paar Sandwiches, und ich ließ erst mal alles sacken.

Auf dem Rückweg nach Gaziantep dachte ich, dass es von Urfa nur rund 160 Kilometer bis Rakka sind. In Deutschland keine zwei Autostunden! Aber hier liegen Welten dazwischen. Werde ich meiner Leo je wieder so nahe sein? Ich war überzeugt davon, dass es nun nicht mehr lange dauern würde. Vielleicht nur zwei, drei Wochen, und Leo ist wieder da, wo sie hingehört, bei ihrer Familie. Aber was ist, wenn es schiefgeht? Mein Kind ist dort, wo sie jetzt ist, in permanenter Lebensgefahr. Rakka ist nun mal Angriffsziel Nummer eins. Kann ich oder können wir, ihre Familie, es verantworten, diese Gefahr für ihr junges Leben durch einen Fluchtversuch noch zusätzlich zu verschärfen? Eines war damals schon klar: Geht es schief, dann werden sie und ihre Fluchthelfer umgebracht. Der Plan von

*Abu klang gut, und immerhin hatte er schon mehrfach erfolgreich Menschen herausgeholt, aber ein Rest an Zweifeln blieb.*

*Im Hotel angekommen, verabredeten wir eine kurze Pause, um uns dann auf dem Hoteldach wiederzutreffen, denn dort gab es einen Pool! In meinem Zimmer setzte ich mich aufs Bett und weinte vor Glück. Ich war so sicher, dass alles Leid nun bald ein Ende hätte. Mit zitternden Fingern wählte ich meine Frau an. Die Tränen runterschlucken und tapfer klingen, war jetzt die Devise. Immerhin war meine Frau schwanger und machte sich schon genug Sorgen. Ich schilderte, ohne Details zu nennen, was ich erlebt habe. »Jetzt dauert es nicht mehr lange«, sagte und glaubte ich. Wir freuten uns auf unser Wiedersehen am nächsten Tag. Ich verbrachte mit Munzer, Volkmar und Georg noch einen sehr angenehmen Abend. Ich machte keinen Hehl daraus, dass meine Entscheidung schon zugunsten von Abu gefallen war. Irgendwann im Laufe dieses Nachmittags oder Abends prägte ich den Spruch: »Nun schicken wir reißende Wölfe in die Höhle des Löwen, um unser Lämmchen zu retten.« Als wir auseinandergingen, hatten alle, glaube ich, das gute Gefühl, viel erreicht zu haben.*

Immer wieder haben wir Maik an Abus Angebot erinnert: Er könne sich an die deutschen Behörden wenden, die würden ihn, Abu Ismael, kennen und zumindest seine Angaben über die Rolle als Geiselvermittler bestätigen können. Wir wollen, dass Maik sein Unterfangen, Leonora aus dem IS zu befreien, so weit wie möglich absichert. Maik sieht das genauso, auch wenn er am liebsten schon gleich während des Treffens »Abu go!« gerufen hätte. Maik hat Kontakte in die Politik, eine ihm bekannte Bundestagsabgeordnete will einen Draht zum Staatssekretär im Innenministerium herstellen. Den soll Maik dann um eine kurze Bestätigung von Abus Angaben bitten. Wir stellen uns vor, dass das Ministerium sagen wird, dass damit keinerlei Haftung oder Ratschlag verbunden ist, aber dass eine Person mit Abus Namen durchaus bekannt sei und bei Geiselsituationen bereits als Vermittler in Erscheinung getreten sei. Eigentlich sollte das kein großer Aufwand sein, so denken wir alle.

*Maik: 20. Juli 2015. Nach dem Frühstück sitze ich mit Volkmar auf der Dachterrasse unseres Hotels. Er rät mir, was ich nach meiner Rückkehr an die deutschen Behörden weiterleiten soll. Auch ich habe eine Art Sorgfaltspflicht und muss zumindest den Versuch unternehmen, alles Mögliche abzusichern und Informationen gegenzuchecken.*

*Und so machte ich mich wieder auf den Heimweg, angefüllt mit Eindrücken, Erlebnissen und voller Hoffnung. Im Kopf dreht sich alles um die bevorstehenden Ereignisse. Die Entscheidung, ob und mit wem wir Leo rausholen, liegt einzig und allein bei uns. Mama und Papa treffen die Entscheidung allein, wie sie auch ganz allein mit den Folgen dieser Entscheidung klarkommen müssen. Wir haben zwar unsere Partner, mit denen wir uns beraten können, aber diese Entscheidung ist eine sehr einsame und sehr schwere. Volkmar und Georg waren und sind Freunde und Begleiter, aber keinesfalls Berater, die uns sagen konnten und durften, was wir tun sollen. Ich glaube, es ist auch wichtig zu erwähnen, dass beide mir zwar den Kontakt zu Hamood und Abu ermöglichten, aber die Reise in eigener Verantwortung angetreten und die damit verbundenen Kosten von mir vollständig selbst getragen wurden.*

*Rückblickend war mein Aufenthalt in der Türkei sehr wichtig. Zum einen habe ich in kürzester Zeit unglaublich viel gelernt. Zum anderen bekam ich einen, wenn auch nur kleinen Einblick davon, was »da unten« wirklich los ist. Vieles von dem, was heute Tagespolitik ist, nahm damals gerade erst seinen Anfang oder war am Ent-*

*stehen. Ohne diese Reise hätte ich die kommenden Ereignisse niemals so gut verkraften können.*

Nach unserer Rückkehr nach Deutschland vergehen erst einmal mehrere Tage, bis Maik es schafft, einen Telefontermin mit dem Staatssekretär zu bekommen. Wir alle sind darüber ein wenig enttäuscht, hatten wir uns eigentlich eine schnellere und unbürokratischere Hilfe erhofft. Doch er erreicht immer nur die Büroleiterin des Staatssekretärs. Der Mann lässt sich stets verleugnen. Ein persönliches Gespräch kommt nie zustande. Immerhin weist er das Bundeskriminalamt durch einen Erlass an, sich um Leonoras Fall zu kümmern. Jetzt, so hoffen wir und auch Maik, nimmt die Sache Fahrt auf. Maik ist in dieser Situation auf die Hilfe des deutschen Staates angewiesen. Er will weder Lösegeld noch eine Befreiungsaktion durch das KSK oder die GSG9 – alles, was er möchte, ist die Bestätigung, ob Abu Ismael der Bundesregierung bekannt ist oder nicht. Doch auf die Beantwortung dieser Frage wartet Maik noch bis heute.

*Maik: Als mir dann nach mehr als einer Woche klargeworden ist, dass da nichts kommt, da war ich schon bitter enttäuscht. Ich habe ja von denen nichts Unverschämtes oder Anrüchiges verlangt, sondern eine klare Frage gestellt, auf die man mir auch eine klare Antwort hätte geben können, aber da kam nichts. Nicht mal die Info, dass da nichts kommt. Das war schon ein schwerer Schlag. Ich hatte Leos Mutter Babette versprochen, dass wir Leo bis Weihnachten raus haben werden, und jetzt waren wertvolle Wochen vergangen. Und in der Zwischenzeit hatte Leo auch keinen eigenen Internetzugang mehr zu Hause. Sie musste jetzt immer ins Internetcafé gehen, und das machte die Planung der Flucht natürlich viel gefährlicher. Hätten die mir gleich gesagt: »Herr Messing, von uns können Sie keine Hilfe erwarten«, dann hätte ich wenigstens gewusst, woran ich bin. Aber so fühlte ich mich, auf gut Deutsch gesagt, verarscht.*

In den Tagen, die Maik auf eine Antwort des BKA oder des Bundesinnenministeriums wartet, fragt Abu immer wieder nach – er wolle ja nicht drängeln, aber wie sei denn nun die Entscheidung ausgefallen? Schließlich hält Maik einen Familienrat ab. Mit Leonoras leiblicher Mutter Babette und auch mit seiner Frau Kathleen muss es endlich eine Entscheidung geben.

# Abu go!

Mehr als zwei Wochen ist es nun her, dass Maik und wir in der Türkei waren und den Mann trafen, der angibt, Leonora aus dieser Höhle des Löwen, aus der Hauptstadt des IS, herausholen zu können. Zwei Wochen banges Warten. Doch worauf eigentlich? Dass sich die Situation in Rakka verändert und eine Rettung keine Aussicht mehr auf Erfolg hat? Das Internet in Leonoras Wohnung ist abgeschaltet. Nihad hatte die WLAN-Station, pflichtschuldig wie er ist, sofort nach Anordnung zur *Hisba*, der Sittenpolizei, gebracht und gegen einen kleinen Zettel getauscht, der die Abgabe des Geräts bescheinigt. Die WLAN-Station war Leonoras Weg nach draußen gewesen. So konnte sie Kontakt halten zu ihrer Freundin Emine in Deutschland und natürlich zu Maik und Babette. Jetzt, so schreibt sie, müsse sie dafür in ein Internetcafé gehen, was nicht so einfach ist, weil sich Leonora eigentlich nicht allein durch die Stadt bewegen darf. Nihad führt in dieser Hinsicht ein hartes Regime. Und es hat noch diesen anderen Nachteil, der viel schwerer wiegt: Der Internetverkehr im Café wird streng überwacht. Deshalb hatte es das WLAN-Verbot gegeben.

Während Maik auf eine Nachricht der Behörden wartet oder wenigstens auf ein kleines Signal, recherchieren wir die technischen Eigenheiten verschlüsselter Smartphone-Apps wie Telegram. Zwar können die Mitarbeiter im Internetcafé sehen, welche

Seite ein Nutzer des Computers aufruft, nicht aber den Inhalt, jedenfalls nicht mit einfachen Mitteln. Dazu bräuchte es schon größeres technisches IT-Verständnis. Und es ist eher unwahrscheinlich, dass die Mitarbeiter dieser kleinen Einrichtungen das haben. Leonora findet heraus, dass sie auch mit dem Smartphone online gehen kann. Denn es wurden zwar die WLAN-Stationen in den Privatwohnungen verboten, nicht aber die in den Internetcafés. So kann sie also im abgetrennten Frauenbereich sitzen und mit dem eigenen Gerät ins Netz. Auf ihrem Gerät ist die App Telegram zur verschlüsselten Kommunikation seit Wochen installiert.

Bevor der Nutzer eine Nachricht in das Display schreibt, kann er zwischen verschiedenen Optionen wählen. Darunter eine mit einem Selbstzerstörungsmechanismus. Leonora probiert es gleich aus. Sie stellt den Timer auf zehn Sekunden ein und schreibt eine Nachricht an den Vater, etwas Unverfängliches, das im schlimmsten Fall gelesen werden könnte. Sobald Maik die Nachricht öffnet, laufen die zehn Sekunden rückwärts. Dann wird der Text automatisch auf dem Gerät des Senders und des Empfängers gelöscht und keiner kann ihn mehr lesen. Wir finden außerdem heraus, dass der Text nicht erst auf einem Server irgendwo in Russland, Malaysia, den USA oder sonst wo in der Welt verschlüsselt wird, sondern bereits im Telefon selbst. Das heißt, die Nachricht verlässt das Gerät bereits kryptiert und wird erst im Telefon des Adressaten wieder sichtbar. Ende-zu-Ende-Verschlüsselung nennt sich das. Die Geheimdienst-Mitarbeiter des Islamischen Staates müssten also in Leonoras Telefon selbst mitlesen. Die Leitung anzuzapfen wäre vergebene Mühe, weil die Daten dort nicht lesbar sind. Das ist eine gute Nachricht, eine sehr gute. Denn es bedeutet, dass Leonora weiterhin die ungeschminkte Wahrheit und über die Fluchtpläne schreiben kann, ohne irgendwelche Lügengeschichten erfinden zu müssen oder sich missverständliche Symboliken einfallen zu lassen. Denn für eine Flucht, das ist allen klar, braucht es klare und unmissverständliche Ansagen.

Währenddessen beraten Maik und Babette, wie es weitergehen soll. Denn auf eine Antwort der Behörden warten, das können und wollen sie nicht weiter. Leonora ist jetzt schon beinahe ein halbes Jahr im Islamischen Staat und will so schnell wie möglich weg. Was also tun?

*Wir haben die ganze Zeit hin und her überlegt. Es geht ja um das Leben unserer Tochter, und da will man keinen Fehler machen. Aber es kann auch ein Fehler sein, immer weiter zu warten. Was, wenn keine Antwort kommt? Dann haben wir vielleicht die Möglichkeit, den kurzen Zeitraum, verpasst, Leonora da herauszuholen. Wir waren mit der Entscheidung überfordert. Das ist die Wahrheit. Auch ich war es, obwohl die ganze Familie auf mich vertraut hat. Und ich hatte mit Abu ja auch ein sehr gutes Gefühl. Der Mann kann das Unmögliche möglich machen. Dann, da waren Babette und ich einer Meinung, müssen wir eine Entscheidung treffen. Und zwar jetzt!*

Die Entscheidung fasst Maik Anfang August 2015 in einer kurzen Nachricht an uns so zusammen: *»Abu go!«*

Es soll also losgehen. Die Familie will nicht weiter auf die deutschen Behörden warten, sondern eigenmächtig handeln. Dabei ist Vater und Mutter klar, dass sie das Leben von Leonora aufs Spiel setzen. Und darüber hinaus das der Männer, die Leonora herausholen sollen. Solche Rettungsaktionen, das haben wir Maik immer und immer wieder klargemacht, gehen regelmäßig schief. Und der IS versteht bei flüchtenden Mitgliedern aus seinem Herrschaftsgebiet keinen Spaß, zumal aus der strategisch wichtigen Hauptstadt Rakka und bei der Ehefrau eines IS-Geheimdienst-Mitglieds. Sie könnte aus IS-Sicht eine Art Geheimnisträgerin sein und strategische Interessen der Terrororganisation verraten. Bei einer Festnahme droht daher die Todesstrafe. Dazu kommen sämtliche andere Gefahren, die auf der Route bestehen. Maik wird nicht müde, die Entscheidung zu begründen: *»Wir kennen das Risiko, haben das alles verstanden und durchdacht. Aber Leonora gehört da einfach nicht hin.«* Außerdem könne sie jeden Tag bei einem der zahlreichen Luftangriffe auf die Stadt ums Leben kommen oder hingerichtet werden, allein wenn die Kommunikation mit den Fluchtgedanken und den Fotos aus dem Inneren der Hauptstadt aufflögen.

Mit der Nachricht ist es nun an uns, das Projekt Flucht weiterzuführen. Schließlich sollen wir den offiziellen Rettungsauftrag an Abu Ismael weitergeben und ihn an seine Versprechungen erinnern. Können wir die Nachricht einfach so weiterleiten und damit den Startknopf drücken? Klar können wir. Damit wären wir lediglich die Boten. Die Entscheidung ist ja nicht die unsrige, auch wenn wir sie wahrscheinlich gleichlautend getroffen hätten. Doch wie soll es danach weitergehen? Wir sind Journalisten, also Beobachter. Wir sind keine Akteure. Unser Platz ist der Zuschauerrang, nicht die Manege. Vom ehemaligen »Tagesthemen«-Moderator und Journalisten-Vorbild Hanns Joachim Friedrichs ist der prägende und legendäre Satz überliefert: *»Einen guten Journalisten erkennt man daran, dass er sich nicht gemeinmacht mit einer Sache, auch nicht mit einer guten Sache.«*

Das hier ist zweifelsohne eine gute Sache. Aber machen wir uns schon dann mit der Sache gemein, wenn wir Maik und letztlich seiner Tochter, die ja freiwillig zu dieser Organisation gegangen war, helfen? Eine schwierige Frage, für die kein großes Nachschlagewerk existiert, in dem man nachlesen könnte.

Dass wir an den Grenzen des »Erlaubten« für Journalisten

kratzen, haben wir beide schon mehrfach erlebt. Gerade bei der Berichterstattung aus den Kriegen im Nahen Osten gerät man schnell in diesen Bereich. Etwa, wenn man eine Bürgerkriegspartei an der Front begleitet und damit einer einseitigen Argumentation, vielleicht sogar Propaganda, ausgesetzt ist. Sich von dem Versuch frei zu machen, im Sinne dieser Kriegspartei zu argumentieren und anschließend unabhängig und objektiv zu berichten, ist nicht leicht. Vielleicht ist es sogar unmöglich. Zu gutem und redlichem Journalismus gehört, alle beteiligten Seiten anzuhören und die Möglichkeit zur Stellungnahme zu geben. Das gebietet die journalistische Fairness. Das ist tägliches Handwerk und funktioniert bei der politischen Berichterstattung in Deutschland auch meistens ganz gut. Aber in Syrien geht das nicht so einfach. Dort herrscht ein erbitterter Krieg, dem bereits Hunderttausende zum Opfer gefallen sind und der Millionen Menschen obdachlos oder zu Flüchtlingen gemacht hat. Im Krieg funktioniert die Kommunikation anders als zu Hause, und oft funktioniert sie gar nicht. Denn die Telefonnummer des IS- oder Al-Nusra-Kommandeurs einer bestimmten Gegend findet sich nicht im öffentlichen Telefonbuch. Und Journalisten können auch nicht einfach so hinfahren. Denn die Gefahr, getötet oder entführt zu werden, wäre unkalkulierbar.

Auf der anderen Seite sind wir Menschen. Wir fühlen auch eine gewisse humanitäre Verantwortung. Wenn wir die Nachricht nicht weiterleiten, wird sie Abu Ismael nicht erreichen und die Aktion müsste enden, bevor sie überhaupt begonnen hatte. Und was würden wir Maik sagen, was seiner Familie, wenn Leonora dann wenig später von einer Bombe getroffen würde und es die reelle Chance gegeben hätte, eine junge Frau, die einen riesigen Fehler begangen hat, zu retten?

Am einfachsten wäre es, wir würden jetzt nicht als Journalisten agieren und helfen und erst danach wieder Journalisten sein und darüber berichten. Allerdings wäre das total verlogen. Denn die Kontakte hatten wir mühsam als Journalisten aufgebaut. Wahrscheinlich hatte Abu Ismael seine Hilfe auch deshalb angeboten, weil wir diese Berufsbezeichnung tragen.

Oder nehmen wir uns viel zu wichtig? Und wir sollten einfach helfen und aufhören, ewig darüber nachzudenken und das Projekt damit weiter in die Zukunft zu verschieben? Es ist eine intensive Diskussion, an deren Ende eine einfache Antwort steht, auch wenn sie vielleicht so klingt, als würden wir uns um eine echte Antwort herumwinden wollen: Wir können nicht allein entscheiden, sondern müssen unsere Vorgesetzten informieren und um ihre Einschätzung bitten. Das wirkt vielleicht, als hätten wir Angst vor der Entscheidung. Doch das stimmt nicht. Denn bei der Abwägung des Worst-Case-Szenarios, also der Vorstellung, Leonora könnte bei der Befreiungsaktion zu Tode kommen und mit ihr die Schlepper, könnten wir in erhebliche Erklärungsnöte geraten. Schließlich werden wir als Mitarbeiter des öffentlich-rechtlichen Rundfunks vom Beitragszahler finanziert. Neben dem Fakt, dass wir nicht wüssten, wie wir Maik und der Familie begegnen sollten, könnte der öffentliche Vorwurf im schlimmsten Fall lauten: Mithilfe von GEZ-Geldern wurde eine Befreiungsaktion aus dem Inneren der brutalsten Terrororganisation der Welt geplant und womöglich sogar umgesetzt, an deren Ende eine minderjährige deutsche Staatsbürgerin und mindestens drei syrische Männer starben. Diesen Vorwurf könnten wir niemals allein schultern, denn damit könnten vielleicht auch unsere Chefs den Job verlieren, weil sie uns nicht im Griff hatten. Auch die öffentlich-rechtlichen Unternehmen NDR und WDR könnten in Erklärungsnöte geraten. Schließlich hatte der Fernsehdirektor persönlich, das ist so üblich, unsere Reise in die Türkei genehmigt.

Das konnten wir nicht verantworten und entschieden gemeinsam, unsere Chefs im Urlaub anzurufen, damit sie uns bei der Entscheidungsfindung unterstützen könnten. Die Folge: ausgedehnte Telefonate und nach langer und schwieriger Abwägung der Entschluss: Wir können nicht aktiv helfen, sondern die Aktion lediglich aus der Ferne beobachten. Unsere Chefs schickten uns also wieder auf die Zuschauertribüne. Als wir Maik davon berichten, hat er großes Verständnis, auch wenn er sich gewünscht hätte, wir könnten die Kommunikation mit den Schleusern übernehmen. Doch er weiß ohnehin, dass nur die Eltern, also Babette und er, diese Entscheidung treffen können und die Regie führen müssen. Schließlich sind sie die Erziehungsberechtigten.

Der Plan muss ohne unsere direkte Einflussnahme funktionieren. Dabei ist die Kommunikation die größte Herausforderung. Munzer erklärt sich bereit zu helfen. Das ist hilfreich und lässt die Familie in Breitenbach erst einmal aufatmen. Denn Munzer spricht Englisch und Arabisch und kann die direkte Kommunikation mit Abu Ismael übernehmen. Es muss diesen Umweg geben, weil Abu Ismael kein Englisch und kein Deutsch spricht. Die Kommunikationskette sieht am Ende so aus: Die Schlepper in Syrien sprechen mit dem Chef der Aktion, also Abu Ismael, in der Türkei auf Arabisch, der die Informationen wiederum an Munzer in der Türkei weitergibt. Der übersetzt sie ins Englische und schickt sie anschließend nach Breitenbach zu Maik und Kathleen, die wiederum per verschlüsseltem Chat mit Leonora in Syrien Kontakt halten. Am Ende, so die Idee, sollen sich Schleuser und Geschleuste in der IS-Hauptstadt Rakka begegnen und gemeinsam den Grenzübertritt in die Türkei bewerkstelligen. Es ist, als würde man von zwei Seiten einen Tunnel in einen Berg bohren und per Telefon absprechen, dass man sich in der Mitte trifft. Das kann funktionieren. Leider kann es aber auch richtig schiefgehen.

Ein kompliziertes Unterfangen also, wie sich in den nächsten Wochen ganz praktisch zeigen wird. Sprachen verbinden, aber sie können eben auch Welten trennen, obwohl man direkt nebeneinandersteht.

In Deutschland ist es in diesen Tagen Anfang August beinahe so heiß wie in Syrien. Mehr als 30 Grad im Schatten, kaum auszuhalten. An den letzten Regen kann sich Maik schon gar nicht mehr recht erinnern. Wenn er am Abend draußen vor dem Haus sitzt, mit einer kühlen Flasche Bier in der Hand, und über die Wiese hinüber zu den Pferden schaut, dann entsteht immer dieses eine Bild in seinem Kopf: Das große syrische Mehrfamilienhaus, in dem seine Leonora wohnt, so stellt er es sich jedenfalls vor, wird von einem Luftangriff getroffen und geht in Flammen auf. Hier in Breitenbach die absolute Idylle, die jeder Postkartenfotograf lieben würde, und dort, weit weg, das hässliche Antlitz des Krieges, mit dem er und seine Familie doch eigentlich gar nichts zu tun hatten.

Auch Monate nach Leonoras Verschwinden weiß er noch immer nicht damit umzugehen, dass er, der Bäcker Maik aus dem kleinen Dorf, plötzlich einen persönlichen Berührungspunkt mit der großen Politik und einer Region hat, auf die die ganze Welt blickt. Die Bilder aus dem Fernsehen gehören nun zu seinem realen Leben. Daran gewöhnen kann er sich nicht.

Abu Ismael drängt zur Eile. Keiner wisse, wie sich die Situation in Syrien entwickele, schon gar nicht im Gebiet des IS. Morgen könnten bereits alle Kommunikationsverbindungen nach außen gekappt werden. Denn diese Terrororganisation handelt oft nicht rational oder ist in ihren Entscheidungen durchschaubar. Auch könnten die Verbindungsstraßen in Richtung Norden unterbrochen werden oder mit unüberbrückbaren Checkpoints vollgepflastert sein. Auch dann wäre eine Flucht noch schwieriger, als sie es ohnehin schon ist. Jetzt, so sagen Abu Ismaels Männer ihm, bestünde eine seriöse, eine reelle Chance. Jetzt!

Zunächst muss ein Treffpunkt ausgemacht werden, an dem sich Leonora und die Männer in Rakka begegnen könnten, ohne aufzufallen. Am besten, schreibt Abu Ismael, eigne sich ein großer Platz mit vielen Menschen und viel Verkehr, irgendwo in Leonoras Umgebung. In der Masse der Menschen und Fahrzeuge würde eine einzelne Person untergehen, beinahe unsichtbar werden. Doch wie sollen sie sich dort finden? Wie sollen sie sich erkennen? Leonora muss spätestens beim Verlassen des Hauses eine schwarze *Abaya* und einen ebenso schwarzen Gesichtsschleier tragen. Dazu dunkle Handschuhe, sodass kein bisschen Haut zu sehen ist. Damit sieht sie aus wie alle anderen Frauen in Rakka. Eine Uniform, die nur noch eine Unterscheidung nach groß oder klein, dick oder dünn, zulässt, wenn überhaupt. In der Masse der schwarzen Schleier eine konkrete Person zu finden, ist im Grunde unmöglich. Genau das ist das Ziel, das die islamistischen Horden verfolgen. Frauen sollen und dürfen unter keinen Umständen auffallen oder erkennbar sein. Andernfalls könnten sich fremde Männer zu ihnen hingezogen fühlen.

Auf der anderen Seite hat die Vollverschleierung auch einen enormen Vorteil für das riskante Unterfangen, denn auf diese Weise kann niemandem auffallen, dass Leonora eine Ausländerin ist. Denn die werden besonders häufig von den Sittenwächtern und der Frauenbrigade *al-Khansaa* kontrolliert, weil sie potenziell Kontakte zu den Ungläubigen außerhalb des Kalifats haben könnten und so als Spione im Auftrag der Feinde einer anderen Agenda unterliegen könnten als der streng islamistischen.

Leonora braucht ein spezielles Erkennungsmerkmal, das sie von den anderen Frauen unterscheidet und trotzdem den Kleidervorschriften entspricht. Besondere Schuhe vielleicht, die unter dem Schleier herausschauen? Leonora schickt ein Foto mit allen Schuhen, die sie in Syrien besitzt. Es sind drei Paar, die sie so auch in Deutschland besitzen könnte und zum Teil auch von hier mitgenommen hat. Doch niemals könnten Abu Ismaels Männer diese wiedererkennen. Alle sind schwarz oder zumindest sehr dunkel. Besser wäre eine Tasche als Erkennungsmerkmal, doch die könnte auffallen als Reisegepäck und Leonora somit wieder zum bevorzugten Ziel von Kontrollen machen. Denn Reisen ohne speziellen Passierschein der IS-Verwaltung sind verboten, besonders für Frauen. Am Ende fällt die Wahl auf Leonoras Portemonnaie. Das hat sie ohnehin oft dabei, wenn sie das Haus verlässt. So kann auch Sherine nichts von den Fluchtplänen bemerken. Leonora schickt ein Bild an Maik, der es direkt in die Türkei weiterleitet. Die Geldbörse ist relativ groß und könnte deshalb von den Schleusern gesehen werden. Sie ist aber zu klein, um als Reisegepäck zu gelten. Und die kleine Tasche ist sehr hell, während die gesamte restliche Kleidung nur eines ist: tiefschwarz.

Für den Fall, dass die Schlepper und Leonora sich tatsächlich begegnen, wird ein Codewort vereinbart. Die Männer sollen es zuerst sagen und Leonora wird es dann wiederholen: *Bab*, das arabische Wort für »Tor«. Das kann sich auch die Deutsche merken. Denn nichts wäre schlimmer, als wenn sie aus Nervosität den Code vergäße.

Und Leonora ist extrem unruhig und angespannt. Die Fluchtpläne machen ihr große Hoffnung, endlich aus diesem Grauen, aus diesem Gefängnis, befreit zu werden, in das sie freiwillig eingezogen war. Nun, ein knappes halbes Jahr später, will sie nur noch weg. So schnell wie möglich. Auch nachts dreht sich bei ihr alles um die Flucht. Bis hinein in die Träume, wie sie Maik in einer verschlüsselten Nachricht schreibt:

*Habe diese Nacht richtig krass geträumt. Ich bin abgehauen, also wollte flüchten. Und Sherine und Nihad haben das gemerkt und haben mich verfolgt. Aber sie haben mich nicht gekriegt. Ich bin irgendwie gerannt, gerannt, gerannt, bis in ein Haus, was sehr groß war. Ich bin ewig durch das Haus gelaufen um mich zu verstecken und dann auf einmal stand ich auf einem Feld und es war soooo hell.*
*(Meine Augen haben richtig wehgetan, weil ich mich so angestrengt habe beim Träumen. Jetzt ist tatsächlich eine Ader in meinem Auge geplatzt.)*
*Und ich stand auf dem Feld und war verwirrt, wie ich da hingekommen bin auf einmal. Und dann habe ich eine Stimme gehört: Dein Ziel ist nicht weit. Bete und gib viel Zakat [Spende] und renn, Maryam. Bete, spende und renne. Und ich bin voll durchgedreht im Traum, weil mich das überfordert hat, wie ich von dem Haus auf das Feld gekommen bin und dann bin ich gerannt und hatte auch auf einmal mein Handy in der Hand. Zuvor hatte ich geträumt, dass ich es vergessen hatte und ich hatte einen Chat nicht gelöscht und einen mit meiner Mama. Und dann bin ich aufgewacht, weil Gebet war 3 Uhr nachts. Und dann habe ich mich für das Gebet gewaschen. Sherine stand plötzlich vor mir und hat mich gefragt: Willst du spenden? Wenn ja, dann gib es mir. Nihad nimmt es dann morgen mit in die Moschee. Wallahi [Bei Gott], ich habe ihr fast mein ganzes Geld gegeben und gebetet, so viel ich konnte. Und Sherine hat mich gefragt, warum mein Auge rot ist.*
*War total schockiert.*

Auch den Eltern in Deutschland ist klar, dass es jetzt endlich losgehen muss. Leonora wird in der angespannten Situation Fehler machen. Und Fehler können tödlich sein. Wie viel Druck wird sie aushalten? Zwar hatte Leonora gesagt, sie würde das schaffen, auch wenn es einige Tage dauern könnte, die gesamte Zeit unter akuter Lebensgefahr. Aber wie stark ist sie wirklich? Sie ist 15 Jahre alt, ein großes Kind also, auch wenn sie inzwischen viel gesehen und erlebt hat.

In die dunklen Gedanken, was Leonora alles zustoßen könnte und ob die Entscheidung wirklich die Richtige war, bricht eine Nachricht von Abu Ismael. Morgen, am frühen Nachmittag, wenn Nihad seine Geheimdienst-Schicht hat und arbeitet, solle Leonora zum Bahnhofsvorplatz von Rakka kommen. Das sei ein idealer Platz mit vielen Menschen und üblicherweise großem Gedränge. Dort würde sie von den Schleusern erwartet. Diese, so beschreibt Abu Ismael, sähen aus wie IS-Kämpfer aus Tschetschenien mit Afghanistan-Erfahrung, hätten also einen langen Bart, trügen dunkle Kleidung und den *Pakol*, die typisch paschtunische Kopfbedeckung aus Afghanistan. Nach dem Austausch des Codewortes müsse sie den beiden rasch folgen. Dabei, so die klare Anweisung, solle sie etwas Abstand zu den Männern halten. Keiner dürfe merken, dass sie zusammengehören. In einer Nebenstraße warte dann ein Auto, in das sie einsteigen solle, ohne sich noch einmal umzuschauen. Alles müsse ganz normal aussehen und schnell über die Bühne gehen, weil an den großen Plätzen meistens auch die Sittenpolizei kontrolliere. Nur nicht auffallen!

Maik leitet die Anweisung bei der nächsten Gelegenheit ein paar Stunden später weiter nach Rakka, als Leonora wieder im Internetcafé sitzt und verschlüsselt kommunizieren kann. Und er bekommt eine verstörende Antwort: *»Papa, hier gibt es keinen Bahnhof.«* Kein Bahnhof? Haben sich die Männer etwa geirrt und kennen sich womöglich gar nicht aus? Oder hat es vielleicht irgendwo einen Übersetzungsfehler gegeben und die Männer meinen einen ganz anderen Platz? Nun muss es schnell gehen. Maik schreibt an Munzer in der Türkei:

*Maik: Sie sagt, sie kennt den Bahnhof nicht!*

*Munzer: Was kennt sie denn? Denn die Sicherheitsbeamten des IS beobachten die Internetcafés in der Stadt. Dort können sie sich nicht treffen.*

*Maik: OK, wir fragen sie.*

*Munzer: In welcher Gegend wohnt sie denn genau?*

*Maik: Sie wohnt in der Straße »Scharia al-Kitar«, sagt sie. Das kennt jeder in Rakka.*

Scharia al-Kitar. Hier wohnt sie tatsächlich. Es ist eine der zentralen Straßen der IS-Hauptstadt, in weiten Teilen vierspurig, auch da, wo Leonora in der vierten Etage eines Mehrfamilienhauses wohnt. Das Problem ist nur, dass sie die Bedeutung des Straßennamens nicht kennt. Denn dann wäre ihr klar gewesen, dass es einen Bahnhof in Rakka gibt. Die Übersetzung des Straßennamens heißt: Bahnhofstraße! Nur etwa 350 Meter von Leonoras Wohnungstür entfernt, in östlicher Richtung, ist der Bahnhof mit seinem großen und belebten Vorplatz. Nur ist sie nie bis dorthin gekommen. Leonora kennt nur einen ganz kleinen Ausschnitt der Stadt, in der sie seit einem halben Jahr lebt. Ein Mikrokosmos aus wenigen Straßen mit einer Handvoll Geschäften und einem Park.

Die 15-Jährige, so Maiks Eindruck, wurde vorsätzlich dumm gehalten. Aus Vorsicht, damit sie keine Geheimnisse ausplaudert, wenn sie mit der Familie und den Freunden in Deutschland spricht. Außerdem kann der IS jeden Fluchtplan durchkreuzen, wenn sie keine Ahnung hat, was sich hinter der nächsten Straßenkreuzung befindet. Und damit, das zeigt sich jetzt, haben die Islamisten mindestens vorerst Erfolg! Der Rettungsversuch wird abgebrochen, weil die Schlepper nicht mehr erreichbar sind. Denn auch sie müssen zum Kommunizieren in ein Internetcafé, wenn sie im Stadtgebiet von Rakka sind. Die Kommunikation mit einem Satellitentelefon auf offener Straße würde zu sehr auffallen und in Gebäuden und Autos funktionieren diese Telefone nicht oder zumindest nicht gut. Sie brauchen direkte Sicht zum Himmel.

Leonora möchte seit Wochen nur noch weg aus diesem Islamischen Staat, der für sie nichts Islamisches hat. All die Versprechungen haben sich als Lügen erwiesen. Der dauernde Streit zwischen den Frauen, die Ablehnung gegenüber ihrem Ehemann und dann noch ein Schreckensregime in den Straßen, das Menschen wie Sklaven hält, wenn sie in irgendeiner Form von der strikten Linie der Islamisten abweichen. Leonoras Gedanken kreisen jetzt immer häufiger um das Leben in Deutschland, um ihr Leben, sollte die Flucht gelingen. Wie soll sie mit den Menschen in ihrer Umgebung umgehen? Kann und will sie muslimisch leben? Wird irgendwer verstehen, warum sie diesen fatalen Schritt ging? Wird man ihr verzeihen? Es sind schmerzhafte Gedanken, denn sie machen ihr Hoffnung auf eine baldige Rückkehr. Und Hoffnung hält sie für sehr gefährlich. Denn Leonora ist klar, dass es für die Rettung aus dem IS keine Garantie gibt, dass sie nur eine kleine Chance hat. Und mit jedem Tag, den sie länger dort ausharren muss, steigt das Risiko, Opfer eines Luftangriffs zu werden.

Es sind seltene Momente, in denen sie diese Gedanken dennoch zulässt und sie mit ihrer besten Freundin Emine teilt und diskutiert:

*Leonora: Das Leben an sich in dieser Stadt ist eigentlich ganz normal. Aber ich komme hier nicht klar ... Ich kann nicht ohne meine Familie sein und auch nicht hier sein, wenn solche Menschen über die Stadt herrschen.*

*Emine: Ich will, dass du endlich zurückkommst! Ich sehe es schon vor mir.*

*Leonora: Das ist ein ganz anderes Leben. Man kann das nicht vergleichen.*

*Emine: Du musst es für dich leben und auf keinen hören, der dir etwas einreden will.*

*Leonora:* Hidschab *[Kopftuch] werde ich bestimmt* inschaallah *tragen. Aber erst, wenn ich mit allem Schulkram und so abgeschlossen habe. Und wenn ich hoffentlich jemandem im Leben gefunden habe, der mich so liebt wie ich bin, trotz allem, was ich gemacht habe. Wenn es so weit ist, kann ich* Hidschab *tragen.*

*Emine: Ja, genau. So ist es richtig, Leo! Du begreifst es endlich.*

*Leonora: Wie sehr ich mich schon auf Nihads und*

*Sherines Blicke freue, wenn sie feststellen, dass ich weg bin und nie wieder komme und sie nichts machen können* inschaallah!

Emine: *Jaaaaaaaa* 😍

*Leonora: Und dann will ich mit dir verreisen. Das habe ich mir fest vorgenommen. Ich habe nämlich davon geträumt und das war total schön. Wir waren zusammen auf der AIDA. Einfach weg, bye bye* ⛵ 🛶.

Maik kennt auch diese Unterhaltung, weil Emine sie ihm zumindest in Auszügen weiterleitet. Das ist wichtig, auch wenn Leonora besser nichts davon erfährt, weil sie es für ein vertrauliches Gespräch unter Freundinnen hält. Aber zum einen beweist es erneut den ehrlichen Plan seiner Tochter, wirklich nach Deutschland zurückkehren zu wollen. Denn ein kleiner Restzweifel an Leonoras Willen und Ehrlichkeit ist bei Maik und uns Journalisten immer geblieben, denn es gibt nur diese geschriebenen Äußerungen, kein Gesicht dazu, keine Körpersprache. Theoretisch könnte sie das alles erfinden, auch wenn keiner das ernsthaft glaubt. Und dass Leonora lügen kann wie gedruckt, hatte sie bei ihrer Ausreise eindrucksvoll unter Beweis gestellt. Blindes Vertrauen gibt es nicht mehr. Maik muss sich zu 100 Prozent sicher sein, schließlich riskiert er bei der Befreiungsaktion nicht sein Leben, sondern das unbeteiligter Männer, die Leonora retten wollen. Er ist ein gutes Stück für sie mitverantwortlich, weil er es ist, in dessen Auftrag die Schlepper aktiv werden.

Zum anderen zeigt Leonoras Nachricht die große Sehnsucht nach der Familie, die ihn hoffen lässt, irgendwann könnte alles wieder gut werden. Die Herausforderungen nach einer Rückkehr werden sie meistern. Da ist sich Maik sicher:

> *Auch wenn ich mir klar darüber bin, dass es nie wieder genau so wird, wie vor ihrer Ausreise. Dafür ist einfach zu viel passiert. Sie lebt ja schon über ein halbes Jahr bei diesen blutrünstigen Monstern. Das verändert. Wer weiß, welche traumatischen Dinge sie noch erlebt hat, von denen wir überhaupt keine Ahnung haben, die wir uns gar nicht vorstellen können. Und auch wir haben uns verändert. Aber wenn wir es schaffen, sie da irgendwie rauszuholen, dann werden wir auch alles andere schaffen.*

Doch zuerst, das schärft Maik seiner Tochter immer und immer wieder ein, müsse sie sich auf die Flucht konzentrieren. Alles andere muss sie vorerst aus dem Kopf verbannen, auch wenn es schwerfällt. Denn noch haben sich Leonora und die Retter nicht einmal gegenübergestanden. Der Bahnhofsvorplatz scheidet als Treffpunkt aus. Denn so weit kann Leonora nicht gehen, sagt sie. Es ist verboten, weil sie sich als Frau allein nicht so weit entfernen dürfe. Das Risiko einer Kontrolle sei zu groß. Ein neuer Treffpunkt wird besprochen. Diesmal das Internetcafé in ihrer Nähe. Das hat den Vorteil, dass sie bis zum entscheidenden Moment des Treffens erreichbar ist.

Munzer: Ist sie losgegangen?

Maik: Leonora ist jetzt online. Sie sagt, da ist niemand. Weißt du etwas darüber?

Munzer: Hat sie draußen vor dem Café auf sie [die Schleuser] gewartet?

Maik: Ja, wir hatten ihr gesagt, sie soll draußen warten.

Munzer: Ok, ich rufe ihn an.

Maik: Danke!

Munzer: Er ruft jetzt die Jungs an, die in Syrien drin sind, und fragt, was passiert ist.

Maik: Ok

Munzer: Also er sagt, sie soll im Internetcafé bleiben und warten. Einer seiner Männer ist gerade in der Gegend. Aber die Situation vor Ort ist gerade schlecht. Er beobachtet die Umgebung.

Maik: OK, jetzt ist sie wieder draußen und wartet. Dabei ist sie nicht online.

Munzer: Lasst sie nicht zu lange draußen warten. Das ist sehr gefährlich! Und sie soll den Chat sofort löschen!

Maik: Ja, das sagen wir ihr, wenn sie wieder online ist.

Munzer: Das ist gut.

Maik: Jetzt ist sie wieder da. Was sollen wir ihr sagen?

Munzer: OK, ich habe gerade mit Abu Ismael telefoniert. Die Jungs sagen, sie haben ein IS-Polizeiauto gesehen, das um das Internetcafé herumfährt. In derselben Straße.

Maik: OK.

Munzer: Die Jungs müssen jetzt warten, bis das Auto weg ist. Wenn es dann sicher ist, geht es los. Das ist sicherer so. Kann sie so lange warten? 30 Minuten oder eine Stunde?

Maik: OK. Ja, noch 30 Minuten, dann ist Gebetszeit. Dann muss das Internetcafé schließen.

Munzer: Ah, OK. Erinnert sie bitte daran, alles zu löschen.

Maik: Ja, das hat sie. Jetzt kann sie nur noch 30 Minuten warten. Dann muss sie nach Hause! Glauben die Jungs, dass es heute noch geht oder sollen wir besser abbrechen?

Munzer: Sie sagen, sie wollen es heute noch probieren. Durchhalten!

Maik: Sie ist sehr nervös, und die Zeit rennt.

Munzer: Tut mir leid!

*Maik: In 8 Minuten muss sie raus aus dem Café! Noch 8 Minuten.*

*Munzer: Geht nicht. Zu unsicher. Lass sie nach Hause gehen.*

*Maik: OK.*

*Munzer: Der Schlepper hat sie gesehen, aber sie nicht angesprochen, weil immer noch Polizei in der Straße ist. Wann ist ihr Ehemann das nächste Mal weg?*

*Maik: Er bleibt die nächsten zwei Tage bei ihr zu Hause, und am Donnerstag geht er wieder zu der anderen Frau.*

*Munzer: OK, wir probieren es dann am Donnerstag.*

*Maik: Vielen Dank für deine Hilfe! Wenn sich irgendwas ändert, lassen wir es dich wissen.*

Leonora kann nur wagen, das Haus zu verlassen, wenn Nihad nicht da ist. Denn sollte er nur eine böse Ahnung haben, könnte er ihr folgen. Schließlich kennt er den überschaubaren Radius, in dem sie sich bewegen darf.

Der Deutsche ist unberechenbar und wohl wegen seines Jobs beim Geheimdienst ohnehin misstrauisch. Doch würde er seine eigene Frau bei den Offiziellen des IS anschwärzen und damit ans Messer liefern, wobei Messer hier wahrscheinlich nicht nur sprichwörtlich gemeint ist? Auf den Versuch will es keiner der Beteiligten ankommen lassen. Deshalb werden nur Fluchtpläne geschmiedet, wenn er die Tage bei Khadija verbringt.

Zwei Fluchtversuche sind bereits schiefgegangen und keiner weiß, wie viele Anläufe es überhaupt geben kann, bevor der Plan auffliegt. Deshalb muss es jetzt endlich losgehen. Auch Leonora wird immer nervöser. Offenbar hatte sie es sich einfacher vorgestellt, aus der Höhle des Löwen befreit zu werden.

*Maik: Leonora tatsächlich vor Ort zu finden und einzusammeln, gestaltete sich sehr viel schwieriger, als wir alle geglaubt haben. Zum einen Leonora, die kindlich naiv gedacht hat: »Das geht mal so ad hoc, da hält ein Auto an und ich steige ein und dann geht's los nach Hause.«*

*Leonora war der Meinung, die Schleuser brauchen nur in die Straße zu fahren und nach ihr zu fragen. Jeder da kennt sie. Sie hat sich das wirklich sehr, sehr leicht vorgestellt. Das war schon ein ganzes Stück Arbeit, ihr zu vermitteln, dass es so nicht läuft. Und dass sie sich an die Regeln halten muss. Und die Regeln kamen ausschließlich von Abu Ismael und den Schleusern, die sich vor Ort auskennen. Aber sie glaubte immer, alles zu durchschauen und die Situation im Griff zu haben.*

*Zum Beispiel beim dritten Rettungsversuch war das so. Da saß Leonora im Internetcafé, und wir hatten zuvor mit Abu Kontakt aufgenommen. Der ließ ausrichten: geht gerade nicht. Da steht ein Auto des IS direkt vor dem Internetcafé und drei finstere Typen sind da gerade hineingegangen. Das haben wir an Leonora direkt weitergegeben. Und sie sagte nur: »Kann nicht sein, das sind alles Syrer hier. Hier ist keiner vom IS.« Ich musste ihr dann klarmachen, wenn die Jungs schreiben, dass da so ein Auto vor der Tür steht und drei IS-Typen da gerade hineingegangen sind, dann ist das auch so! Dann schrieb Leo: »Die haben alle keine Ahnung, das ist alles voll easy hier, das sind alles Syrer. Die lachen immer, wenn ich Deutsch spreche.« Es war wirklich nicht leicht.*

Leonora ist in der Zeit, seitdem sie das Elternhaus über Nacht verlassen hat, zwar merklich gereift. Die anfängliche Naivität, in der sie alles zu glauben schien, was ihr der IS und ihr Ehemann servierten, ist einem gewissen Realismus gewichen. Leonora ist desillusioniert. Weil sie aber nur die Innensicht aus dem Islamischen Staat kennt und keine Chance bekommt, über den Tellerrand hinwegzuschauen, fehlen ihr oft abstraktere Urteile. Und nach wie vor kann sie nicht genau einschätzen, wer Freund und wer Feind ist.

Auch in Breitenbach herrscht große Anspannung. Die täglichen Versuche, Leonora zu retten, und die umständliche Kommunikation mit den Schleusern bringen Maik und Kathleen an den Rand der Erschöpfung. Denn zum einen müssen sie über Munzer und Abu Ismael Kontakt zu den Schleusern in Syrien halten und parallel mit Leonora reden und die Anweisungen weitergeben. Zum anderen wartet im Harz Leonoras leibliche Mutter Babette auf Nachrichten. Das Wohnzimmer wird daher jeden Tag ab etwa 14 Uhr zur Schaltzentrale der Operation Leonora, zum Kommunikationsknoten.

*Meine Frau musste dann extra ein bisschen eher auf Arbeit, um auch eher Feierabend machen zu können, weil mein Englisch ist leider Gottes nicht so gut, sodass wir dann also quasi jeden Tag Punkt 14 Uhr hier gesessen und darauf gewartet haben, dass sich Leonora meldet, um ihr die Anweisungen von Abu weiterzugeben. Wirklich jeder Tag hatte so eine Stunde bis eineinhalb, die alles von dir abverlangt hat. Also Fragen richtig stellen, Antworten richtig weitergeben, da haben wir richtig viele Nerven gelassen. Das ist so eine*

Anspannung. Und dann solche Erkenntnisse wie die, dass Luftbildaufnahmen für die Schleuser nicht wirklich eine Hilfe sind, weil kartentechnisch haben sie es echt nicht drauf. Es hat wirklich nicht viel genützt, dort ein Satellitenfoto hinzuschicken mit einem eingezeichneten Standort. Das war immens schwierig. Bis wir uns dann endlich mal sicher waren, dass sowohl Leonora weiß, welche Moschee wir denn meinen und auch die Schleuser die richtige Moschee hatten – das zog sich schon wirklich hin. Zumal ja immer im Hinterkopf ist: Das Kind begibt sich in Gefahr und die Schleuser auch. Und das Letzte, was wir wollten, ist irgendjemanden zu gefährden. Diese Gedanken hast du ja auch permanent präsent.

Oftmals war es so ausgemacht: Leonora steht morgen, 15 Uhr syrischer Zeit, an einer abgesprochenen Stelle – und dann steht das Kind eine halbe Stunde bei 50 Grad im Schatten und es kommt niemand. Und du sitzt hier in Breitenbach und guckst auf die Uhr: 10 Minuten sind vergangen und sie hat sich nicht gemeldet, 20 Minuten sind vergangen und sie hat sich nicht gemeldet und du bist dir sicher: Heute hat es geklappt! Und nach 35 Minuten kommt Leonora doch ins Internetcafé und meldet sich, völlig wütend: »Was sind das nur für Typen, die ihr angeheuert habt? Hier ist keiner!« Aber dann gibt es doch wieder irgendwelche Begründungen von den Schleusern: Straßensperren, zu viele Checkpoints, Polizei in der Straße oder, oder, oder. Also es war wirklich äußerst angespannt hier.

Ich streite mich mit meiner Frau eigentlich nie. Das hat zwei Gründe: Ich liebe sie, und sie hat immer recht! Aber nun waren wir an unsere Grenzen geraten, dass wir uns auch mal angefaucht haben, weil ich vielleicht ihrer Meinung nach etwas falsch wiedergegeben habe oder etwas nicht verstanden habe. Meistens waren das Nichtigkeiten. Man versucht ja als Vater, das Kind sehr liebevoll anzusprechen und Zusammenhänge ruhig zu erklären und nicht gleich mit der Tür ins Haus zu fallen. So in diesem Stil: Meine Kleine, ich *mach das schon. Da hat dann meine Frau gesagt: »Sag ihr doch einfach, dass sie ihren Arsch bewegen soll.« Und dann musste ich irgendwann die Samthandschuhe ausziehen und auch wirklich mal Tacheles reden und sagen: »Pass auf, Leo, das ist hier keine Karnevalsveranstaltung, sondern hier geht es wirklich um Leben und Tod. Und da sind drei Leute, die du nicht kennst und die dich nicht kennen, die aber trotzdem für dich ihr Leben aufs Spiel setzen.« Da war sie dann auch ein Stück weit ruhiger.*

Abu Ismael meldet sich. Auch er und seine Schleuser stehen unter Druck. Auch sie wollen die Operation Leonora schnell über die Bühne bekommen, weil das Risiko, erwischt zu werden, täglich größer zu werden scheint. Inzwischen, so hören sie, sei es Frauen untersagt worden, Rakka zu verlassen. Der IS schränkt die Reisefreiheit noch mehr ein als ohnehin schon. Um die Flucht aus der Stadt zu vereinfachen und für den Fall gewappnet zu sein, Leonora könnte mit seinen Jungs in eine Kontrolle an einem der vielen neuen Checkpoints geraten, verlangt er von den Eltern ein Passbild der 15-Jährigen. Diese Idee hatte es vorher schon einmal gegeben, war aber aus Zeitgründen nicht in die Tat umgesetzt worden. Leonora soll auf dem Passbild zu erkennen sein mit einem einfachen Kopftuch, ohne Vollverschleierung, wie im IS üblich.

Maik schneidet ein Bild aus, das Leonora ihnen vor Wochen einmal geschickt hatte, und sendet es an Abu Ismael in die Türkei. Nur einen Tag später erhält er ein Foto zurück. Es ist das Foto eines syrischen Personalausweises mit Leonoras Bild, ausgestellt vom Innenministerium der Arabischen Republik Syrien. Sie heiße Fatima, steht dort auf der Plastikkarte, und stamme ursprünglich aus Rakka. Der Name des Vaters ist mit Mustafa angegeben. Sie habe braune Augen, helle Haut und wohne direkt neben einer großen Moschee im Zentrum der Stadt. Der Personalausweis gibt Maik neue Hoffnung, denn die hatte er schon fast verloren. Er weiß schon gar nicht mehr, wie viele Fluchtversuche scheiterten. Irgendetwas zwischen zehn und 15 Anläufen. Allesamt schiefgegangen. Einige Male hatten die Schleuser Leonora auf der Straße gesehen, wenn sie an einer der großen Moscheen der Stadt wartete oder vor irgendwelchen Geschäften, die als Treffpunkt abgesprochen waren. Doch im letzten Moment hatten Abu Ismaels Jungs den Versuch abgebrochen, weil sie der Situation nicht trauten, Polizei in der Gegend war oder neue Checkpoints direkt in der Nähe errichtet wurden.

Einmal war es sogar bis zur Ansprache mit dem Codewort gekommen und Leonora hatte es wiederholt. Sie war den Männern auch gefolgt, doch plötzlich abgebogen. Am Ende stellte sich nach großer Aufregung heraus: Es war offenbar eine andere Frau, Leonora saß derweil im Internetcafé und wartete auf neue Anweisungen.

> *Maik: Wir sind nicht vor Ort, wir können die Lage selbst nicht einschätzen und müssen immer daran denken: Die spielen mit ihrem Leben und werden da schon ein Stück weit vorsichtig sein. Das sind ja keine Kamikaze-Piloten, die wir losgeschickt haben. Und das geht tagtäglich so, das geht von Montag bis Sonntag, jeden Tag. Einen ganzen Monat lang stehst du permanent unter dieser Anspannung. Das ist so schon keine schöne Situation, wenn dein Kind weg und gerade in Syrien im Bürgerkrieg ist. Und dann kämpfst du jeden Tag darum, sie da wieder rauszuholen. Du musst Missverständnisse ausräumen, die eine Seite beruhigen und die andere ein bisschen anstacheln: Nun macht mal. Aber ohne größeren Druck aufzubauen, nicht dass sie irgendwelchen Mist machen oder unvorsichtig werden. Das war schon richtig heftig.*

*Und dann kam dieser Samstag. Im Vorfeld hatte Abu uns zugesichert, dass es definitiv am darauffolgenden Tag klappt. Sollte es nicht nachmittags hinhauen, dann würden sie noch am gleichen Abend einen weiteren Versuch starten. Und da hat Leonora vielleicht den entscheidenden Fehler gemacht. Über WhatsApp, also unverschlüsselt und offen, hat sie noch einmal den vereinbarten Treffpunkt wiedergegeben: »Stehe 15 Uhr an der Moschee.« Es kann sein, dass diese Nachricht die Ursache war, weshalb der Plan aufgeflogen ist. Wir wissen es nicht. Wie wir inzwischen wissen, waren sowohl die Schleuser an der Moschee und Leonora auch. Aber es war nicht dieselbe Moschee.*

*Wieder eines dieser Abstimmungsprobleme. Und Leonora kam doch wieder online. Wir hatten so gehofft, dass sie einfach nicht mehr online kommt und wir wissen: Gott sei Dank, in ein bis zwei Stunden werden wir einen Anruf von Abu bekommen mit der Aussage: Ja, wir haben sie! Aber sie kam wieder online und schimpfte wie ein Rohrspatz, was für Versager wir da engagiert hätten. Ich war ganz ruhig und habe sie gebeten, um 18 Uhr noch einmal ins Internetcafé zu kommen. Heute muss es einfach klappen, haben wir gedacht. Wenn nicht heute, dann klappt es nie!*

Wir, die Journalisten, bekommen Kopien aller Fluchtpläne und Verhandlungen von Maik zumeist in Echtzeit auf unsere Mobiltelefone. Nach all den intensiven und freundschaftlichen Monaten mit Maik, dessen zähen Gesprächen mit den Behörden, seinem Austausch mit Leonora und unseren gemeinsamen Tagen in der Türkei vermögen wir es nicht, einfach nur stille Beobachter aus der Distanz zu sein. Selbst wenn wir das wollten – es geht einfach nicht. Auch wenn wir persönlich nicht betroffen sind, macht uns Leonoras und Maiks Schicksal betroffen. Das ist auch für uns kein Fall wie jeder andere. Sollte eine 15-Jährige, die sich für den falschen Weg entschieden hat und den Fehler inzwischen einsieht und bereut, nicht eine zweite Chance bekommen? Sie ist wissentlich und willentlich zu diesem Islamischen Staat gegangen in der Hoffnung, etwas zu finden, was ihr in Deutschland fehlte. Auch wenn uns bis heute nicht ganz klar ist, was den letzten Ausschlag gab zu dieser Ausreise. Aber Leonora ist auch noch extrem jung, hat ihr ganzes Leben noch vor sich. Sie hat eine zweite Chance verdient!

Wir entscheiden uns, auch wenn wir das eigentlich anders geplant hatten, Abu Ismael in der Türkei direkt anzurufen. Wir wollen wissen, woran es hakt, warum es so kompliziert ist, dass sich Leonora und die Schlepper erkennen. Das Gespräch dauert nur wenige Minuten. Bis jetzt wussten wir über die Schleuser fast nichts. Wir hatten keine Ahnung, woher sie kommen, wie sie heißen oder wie sie genau aussehen. Eine verständliche Vorsichtsmaßnahme. Nach dem Gespräch verspricht er Maik, erneut mit den Männern vor Ort zu sprechen und sie zu bitten, einfacher auffindbar zu werden und trotzdem ihre Deckung aufrechtzuhalten. Letztlich, so Abu Ismael, habe er mit seinen Männern besprochen, das persönliche Risiko zu erhöhen, um endlich durchzustarten. Jede weitere Verzögerung erhöhe die Gefahr der Entdeckung.

*Die Schleuser haben dann bei dem Versuch am Abend etwas getan, was sie bis dahin nie gemacht hatten. Sie sind direkt in das Internetcafé hineingegangen. Um die Verwechslungsgefahr zu verringern, hat sich derjenige, der hineinging, sehr auffällig gekleidet mit einem weißen T-Shirt. Er hatte auch ein weißes Handy dabei und hielt sich dann ab 18 Uhr in dem Café auf.*

*Wir haben dann hier gesessen und dann war es 18:01 Uhr, 18:02 Uhr, 18:05 Uhr, Leo kam nicht online. Dann war es 18:10*

*Uhr, und sie war immer noch nicht online. Da haben wir schon gedacht, das kann doch gar nicht sein, jetzt begibt sich der Schlepper wirklich in akute Lebensgefahr, der arme Kerl, steht jetzt da und wartet auf Leonora, die Frau mit dem weißen Portemonnaie. Und sie kommt einfach nicht. Und dann sitzt du hier, hast tausend Sachen im Kopf, und die Spannung wächst ins Unerträgliche. War die zuvor unverschlüsselte Nachricht mit dem Treffpunkt an der Moschee schuld? Hatte ihr Ehemann die Nachricht entdeckt? Lebte sie überhaupt noch oder war irgendwo inhaftiert? Da war es dann auch 18:30 Uhr, und sie war immer noch nicht online. Und 18:40 Uhr, also 40 Minuten zu spät, 40 Minuten, in denen wir hier gesessen haben und nicht wussten, warum Leonora nicht kam. Da dachten wir: Kind, noch einfacher können wir es dir nicht machen!*

*Dann plötzlich war sie online. Ich habe dann sofort angefangen, den Mann zu beschreiben. Da ist jetzt ein Mann mit einem weißen T-Shirt. Antwort von Leonora: Nein. Okay. Der hat ein weißes Handy und eine weiße Tasche. Ihre Antwort lautete wieder: Nein. Und dann hat sie noch mal eine Sprachmemo geschickt: »Papa, ich geh jetzt.« Und sie schrieb dazu: »Ich komme.« Aber dieses »Ich komme« habe ich in dieser Sekunde nicht gesehen oder nicht gelesen, ich weiß es nicht. Ich war nur noch entsetzt, dass sie jetzt einfach losgehen will. Vielleicht ist der Mann nur kurz auf der Toilette. Er musste ja mehr als 40 Minuten auf meine Tochter warten. Und dann habe ich noch schnell hinterher geschrieben: »Nicht gehen!« Aber das wurde schon nicht mehr zugestellt. Das war das Letzte, was wir von ihr persönlich gehört oder gelesen haben!*

Der Plan ist aufgeflogen. Der schlimmste Fall ist eingetreten. Es ist passiert, wovor alle Beteiligten eine solch große Angst hatten. Erst am späten Abend erfahren Maik und Babette, was passiert war. Bis dahin dachten sie, Leonora könnte irgendwo in einem

Auto der Schlepper sitzen und in die rettende Türkei gebracht werden. Doch es kommt anders. Babette erhält eine Nachricht. Es ist die neue Nummer ihres »Schwiegersohns« Nihad. Das erkennt sie gleich am Profilbild. Vor der Fahne sitzt ein Mann mit Sturmhaube und Muskelshirt. Nur die Augen sind zu erkennen. Es sind die Augen des Mannes, den sie so sehr verabscheut. Mit einem Kajalstift hat er die Lider nachgezogen, damit sie noch bedrohlicher wirken. Nihad triumphiert. Er zeigt seine Macht. Er ist es, der über Leben und Tod entscheidet. Es wirkt, als mache ihm dieser Sadismus riesigen Spaß:

> *»OK, ich habe eine frohe Botschaft für Sie. Der Versuch, ihre Tochter zu holen, ist erfolgreich gescheitert. Möge Allah Sie rechtleiten oder Sie alle vernichten, Amen. Sie wissen nicht, gegen wen Sie kämpfen.«*

Babette und Maik haben die Schlacht gegen den ungewünschten Schwiegersohn verloren. Die Operation ist gescheitert.

> *Zeitgleich ist der Kontakt zwischen Abu und seinen Leuten vor Ort abgebrochen, was auch verschiedene Gründe hätte haben können, aber es war naheliegend, dass dort irgendetwas passiert ist. Dass wirklich ein Ereignis eingetreten ist, das wir die ganze Zeit vermeiden wollten. Zwei Tage lang hat Abu nichts von seinen Leuten gehört. Und er hatte zwischenzeitlich auch Leonora Vorwürfe gemacht: Die hat meine Jungs verraten! Das ist natürlich harter Tobak. Dein Kind hat die Leute ans Messer geliefert. Das war echt hart. Zwei Tage später tauchten die Schleuser dann aber glücklicherweise wieder auf und sagten, sie seien verhaftet worden, allerdings unter Spionageverdacht, nicht dass sie beschuldigt worden sind, jeman-*

den dort verschleppen oder befreien zu wollen. Und dass dieser Verdacht sich nicht erhärtet hat und sie wieder auf freien Fuß gesetzt worden sind. Aber es kam keine Meldung mehr von Leonora oder von Nihad oder von irgendwem. Über eine ganze Woche nicht.

# Die Todesnachricht

Tage können so unendlich lang sein, als wollten sie nie vergehen. Maik sitzt in Breitenbach und starrt sein Handy an, Stunde um Stunde. Doch es passiert nichts. Kein Klingeln, einfach Stillstand. Leonora meldet sich nicht. Auch Emine und Babette haben keine Nachrichten erhalten, wie sie Maik versichern. Seit Tagen nicht. Das Letzte, was sie alle erfahren hatten, war, dass die Schleuser überlebten und dass Nihad hinter die Fluchtpläne gekommen war. Seither nichts.

Es ist ein Gedankenkarussell, das sich im Kreis zu drehen scheint. Wenn sie die Schleuser haben laufen lassen, dann werden sie doch auch Leonora nichts getan haben!? Oder gilt sie als Initiatorin der Aktion und wurde daher getötet? Wird Maik bald ein Video von ihrer Hinrichtung erhalten, so wie der Aktivist Hamood von *Raqqa is being slaugtered Silently*, den Maik in der Türkei getroffen und der trotz allem seine Hilfe bei der Rettung Leonoras angeboten hatte? Die Begegnung mit dem syrischen Aktivisten schwirrt Maik immer wieder im Kopf herum. Der IS war zu so etwas fähig, daran hatte er überhaupt keinen Zweifel. Aber wäre Nihad auch dazu fähig? Er war doch ihr Ehemann. Wie könnte er solch eine Grausamkeit zulassen?

*Ich werde mich so lange ich lebe um sie kümmern, bi idhnillah [Alles Lob gebührt Allah].*

Das hatte Nihad als eine der ersten Nachrichten an Maik geschrieben. Ein halbes Jahr ist das nun her. Wenn er die Verantwortung für Leonora übernommen hatte, dann muss er ihre Ermordung doch mit allen Mitteln unterbunden haben. Und dass Nihad in den Reihen des IS mächtig und einflussreich war, das hatte Leonora immer wieder geschrieben!

Maik ertappt sich bei dem Gedanken, dass all das Leid und das Bangen nun wenigstens ein Ende hätten, wenn Leonora nicht mehr lebte. Schnell verwirft er den Gedanken wieder. Nein! Das darf er nicht denken! Leonora lebt! Das spürte Maik einfach! Aber warum meldete sie sich dann nicht? Oder durfte sie nicht? Schon mehrere Male hatte sie Internetverbot von Nihad erhalten, wenn ihm irgendetwas nicht gepasst hatte. Trotzdem schaffte sie es immer wieder, sich zu melden, wenn nötig hinter seinem Rücken. Die Bande zwischen Leonora und Maik, Babette und Emine waren immer stärker als dieser Islamische Staat und ihr Ehemann gewesen. Oder, auch das nimmt Maik in Betracht, hatte seine Tochter ihn erneut angelogen und die Schleuser ans Messer geliefert? Dann wäre alles nur Lüge gewesen. Nein! So grausam konnte Leonora nicht sein. Und ihre Sehnsucht nach Hause und der Abscheu über den IS und ihren Mann, all diese Äußerungen, waren doch echt! Das war keine Lüge. So sehr konnte sie Maik nicht hinters Licht führen, nicht noch einmal.

Der Familie bleibt in diesen Tagen nichts anderes übrig, als abzuwarten. Gleichzeitig prüfen wir Journalisten aufmerksam jede einzelne Nachricht, die aus Rakka herausdringt – von unabhängigen und zumeist kritischen Quellen, aber auch aus der Propaganda-Maschinerie des IS selbst. Beinahe täglich finden sich da neue Berichte von Hinrichtungen vermeintlich Ungläubiger oder von Spionen, wie es dort heißt. Eine Mitteilung oder gar ein Video, in dem es um Leonora geht, findet sich nicht. Das ist schon mal eine gute Nachricht. Wie hätten wir Maik eine solche Botschaft auch überbringen können? Nach jedem Twitter-Besuch, jeder Suche in dschihadistischen Blogs – Durchatmen. Nix. Keine Meldung. Ein Glück!

Die erste Mitteilung aus dem Kalifat stammt schließlich von einer bislang unbekannten Nummer. Und sie erreicht auch nicht Maik oder Emine, sondern Babette. Sie wird von Khadija verschickt, der aus Dagestan stammenden Zweitfrau Nihads. Ihr Inhalt lässt alle wie gelähmt zurück. Das Worst-Case-Szenario wird der Nachricht zufolge Wirklichkeit:

*»Ihre Tochter wurde gestern nacht durch ein Bombenangriff Flugzeuge in der Stadt schwer verletzt und liegt in Koma«*, heißt es da in brüchigem Deutsch. Und weiter: *»Ihr Mann, sein Sohn und sein 1 Frau wurden dabei getötet. Ich bin 2 Frau von Abu Yaser kümmere mich um mariam und melde mich wenn es etwas neues gibt.«*

Mariam, das ist der islamische Name von Leonora, verletzt und im Koma. Eine schreckliche Nachricht, die die bösesten Befürchtungen nun tatsächlich wahr werden lassen. Maik ist geschockt, genau wie Babette und Emine natürlich. Nur dass Leonora augenscheinlich nicht vom IS zur Rechenschaft für den Fluchtversuch gezogen wurde, sondern fatalerweise zum falschen Zeitpunkt am falschen Ort war. Aber, so fährt es Maik durch den Kopf: Leonora lebt. Niemand hat sie wegen des Fluchtversuchs umgebracht. Das war es dann aber auch schon mit den guten Meldungen.

Sie liegt nun lebensgefährlich verletzt in einer Stadt, von der kein Mensch glaubt, dass man einen komatösen Zustand im Krankenhaus überleben kann. Schließlich reden wir über das

Zentrum eines Bürgerkriegsgebiets. Babette schreibt nach einem Moment des Innehaltens in den Islamischen Staat:

*Babette: Im Koma? Wie schwer ist sie verletzt*

*Khadija: Ihre Lage ist gerade nicht gut sie viel Verbrennungen und teile von Steinen und Metall im Körper. Sie hat ein großes Metallstück im Kopf was nicht einfach entfernt werden kann.*

*Babette: Ich danke ihnen sehr, dass sie mir schreiben. Besuchen sie meine Tochter im Krankenhaus?*

Die letzte Frage bleibt unbeantwortet. Khadija schreibt nicht mehr zurück. Babette und Maik bleiben mit den kargen Informationsschnipseln allein zurück. Über die vergangenen Monate hatten sich beide ein neues Maß an Skepsis antrainiert. Alles, was sie zu lesen bekommen oder hören, wird erst einmal infrage gestellt. Nichts wird auf Anhieb für bare Münze genommen. Das ist eine Art Selbstverteidigung gegen die Lügenmärchen, die ihnen schon so viel Schmerz zugefügt hatten. Auch dieses Mal sind sie skeptisch, zumal es ja vorher den Fluchtversuch gegeben hatte, auf den, abgesehen von der siegessicheren Nachricht Nihads, keine Reaktion erfolgt war. Doch konnte das sein, dass die Mitglieder des IS der Familie im Heimatland eine solch konkrete und schreckliche Nachricht mitteilen, die lediglich erdacht war? Immerhin war Leonora ein Teil dieser Organisation und Khadija so etwas wie »Familie«. Nein, das kann sich Maik einfach nicht vorstellen. So grausam können nicht einmal die IS-Leute sein. Schließlich ist Khadija auch eine Mutter. Es bleibt also nichts anderes, als abzuwarten und zu beten. Vielleicht schafft es Leonora ja. Sie war zuletzt bei bester Gesundheit und hat einen großen Überlebenswillen. Alle guten Wünsche werden am nächsten Morgen enttäuscht. Khadija meldet sich aus Rakka. Es ist Dienstag, der 1. September 2015:

> *Khadija: Es wurde versucht das metallstuck zu entfernen aber durch die schwere der vielen Verletzungen hat ihre Tochter es nicht geschafft. Sie ist vor wenigen Stunden gestorben.*

Leonora ist tot. Gestorben durch die Folgen eines Luftangriffs. Was für ein jämmerlicher und zugleich vermeidbarer Tod. Warum nur ist diese lebensfröhliche junge Frau in den Bürgerkrieg gezogen? Wie konnte sie sich das nur antun? Wie konnte sie das nur ihrer Familie antun?

Babette, bei der die Nachricht erneut zuerst eintrifft, liest weiter.

> *Khadija: Ich hoffe das sie jetzt zum nachdenken kommen für das was sie ihr und unserem mann unsere Familie angetan haben mit dem Versuch sie nach Türkei zu entführen. Aber sie ist für ihren Glauben hier gekommen und gestorben.* 😭

Jetzt wird der Fluchtversuch also doch thematisiert. Was soll die Flucht bitte mit dem Tod durch einen Bombenangriff zu tun haben? Das macht keinen Sinn! Schließlich wollte Leonora ja genau vor diesen Bomben und dem Grund für die Bomben fliehen. Das muss doch auch diese Khadija einsehen. Babette bleibt daher zunächst skeptisch:

*Babette: Ist das denn wahr? Bitte .. Woher weiß ich, dass dies wahr ist?*

Khadija antwortet diesmal schnell und ohne jede Umschweife:

*Khadija: Ich weiß nicht, ob es für sie ein Spiel ist. Jeden Tag sterben hier viele Menschen durch ihre Flugzeuge. Ich brauche etwas Zeit für mich.*

Weitere Nachfragen bleiben unbeantwortet. Einen Beweis für den Tod Leonoras, etwa ein Foto von ihrem Leichnam, bleibt die Zweitfrau schuldig. Und so lässt sie alle Beteiligten mit einer lähmenden Ungewissheit zurück.

Todesmeldungen per Messenger-Nachricht oder durch einen kurzen Anruf aus dem Kalifat an die Familien in der Heimat sind nichts Ungewöhnliches. Der Islamische Staat hat diese Tradition von anderen islamistischen Organisationen übernommen. Auch al-Qaida meldete den Tod seiner Anhänger nach Hause, häufig verbunden mit einer Gratulation, dass der »Bruder« oder die »Schwester« die Ehre haben, als Märtyrer für die Sache Allahs gefallen zu sein und nun die höchste Stufe des Paradieses, *al-Firdaus*, erreicht zu haben. Neuankömmlinge mussten etwa bei al-Qaida im Irak, der Vorläuferorganisation des IS, eine Telefonnummer für den Fall hinterlassen, im Gefecht getötet zu werden. Das hatten US-Truppen herausgefunden, als sie 2007 im Nordirak die sogenannten *Sinjar-Records* fanden, eine Art Personalverwaltungssystem al-Qaidas. Und auch in den Registrierungsbögen der »Allgemeinen Grenz-Verwaltung« des Islamischen Staates, in der alle neuen Rekruten bei der Einreise bürokratisch mit Namen und anderen biografischen Daten erfasst werden, wird in einer der letzten Zeilen der Kontakt zu einem Angehörigen oder engen Freund abgefragt.

Dabei geht es keinesfalls um ein freundlich gemeintes Familieninformationssystem, sondern es geht um Ideologie. Denn nach der religiösen Überzeugung des Islamischen Staates kann ein *Shahid*, ein Märtyrer, nicht nur sich selbst erlösen und in die höchste Stufe des Paradieses kommen, sondern mit ihm auch Teile seiner Familie. Selbst wenn diese kein besonders islamkonformes Leben geführt hat. Zudem gilt der Märtyrertod als besonders ehrenhaft. Diese verdienstvolle Information darf der Familie oder den engen Angehörigen nicht vorenthalten werden. Und, das gehört ebenfalls dazu, mit Todesmeldungen wird eigentlich kein Schindluder getrieben. Das gebietet die Ehre. Selbst wenn der IS eine ausgeprägte Propaganda- und Desinformationskampagne fährt, gelten Todesmeldungen als relativ vertrauenswürdig. So ist es zwar üblich, dass bei der Anzahl getöteter Feinde maßlos propagandistisch übertrieben wird, etwa bei Selbstmordanschlägen oder Angriffen auf Armeestützpunkte. Bei der Menge und den Identitäten der eigenen gefallenen Kämpfer gelten die Angaben jedoch zumeist als relativ akkurat. Häufig werden auch Fotos der gestorbenen Märtyrer gezeigt, veröffentlicht und ihnen gehuldigt. Dabei ist es auch nicht unüblich, Fotos der Leichen an Angehörige zu verschicken. Das gilt allerdings fast nur für Männer.

All das weiß Maik. Er hatte sich mit dem Thema zwangsläufig intensiv beschäftigt. In der Vorbereitung und der Abwägung aller möglichen Eventualitäten des Fluchtversuchs hatte er sich informiert. Was, wenn Leonora stirbt? Wie bekäme er dann die Information vom Tod seiner Tochter? Wie würde er die schreckliche Gewissheit überbracht bekommen? Denn nichts ist schlimmer als Unklarheit darüber, ob das eigene Kind noch lebt oder tot ist.

In der Elterngruppe von *Hayat*, die sich in regelmäßigen Abständen in Berlin trifft und in der viele Angehörige Ausgereister oder radikalisierter Jugendlicher sich treffen und einander Trost zusprechen, hatte er eine Mutter kennengelernt, die seit Monaten mit dieser Unsicherheit leben musste. Das Schlimmste, findet Maik. Ihr Sohn war bei den Angriffen auf die kurdische Stadt Kobane aufseiten des IS dabei und wahrscheinlich gefallen. Ein Freund des Sohnes, der im selben Bataillon kämpfte, meldete sich anschließend bei ihr und überbrachte die Todesnachricht. Allerdings hatte er, nach eigenem Bekunden, nie seine Leiche gesehen und war auch nicht in dessen Nähe gewesen, als er angeblich starb. Er folgerte den Tod nur, weil der junge Mann nach der Schlacht nicht ins IS-Feldlager zurückgekehrt war. Grund genug für die Todesmeldung. Doch so war nicht auszuschließen, dass ihr Sohn vielleicht doch nur gefangen genommen worden war und nun in irgendeiner Zelle der kurdischen Milizen der YPG in Nordsyrien festgehalten wurde. Oder war er irgendwo verschüttet worden und vielleicht nur verletzt? Die Schlacht verlor der IS vor allem auch wegen des massiven Bombardements der Internationalen Koalition. Zurück blieb eine Trümmerwüste, mit Hunderten, vielleicht Tausenden Verschütteten.

In solchen Häuserkämpfen ist es nicht selten, dass Leichen nie gefunden oder identifiziert werden. Und der IS betreibt keinerlei Grabkult, im Gegenteil. Der Ideologie der Islamisten zufolge sind alle Formen aufwendiger Grabmale abzulehnen. Tote werden einfach verscharrt. Kein Grabstein, kein Hinweis auf die letzte Ruhestätte. In Gebieten, die der IS unter Kontrolle brachte, begannen Anhänger häufig damit, zunächst Friedhöfe und Mausoleen zu zerstören. So soll, nach der islamistischen Auffassung, jede Art von Ahnenkult, aus deren Sicht Götzendienst, der in der arabischen Welt über Jahrhunderte üblich war, verhindert werden. Auch die Anhänger der muslimischen Denkrichtung des Wahhabismus in Saudi-Arabien lehnen Grabkulte ab. Für Entsetzen in der islamischen Welt sorgten daher saudische Pläne, die angeblichen Gebeine des Letzten in der Reihe der Propheten, Mohammed, in ein Massengrab umzubetten. Mohammed gilt als der wichtigste der Propheten, sein Leben als vorbildhaft. Für Angehörige bedeutet die Ablehnung jedweden Grabkultes aber auch: kein Ort, der Trost spenden könnte. Und kein Ort, an dem man ihn besuchen und näher bei ihm sein könnte.

In Breitenbach herrscht tiefe Trauer. Eine Schockstarre. Aber auch das Gefühl, irgendetwas könnte an der Nachricht nicht stimmen. Warum der Vorwurf mit dem Fluchtversuch? Es ist dieser eine Satz, der Maik und Babette zweifeln lässt. Maik leitet die Todesnachricht an uns Journalisten weiter und an Claudia Dantschke. Sie lässt auch uns fassungslos zurück. Der Tod Leonoras war etwas, das bei ihrem Aufenthaltsort auf der Hand lag. Etwas, das immer passieren konnte. Aber es nun auf dem Display eines Smartphones zu lesen, war etwas völlig anderes.

Unser Verhältnis zu Maik war in den vergangenen Wochen und Monaten viel enger geworden, die journalistische Distanz hatte Risse bekommen, auch durch die gemeinsame Zeit in der Türkei und den Verlauf des Fluchtversuchs, der auch an uns nicht spurlos vorübergegangen war. Auch wir hatten mitgefiebert, die Daumen gedrückt, dass es endlich klappen könnte, Leonora aus dem IS zu holen. Entsprechend litten wir nun auch bei der Todesmeldung mit. Zwar hatten wir Leonora nie persönlich kennengelernt. Sie hatte auch nichts von unserer Existenz gewusst. Und trotzdem wussten wir so viel über sie. Wir kannten ihr Tagebuch, all die Chatnachrichten an Maik, ihre Freundin Emine und an Mutter Babette. Folglich hatten wir vor allem großes Mitgefühl mit der Familie und den daheimgebliebenen Freunden in

Sachsen-Anhalt. Wir hatten auch keinen Grund, an der Todesmeldung zu zweifeln, trotz des Hinweises mit dem Fluchtversuch, den Khadija beschrieben hatte. Und noch etwas ließ den Wahrheitsgehalt der Todesmeldung für uns wahrscheinlich erscheinen: Wir erfuhren, dass Nihads Mutter eine ähnlich lautende Todesnachricht erhalten hatte. Angeblich war ja auch er tot, wie Khadija geschrieben hatte.

Wir wussten nicht besonders viel über die Mutter und die Familie, hatten aber erfahren, dass sie trotz der Ausreise ein relativ intaktes Verhältnis zu ihrem Sohn hatte und mit ihm und der ersten Frau in regelmäßigem Kontakt stand. Warum sollte Martin alias Nihad seiner eigenen Mutter eine so furchtbare Nachricht schicken lassen, wenn sie nicht wahr wäre? Sie hatte ja nicht wie Maik eine Flucht für ihr Kind geplant. Warum dann also eine Todesmeldung? Das machte einfach keinen Sinn.

Krisentreffen bei Claudia Dantschke im Wohnzimmer in Berlin. Wie müssen wir die Echtheit einschätzen? Kann es daran Zweifel geben, zumal wir ja von der Meldung an Nihads Mutter wissen? Letztere kennt Maik zu Hause in Breitenbach noch nicht. Er hat große Zweifel an der Authentizität von Khadijas Nachricht, auch wegen des zeitlichen Zusammenhangs mit dem Fluchtversuch. Aber wie intensiv spielt dabei die Hoffnung eines Vaters mit hinein, der einfach nicht will, dass seine Tochter tot ist? Total nachvollziehbar. Solange es keinen Beleg gibt, würde jeder von uns glauben wollen, dass sein Kind lebt.

Wir sitzen in dem engen Wohnzimmer zusammen und sind alle geschockt. Der Raum ist recht dunkel. Durch die Vorhänge dringen einzelne Sonnenstrahlen herein. Zwei schwere Ledersofas stehen einander gegenüber. Auf dem Tisch verteilt sind Zigaretten, ein großer Aschenbecher und Gläser gefüllt mit Eistee,

Pfirsichgeschmack. Auch die Familienberaterin wusste von der vergeblichen Fluchtidee und den vielen Anläufen, die allesamt schiefgelaufen waren. Und Claudia Dantschke kennt solche Todesmeldungen aus Islamistengebieten von diversen anderen Fällen, die sie betreut. Da hatte es nie einen begründeten Zweifel an der Echtheit gegeben. Beim Tod lügen Islamisten eigentlich nicht. Eigentlich. Was, wenn es aber diesmal anders ist? Wir reden schließlich über die brutalste Terrororganisation der Welt, die alle, die nicht ihrer Form des Islam folgen, für Abtrünnige oder »Ungläubige« hält.

Wir diskutieren hin und her, wägen ab, debattieren Eventualitäten und Wahrscheinlichkeiten. Eine Recherche in sozialen Netzwerken ergibt zudem, dass es in den vergangenen Tagen eine Vielzahl von Luftangriffen auf Rakka gab, ausgehend von der Internationalen Koalition und ihren mächtigen Luftstreitkräften. Wieder ein Indiz mehr. Kein Beweis, aber ein Hinweis. Am Ende der etwa zweistündigen Zusammenkunft ist für uns klar: Wir halten die Nachricht für sehr wahrscheinlich authentisch und müssen Maik das auch sagen. Er hatte uns mehrfach um Einschätzung gebeten. Schließlich waren wir es gewesen, die ihm immer wieder eingebläut hatten, jede Äußerung, jeden Inhalt einer Nachricht mit größter Vorsicht zu betrachten. Nichts auf Anhieb glauben.

Wir rufen ihn zusammen an, mit der Lautsprecherfunktion des Mobiltelefons. Es wird kein angenehmes Gespräch. Maik reagiert zurückhaltend, zeigt keine emotionale Regung. Das ist typisch für Maik, der selten Neuigkeiten gleich kommentiert und Gefühle äußert. Er ist der Typ »Innere Analyse – Verarbeitung – Reaktion«. Zunächst zieht er sich zurück und macht die Dinge mit sich selbst aus, bespricht sie dann mit seiner Frau Kathleen, über die gesamte Zeit seine wichtigste Beraterin und Stütze, sowie Freunden und Nachbarn. Dann folgt die Reaktion. Maik kann Unmengen ungewünschter Informationen in sich hineinfressen, bevor es irgendwann aus ihm herausbricht.

Doch diesmal ist es anders. Nichts bricht heraus. Da ist einfach nur Trauer. Natürlich erfährt Kathleen alles sofort. Doch Maik muss es auch den anderen Familienmitgliedern sagen. Vor allem Leonoras Großeltern, Maiks Mutter und Vater, und seine Schwester hatten einen engen Draht zu ihr. Doch wie nur diese Nachricht vermitteln, die so endgültig ist?

*Maik: Wir haben sie nicht gleich informiert. Damit habe ich mich wirklich schwergetan. Ich bin auch noch in die Bäckerei gefahren und habe versucht, es mir nicht anmerken zu lassen. Ich denke, da war ich ein schlechter Schauspieler.*

*Und ich habe dann einfach meine Schwester, meinen Schwager und meinen Vater in der Firma in den Versammlungsraum gebeten. Und sie sind mir dann alle auch treu und brav gefolgt und waren nun der Meinung, jetzt gibt es irgendwas Neues von der Flucht. Hat es geklappt? Jetzt erzählt er uns bestimmt, dass er zwei Wochen Urlaub braucht und nicht da ist. Und wenn er wiederkommt, hat er Leo dabei. Mit dieser Erwartungshaltung sind sie da in den Versammlungsraum gekommen. Und dann musste ich so was sagen. Das war schon richtig heftig. Auch wenn jedem die Gefahr bewusst war, dass Leo dort mit einem Fingerschnippen ums Leben kommen kann, von jetzt auf sofort – damit gerechnet hat niemand. Und das war auch mein letzter Arbeitstag. Danach war definitiv Feierabend, ich hatte wirklich keine Kraft mehr, freundlich gegenüber Kunden und der Lieferant zu sein, der Brot und Brötchen bringt. Das ging absolut nicht mehr.*

*In der Zeit vorher war es schon nicht einfach, wenn man angesprochen worden ist – gibt's was Neues? Es gab dann so rührende*

*Szenen, wo dir jemand sagt: Ich zünde jeden Abend für Ihre Tochter eine Kerze an. Da möchtest du sie am liebsten in den Arm nehmen und sagen: Mach dir keine Sorgen! Sie ist bald wieder da. Damit kann man umgehen. Aber den Tod des Kindes verheimlichen, das geht einfach nicht.*

Für den nächsten Tag, es ist der 3. September 2015, laden Maik und Kathleen die Familie nach Breitenbach. Leonoras Großeltern, ihre Tante, aber auch Babette und ihr Lebensgefährte kommen gegen Mittag zusammen, um sich gegenseitig Trost zu spenden, einfach zu reden und gemeinsam zu weinen. Auch wir sind da. Und Emine, die sich weinend in Leonoras altes Zimmer zurückzieht. Hier liegen so viele gemeinsame Erinnerungen, so viele schöne Stunden, so viele Gespräche unter Freundinnen. Hier steht noch ihr Schminktisch mit den Dutzenden Nagellacken, den verschiedenen Cremes und Lippenstiften, die Leonora auf ihrem Beauty-Kanal bei YouTube testete und bewarb. Hier hängen Fotos von gemeinsamen Unternehmungen an der Wand, liegen ihre Lieblings-CDs von Eko Fresh und der Soundtrack von *Twilight* auf der Kommode.

Bei Maik mischt sich Wut in die Trauer. Wut über sich selbst, die Ausreisepläne seiner Tochter nicht bemerkt und diese Reise in den Tod nicht noch verhindert zu haben; Wut über Leonora, sich diesen Horden anzuschließen, und natürlich Wut auf den Ehemann, der seine Tochter nicht beschützte, wie er es doch versprochen hatte. Ein echter Maulheld. Maik spaziert durch den Garten und redet sich seine Gedanken von der Seele:

*Die Gefahr, dass dort irgendwas passieren kann, Luftschläge, Anschläge, irgendwas, selbst ein Autounfall, das war ja mit einer der Gründe, weswegen wir gesagt haben: Leonora muss dort weg. Es kann tatsächlich auch zur falschen Zeit eine Bombe genau da fallen oder eine Rakete einschlagen, wo unser Kind ist. Das war ja die ganze Zeit allgegenwärtig. Man hat es immer weggeschoben und gesagt: Nein, unserem Kind wird das schon nicht passieren. Nun ist genau dieser Fall eingetreten. Und damit müssen wir nun leben. Wir müssen einfach damit leben, dass es uns nicht möglich war, sie dort wegzukriegen.*

*Wir machen uns aber wirklich keine Vorwürfe, wir haben alles versucht. Wir haben uns wirklich alle Beine ausgerissen und dadurch, dass du dich jeden Tag damit beschäftigst und eigentlich immer im Hinterkopf hast, es kann auch wirklich bitterböse in die Hose gehen, es kann wirklich zum Äußersten kommen – ich will nicht sagen, dass einen das vorbereitet, auf so was kann einen niemand vorbereiten, das geht nicht, aber man hat es die ganze Zeit im Hinterkopf. Und wenn es wirklich so war, dass sie durch diese Fliegerbombe schwer verletzt war, im Koma lag und dann ganz einfach nicht mehr die Kraft hatte, gegen diese Verletzung anzukämpfen, wenn sie wirklich gestorben ist, dann war das für sie vielleicht noch der gnädigste Weg, aus dem Leben zu gehen. Nicht durch einen gescheiterten, aufgedeckten Fluchtversuch vielleicht hingerichtet zu werden. Wenn das alles so stimmt und die Situation tatsächlich so war, wie uns das geschildert wurde, war es eine Gnade, so zu sterben.*

Bald wäre Leonora 16 geworden. Sie hätte den Moped-Führerschein machen wollen und etwas unabhängiger damit werden können. Noch anderthalb Schuljahre haben zum Ausbildungsplatz als Erzieherin gefehlt. Leonora hatte Pläne. Sie hatte Träume. Das alles hat sie sich selbst genommen. Am Ende nahm ihr jemand anderes das Leben. Es gibt eine hohe Wahrscheinlichkeit, dass der Pilot, der das Flugzeug steuerte und auf den tödlichen Auslöser drückte, von einem amerikanischen Flugzeugträger im Persischen Golf startete.

Eine schwimmende Stadt ist das. 5.000 Mann Besatzung hat so ein *Aircraft Carrier*, wie ihn die US Navy nennt. An Bord gibt es ein Starbucks-Café und Popcorn-Automaten. Bis zu 90 Flugzeuge und Hubschrauber beherbergt solch ein Koloss der Meere. Die Flügel und Rotoren werden nach der Landung eingeklappt, um Platz zu sparen, und dann mit einer Art Fahrstuhl in den Hangar unter dem Rollfeld gefahren. Nur etwas mehr als 20 Sekunden braucht die Besatzung, um ein Kampfflugzeug aus dem Hangar auf das *Flight Deck* nach oben zum Start zu bringen, wo die F-18-Kampfjets dann per Katapult in die Luft geschossen werden. Zwei Atomreaktoren im Keller sorgen für die immense Energie, die benötigt wird, das Schiff dauerhaft in Bewegung zu halten. Es kreuzt immer hin und her, steht niemals still. Das hat zwei Gründe: Zum einen kann niemand auf diese Weise berechnen, wohin sich das Schiff bewegt. Zum anderen brauchen die Piloten Gegenwind für den aufwendigen Startvorgang. Und dann sitzen die Piloten bis zu 14 Stunden steif im Cockpit, kreisen über dem Zielgebiet und schlagen im entscheidenden Moment zu. Die letzte Verantwortung für das *Engagement*, also den tatsächlichen Angriff, tragen der Bordschütze oder der Pilot, je nach Flugzeugtyp. Wenn der Einschlag der Rakete dann am Boden zu hören ist, liegt die Explosion bereits in der Vergangenheit. Zurück bleiben Zerstörung und Tod.

Maik hegt keinen Groll gegen die Piloten oder die Internationale Koalition. Überhaupt nicht. Sie tun ihren Job – und den findet er richtig. Dieser IS muss besiegt werden! Und das funktioniert nur militärisch, glaubt Maik, auch wenn es das Leben seiner eigenen Tochter kostet. So schlimm das auch ist. Sie hatte sich dem IS bewusst und aus voller Überzeugung angeschlossen. Nun muss es weitergehen, irgendwie.

Als Leonora ihr Zuhause verlassen hatte, lag die Hochzeit zwischen Maik und Kathleen genau einen Monat und einen Tag zurück. Damals hatten sie sich zusammen an den großen Esstisch im Wohnzimmer gesetzt und einen gemeinsamen Entschluss gefasst, den sie sich seither jeden Tag in Erinnerung rufen. Leonora hat sich entschieden für ein Leben in Syrien, bei Terroristen. Das ist schrecklich. Das ist furchtbar. Aber es ist Leonoras eigene Entscheidung, für, oder wie sich inzwischen herausgestellt hat, gegen das eigene Leben. Maik und Kathleen beschlossen damals, das eigene Leben müsse dennoch weitergehen. Es war ihr Leben, ihr Glück, das sie sich nicht durch den fatalen Fehler Leonoras kaputt machen lassen wollten. *»Sie hat ihr Leben, wir haben unseres.«* Und das gilt auch jetzt, wo das der Tochter, allem Anschein nach, vorbei ist.

Maik und Kathleen hatten vor Leonoras Ausreise geplant, ein Kind zu bekommen. Den Plan hatten sie weiterverfolgt, trotz allem. Und nun war Kathleen schwanger. Es würde wieder ein Mädchen werden. Die Geburt würde im Frühjahr sein.

Etwas weniger als 16 Jahre zuvor hatte Leonora das Licht der Welt erblickt. Zunächst sah alles nach einer natürlichen Geburt aus. Doch dann gab es Komplikationen und es wurde schließlich ein Kaiserschnitt. Babette und Maik entschieden damals, einen Apfelbaum zu pflanzen und ihre Nabelschnur darunter zu vergraben, auf einer großen und schönen Herbstwiese am Rande von Wallhausen, wo sie zu dieser Zeit gemeinsam lebten. Das kleine Dorf liegt nur wenige Kilometer von Breitenbach entfernt. Nun, da Leonora wohl tot war, hatten Babette und Maik die Idee, wieder einen Baum zu pflanzen. Nur diesmal keinen Baum der

Freude, sondern einen Baum der Trauer. Zum Gedenken an ihre Leo.

*Im ersten Gespräch mit ihrer leiblichen Mutter, nachdem wir diese Nachricht hatten, habe ich ihr gesagt: Es ist vorbei. Es hat ein Ende. Und sollte es tatsächlich so gewesen sein, dass sie durch diesen Luftschlag verletzt worden ist, im Koma lag, also auch gar nichts mehr gemerkt hat davon, ja dann war es vielleicht das Beste, was ihr passieren konnte. Und auch wenn wir sie verloren haben – so hab' ich das ihrer Mutter gesagt –, sie ist nicht wirklich tot, sie ist hier. Und dann habe ich ihr einen Vorschlag gemacht: Wir müssen irgendwas tun. Wir können nicht einfach sagen, ja, sie ist tot und das war's, sondern wir müssen in irgendeiner Form Abschied nehmen. Und wir können keine Bestattung machen, also müssen wir eine Zeremonie – ich nenne es mal so – abhalten, wo wir irgendeinen symbolischen Akt machen. Ich war mir da noch nicht ganz sicher, wie und was. Nur die Familie, also wirklich ihre unmittelbare Verwandtschaft zusammenzuholen, um auch denen die Möglichkeit zu geben, die ganze Sache zu verarbeiten und das zu begreifen, dass sie wirklich nicht mehr wiederkommt. Dass sie tot ist. Und auch um einen Punkt zu schaffen, wo sie symbolisch für uns liegt, ansprechbar ist.*

Die Wahl fällt schließlich auf einen Walnussbaum, auch wegen der schwierigen klimatischen Bedingungen im Harzvorland. Hier kann es im Winter richtig kalt werden und jetzt im Herbst sehr nass und windig. Maik und Babette sind nicht besonders gläubig, dennoch bitten sie den Ortspfarrer Markus Blume, eine kleine Andacht zu halten, eine Gedenkfeier. Maik traut sich nicht zu, irgendetwas zu sagen. Die Worte würden ihm im Halse stecken bleiben, befürchtet er. Der Pfarrer willigt bei einem persönlichen Gespräch in Maiks Haus ein. Mit seinem Besuch weiß auch das gesamte Dorf, dass etwas nicht stimmt. Denn natürlich wird genau registriert, wessen Auto da vor Maiks Einfahrt parkt. Das kann nichts Gutes zu bedeuten haben. Doch sosehr die Menschen auch tratschen, keiner spricht Maik in den Folgetagen direkt darauf an. Das freut Maik. Er weiß nicht, wie er darauf reagiert hätte. Denn er müsste befürchten, dass am nächsten Tag wieder Übertragungswagen diverser Fernsehanstalten ihre Satellitenschüsseln gen Himmel ausrichten und Fotografen mit langen Objektiven in den Büschen lauern würden.

Der Walnussbaum soll im hinteren Bereich von Maiks Grundstück gepflanzt werden, planen sie. Es wäre ein geschützter, ein intimer Bereich völliger Ruhe. Hier könnten Familienangehörige und Freunde zu jeder Tages- und Nachtzeit kommen und gehen, wie sie wollten. Hier könnten sie sagen: »Ich besuche heute mal Leo.«

Eine Woche nach der kleinen familieninternen Gedenkfeier, so besprechen sie es mit dem Pfarrer, könnte es einen Gedenkgottesdienst in der Dorfkirche geben. Die liegt nur wenige Meter von Leonoras ehemaligem Kinderzimmer entfernt. Alle, die sie kannten und mochten, wären dazu eingeladen. Aus der Ballett-Gruppe, vom Karnevalsverein, Mitschüler, Freunde und Bekannte. Maik hat auch die Idee, einen Imam einzuladen. Schließlich hatte sich Leonora für den Islam als ihre Religion entschieden, ihrem Tagebuch zufolge bereits 2014, also ein Jahr vor der Ausreise. Und der Islam könne ja nichts für diesen Islamischen Staat, so Maiks Überzeugung.

*Der Islam hat sie dort nicht hingebracht. Es waren Leute, die den Islam benutzen. Wenn die ein kleines bisschen Ehre und Gewissen im Leib hätten, würden sie das nicht tun. Aber sie benutzen einfach nur eine Religion, die eigentlich im Großen und Ganzen sehr men-*

*schenfreundlich ist. Wir alle sind Gottes Geschöpfe, egal, wie der Gott heißt – und wenn ich dessen Werk zerstöre und seine Kinder umbringe, dann bin ich weder Christ noch Moslem.*

Markus Blume, der christliche Dorfpfarrer, will sich um einen geeigneten Imam bemühen, verspricht er.

In den wenigen Tagen seit der Todesmeldung haben Maik und Babette mithilfe ihrer Partner alles organisiert. Sie funktionieren wie ein Uhrwerk. Das lenkt ab und gibt den beiden eine Aufgabe. Nur nicht zu viel nachdenken. Gerade als die Gedenkfeierlichkeiten in groben Zügen stehen, ändert sich die Situation abermals grundlegend.

Emine ruft an. Kurz darauf schickt sie noch einen Screenshot per WhatsApp zum Beweis hinterher. Leonora habe sich gerade gemeldet, sagt sie. Oder zumindest eine Person, die sich als Leonora ausgebe. Bei ask.fm, dieser Internetseite, auf der Nutzer Fragen stellen können, zu denen sich anschließend irgendwer bemüßigt fühlt, eine Antwort zu tippen, habe jemand mit Leonoras Account vor wenigen Minuten geschrieben. Leonora steht da in hellblauer Schrift und dann:

> *Emine ich bins ich lebe egal was sie sagen ich bin nicht gestorben oder liege in irgendeinem Koma*

Zwei Minuten später folgt eine weitere Nachricht, wieder unter Missachtung jeglicher Orthografieregeln:

> *Ich habe nur internet verbot Sag meinen eltern das die leute die sie bezahlt haben heimlich mit is zusammenarbeiten und mich veraten haben die 3 000 euro sind an is gegangen. Alles wird gut! Wir*

*schaffen das ich habe in ein paar tagen wieder whats app usw mein handy ist weg das haben sie also am besten dort alles blockieren ich wäre beinahe tot gewesen weil die leute von meinen eltern mich verraten haben diese !!!! Nihad hat mich aus der todeszelle gerettet. Also alles ist gut ich bin weder tot oder liege in einem koma*

Die Nachricht lässt Maik fassungslos zurück. Emine ist sich sofort sicher: Hier schreibt Leonora. Das ist die Art, wie sie schreibt. 100 Prozent. Die Freundin war ohnehin nicht überzeugt gewesen vom Wahrheitsgehalt der Todesnachricht. Das hatte sie Babette auch gesagt, als sie sich in Leonoras Kinderzimmer weinend zurückgezogen hatte. Sie konnte, sie wollte es einfach nicht glauben. Maik und Babette, immer noch geschockt von der Todesmeldung, sind da nicht ganz so euphorisch, auch wenn sie immer starke Restzweifel an den Nachrichten vom Tod Leonoras gehabt hatten. Zwar haben auch sie den Eindruck, die Art und Weise des Schreibens könnte ihre Leo sein. Doch wie leicht ist es, einen solchen Stil nachzuahmen, zu kopieren? Zumal in solch kurzen Nachrichten. Maik analysiert die Fakten. Was weiß der Schreiber oder die Schreiberin? Die Anrede beginnt mit der namentlichen Nennung von Emine, Leonoras bester Freundin. Doch das wissen mindestens Nihad und die anderen Frauen und wer weiß noch, keine geschützte Information also, die auf Echtheit schließen ließe.

Dann folgt die Angabe, Leonora liege nicht im Koma und sei auch nicht gestorben. Auch das ist keine Exklusiv-Nachricht – mindestens Khadija, die aus Dagestan stammende Zweitfrau Nihads, wusste davon. Auch der dann folgende Fluchtversuch ist keine Information, von der nur Leonora weiß. Maik und die Familie hätten den Schleusern 3.000 Euro gezahlt, steht da als Nächstes, und das Geld sei jetzt in den Händen der Islamisten. Das stimmt nicht. Maik hatte gar nichts gezahlt. Es gab zwar eine Vereinbarung, die gefährliche Arbeit der Schleuser zu entlohnen, allerdings nur im Erfolgsfall. Maik würde nur zahlen, so die Absprache mit Abu Ismael, wenn Leonora in der Türkei an die Familie übergeben würde. Bisher hatte er keinen Cent an die Schleuser gezahlt. Und das wusste sie. Maik hatte es Leonora in einer verschlüsselten Nachricht mitgeteilt. Es konnte also nicht Leonora sein, die hier schrieb. Doch hatte sie die Nachricht damals richtig gelesen? Hatte sie deren Inhalt richtig verstanden? Immerhin war sie sehr aufgeregt gewesen wegen der Flucht. Und Missverständnisse hatte es im Verlauf der Planung immer wieder gegeben. Unzählbar viele.

Am Ende der Analyse ist Maik so klug wie zuvor. Er weiß nicht, ob es Leonora ist, die da schreibt. Maik steht in seinem Garten in Breitenbach, Tausende Kilometer von diesem Ort des Schreckens entfernt, und betrachtet den Walnussbaum. Er steht, mit kleinen grünen Blättern, am Rande der Terrasse und wartet darauf, eingepflanzt zu werden.

*Man weiß gar nichts. Man weiß weder, ob sie lebt oder ob sie tot ist. Man weiß nicht, was man denken und fühlen soll. Man weiß nicht, wo führt das hin, wie geht das weiter, was kommt da noch. Ist es tatsächlich Leonora oder ist es einfach nur ein mieses, perfides Spiel, das mit uns gespielt wird. Sodass dieser Prozess, den die Todesnachricht ausgelöst hat, also … tja, wie beschreibt man das am günstigsten? Man hat angefangen, das zu verarbeiten, dass sie wirklich nicht mehr lebt. Und ein Stück weit muss man sich ja dann auch eingestehen: Okay, es ist so. Und das ist jetzt quasi alles wieder auf null. Der Zustand ist jetzt wie so eine Schwebe zwischen Freude und Trauer. Man taucht immer mal in die Trauer ab, man denkt: Die verarschen einen sowieso, sie ist tot. Dann denkt man sich wieder: Sie könnte es ja doch sein. Dann bist du wieder in dem Bereich, wo du dich freust. Und dann tauchst du wieder ab. Es ist so ein Auf und Ab. Du bist voll in der Schwebe.*

Deutsche Sicherheitsbehörden kennen dieses Gefühl der Unsicherheit, wenngleich deren Beamten natürlich nicht emotional betroffen sind. Auch sie wissen häufig nicht, ob aus Deutschland ausgereiste Dschihadisten noch am Leben sind oder tot. Rund 1.050 Personen hatten sich seit 2012 auf den Weg nach Syrien und in den Irak gemacht. Ein Drittel davon, so lässt sich überschlagen, ist zurückgekehrt. Manche von ihnen sitzen in Haft. Über den Rest erfahren die Ermittler immer wieder etwas aus abgehörten Telefonaten, aus Vernehmungen von Rückkehrern, Ermittlungen in der Islamistenszene oder aus Gesprächen mit den Familien. Viel Hörensagen, wenige echte Beweise. Das gilt auch für Informationen über den angeblichen Tod von Dschihadisten, die sich dem IS angeschlossen hatten. Meist sind es Gerüchte, die ihnen entgegenschlagen.

Das beste Beispiel ist der Fall des Berliner Ex-Rappers Deso Dogg alias Denis Cuspert alias Abu Talha al-Almani. Die Häufigkeit von Meldungen über dessen angeblichen Tod lassen sich nicht an einer Hand abzählen. Immer wieder heißt es, er sei im IS-Gebiet bei Kämpfen gefallen oder bei einem gezielten Luftangriff getötet geworden. Und dann meldet er sich plötzlich wieder bei seiner Familie oder Freunden aus der Szene. Oder irgendwer erzählt, ihn in Syrien gerade erst gesehen oder gesprochen zu haben. Zig Mal geht das so, häufig begleitet von medialer Berichterstattung. Es dauert bis ins Jahr 2018, dass deutsche Sicherheitsbehörden mit relativ großer Sicherheit sagen können, dass Cuspert tatsächlich tot ist.

Und doch sind solche Informationen von zentraler Bedeutung. Schließlich fürchten die Sicherheitsbehörden, einzelne aus Deutschland ausgereiste Dschihadisten könnten sich auf den Weg zurück machen, um hier einen Anschlag zu verüben, indem sie ihre lokale Ortskenntnis und die Möglichkeit nutzen, unauffällig zu agieren. Außerdem sind diese Rückkehrer potenziell im Umgang mit Sprengstoffen und Waffen ausgebildet worden. So war es bei den Paris-Attentaten im November 2015. Eine gemischte Gruppe aus Franzosen, Belgiern, Syrern und Irakern hatte sich aus Syrien heraus auf den Weg gemacht. Sie nutzten die sogenannte Flüchtlingsroute über den Balkan und sickerten dann in Belgien und Frankreich ein, um dort die verheerenden Anschläge mit 130 Toten zu verüben.

Die Behörden hatten keine Ahnung, dass die zuvor Ausgereisten zurück waren. Etwas Ähnliches muss nun unter allen Umständen verhindert werden. Daher ist es wichtig zu wissen, welche Deutschen vor Ort ums Leben gekommen sind. Denn wer tot ist, so die einfache Rechnung der Ermittler, stellt auch keine Bedrohung mehr dar.

Die französische Regierung hatte aus den Anschlägen in ihrer Hauptstadt Konsequenzen gezogen. Sie entsandten nicht nur Soldaten zur Bekämpfung der Terrormiliz, sondern auch Spezialisten zur Identitätsfeststellung, etwa nach Mossul. Während der militärischen Offensive zur Rückeroberung der zweitgrößten irakischen Stadt 2016 und 2017 begegneten wir in den gerade befreiten Teilen klandestin arbeitenden Mitarbeitern des französischen Geheimdienstes. Ihre Aufgabe bestand darin, von toten IS-Anhängern, Männern wie Frauen, DNA-Proben und Fingerabdrücke zu nehmen und die Leichen zu fotografieren. Denn es hatte Berichte gegeben, wonach etwa 300 aus Frankreich Ausgereiste noch in Mossul wären. Und mit jeder bestätigten französischstämmigen Leiche konnte eine Person von der Gefährdungsliste gestrichen werden. Eine Gefahr weniger. Und vor allem: Klarheit.

Außerdem suchten die Geheimdienstler nach gerichtsverwertbaren Beweisen, sammelten IS-Papiere ein, nahmen Fingerabdrücke von Gewehren, suchten nach Munition und Ausweisdokumenten der Terroristen. *Battlefield Evidence* nennt sich das, was auch amerikanische und britische Sicherheitsbehörden mit großer Akribie betreiben. Wie Staubsauger ziehen sie, zumeist begleitet von lokalen Truppen, durch eroberte Gebiete und nehmen alles an sich, was auch nur im Entferntesten mit der Terrororganisation zu tun haben könnte. Deutsche Beamte sind nicht vor Ort.

Wenn die staatliche Sicherheitsarchitektur mit Tausenden Mitarbeitern und Verbindungen in die ganze Welt keine Klarheit über die Frage, wer lebt und wer tot ist, erzielen kann, wie soll Maik aus Breitenbach das können? Wie soll er an Beweise kommen, ob seine Tochter noch lebt oder, wie zu befürchten ist, gestorben ist? Bei Entführungen nutzen die Behörden sogenannte POL-Fragen. POL steht für das englische *Proof Of Life*, also einen Lebensbeweis. Angehörige von Entführungsopfern, etwa in Afghanistan, Nigeria oder auch Syrien, werden gebeten, Fragen zusammenzustellen, die nur der Entführte selbst beantworten kann, deren Antwort also nicht mit einer Google-Suche oder in sozialen Netzwerken herauszufinden ist. Wenn die Ermittler dann die richtige Antwort erhalten, wissen sie, dass der Betreffende tatsächlich noch am Leben ist. Und genau das planen Maik, Babette und Emine nun auch.

Maik fällt als Erstes die Frage nach den Namen der Ponys vom Großvater ein. Er ist sicher, dass sie niemandem im Islamischen Staat je von den beiden Tieren erzählt hat, weil sie sehr alt und dick sind. Außerdem hatte Leonora immer nur mit den großen Pferden von Maik und Kathleen zu tun, auf denen sie gern ritt und sich manchmal sogar an der Stall- und Tierpflege beteiligte. Die Ponys, Lucy und Sepp, spielten in Leonoras Leben zu Hause keine Rolle. Emine stellt die Frage bei ask.fm ein. Außerdem ergänzt sie eine Frage zur Wohnsituation bei sich zu Hause, die ihre beste Freundin Leonora ohne Probleme beantworten könnte, weil sie in der Wohnung vor ihrer Ausreise so viel Zeit verbrachte. In den ersten Antworten, die Emine daraufhin erhält, bleiben alle Fragen unbeantwortet. Ein Indiz, dass es doch nicht Leonora sein kann, die da schreibt? Dann, nach zwei weiteren Tagen, kommt schließlich doch eine mürrisch formulierte Antwort, die schon im Schreibstil typisch für Leonora wäre:

> *Dein Zimmer ist weiß mit lila Teppich und 1 Fernseher, Rieeeesenschrank und 2 Betten. Das Pferd von meinem Papa heißt Boston und das von Kathleen Schajen (keine Ahnung wie der Name geschrieben wird)* 😁.

Die Beschreibung von Emines Zimmer stimmt, die Namen der Pferde von Maik und Kathleen auch. Allerdings war explizit nach den Namen der Ponys gefragt worden, aber das war wohl wieder eines der Missverständnisse und Ungenauigkeiten. Für Maik, Babette und Emine gibt es nach dem Lesen der Nachricht trotz des Fehlers nur einen möglichen Schluss:

Leonora lebt!

# Die Sklavin

Grenzübergang Ibrahim Khalil – 15 Kilometer. So steht es auf dem gleichsam vom Regen verwaschenen wie von der Sonne verblichenen Schild am Straßenrand. 15 Kilometer bis zum Übergang vom Irak in die Türkei, im Mai 2016 noch immer eine Grenze zwischen Krieg und Frieden. Die Straße ist holprig, wie meistens hier in der nordirakischen Provinz. Die befestigte Route endet plötzlich im Nirgendwo und der Fahrer muss immer wieder auf Schotterpisten ausweichen, weil die Straße gerade erneuert wird. Nur sind die Bauarbeiten zum Erliegen gekommen, weil der kurdischen Regionalregierung im fernen Erbil das Geld ausging. Der Krieg gegen den IS kostet täglich etwa fünf Millionen US-Dollar, schätzen Experten. Erschwerend kommt der niedrige Ölpreis zu dieser Zeit hinzu, der die Haupteinnahmequelle der Kurden versiegen ließ. Und dann die vielen Flüchtlinge. *Internally Displaced People*, kurz IDP, heißen sie im Behördensprech der Vereinten Nationen. Es sind Menschen, die vor dem Konflikt flohen und nun in einem friedlichen Teil ihres Heimatlandes darauf warten, dass vielleicht irgendwann der Krieg aus ist und sie in ihre Dörfer zurückkehren können, von denen allzu oft nicht viel mehr als Grundmauern übrig sind.

Rechts und links der Straße stehen Flüchtlingszelte im hügeligen Niemandsland. Die Camps wirken, als seien sie vom Himmel gefallen. Lange Straße – Dorf – lange Straße – Flüchtlingscamp – lange Straße – Flüchtlingscamp – lange Straße – Dorf. Und immer so weiter. Egal, in welche Richtung man sich auf den Weg macht. Die Lager tragen Fantasienamen oder sind nach nahe gelegenen Dörfern benannt. Keiner weiß mehr, wer sie sich ausgedacht hat: Basirma Camp, Kawergosk Camp, Gawilan Camp, Barsive Camp I, Barsive Camp II. Wenn die Namen ausgehen, dann scheinen sie einfach durchnummeriert zu werden. Welche Rolle sollte es auch spielen, wie die Lager heißen? Trostlos ist der Begriff, der sie am allerbesten umschreibt. Wer hier wohnt, umzäunt von einem Stacheldraht, in einem der Zelte mit dem Logo des UN-Flüchtlingshilfswerks, hat meistens keine Perspektive mehr. Wer nach Europa fliehen kann, der flieht. Aus der Flucht vor dem IS wird die Flucht vor der Hoffnungslosigkeit des nicht enden wollenden Krieges. Und wenn der Krieg dann irgendwann vorbei ist, verhindert die allgegenwärtige Korruption den Wiederaufbau. So ist es schon immer gewesen. Und keiner erwartet eine baldige Änderung. Korruption bleibt ein nahöstliches Naturgesetz.

Wir sind an diesem Tag im Mai mit einem dieser Flüchtlinge verabredet – mit einer Frau, die vor den Mördern des IS in eines der Camps floh. Doch ihre Geschichte und die ihrer zwei kleinen Kinder ist aufs Engste mit der Leonoras verwoben.

Bald ein Jahr ist es her, dass Maik zum ersten Mal von dieser Frau und den Kindern erfährt. Sie treten ebenso schlagartig in sein Leben, wie Leonora aus ihm verschwunden war. Wieder ist es ein Schritt auf der Eskalationsskala, von der Maik nicht ahnte, dass sie eine weitere Schwelle erreichen könnte. Und wieder ist es eine Sprachnachricht per WhatsApp der damals 15-Jährigen an ihre Freundin Emine. Doch diese Nachricht ist anders. Leonora scheint diesmal ehrlich entsetzt, beinahe hilflos. Emine leitet die

Botschaft gleich weiter. Manchmal ist es schon ein Trost, das Unfassbare unkommentiert weiterleiten zu können, es auf weitere Schultern verteilen zu können:

> *Nihad ist gestern nach Hause gekommen, null Uhr noch was, und meinte auf einmal so: »Ja, ich hab' jetzt eine Sklavin gekauft.« Ich so: »Was?« Ich dachte er macht Spaß. Er so: »Nein. Ich habe mir eine Sklavin gekauft.« Weil die hat vorher einem Kumpel von ihm gehört. Und der geht jetzt aber kämpfen. Und der kann die nicht alleine zu Hause lassen. Und dann hat er gesagt: »Da hab' ich die eben gekauft, für 800 Dollar.« Ich dachte nur so: 800 Dollar. Das ist nichts! Also ich meine, wie kann man einen Menschen so verkaufen, allgemein verkaufen. Und dann habe ich so gesagt: »Wie alt ist sie? Wo kommt sie her?« Und dann er so: »Sie ist Kurdin, sie ist Jesidin, sie ist 30. Sie hat zwei Kinder.« Subhanallah [Bei Gott], ich wusste gar nicht mehr, was ich sagen soll. Sie tut mir einfach so leid. Sie hat blaue Arme. Keine Ahnung, sie sind überhaupt nicht gut mit ihr umgegangen. Sie ist richtig schmutzig und so.*

Als Maik die Nachricht mit der Stimme seiner Tochter hört, ist er geschockt und total sprachlos. Das kommt selten vor. Er muss sich erst einmal setzen. Erst einmal sortieren. Nihad kauft eine Sklavin. Der »Ehemann« seiner Leo, ein Deutscher wie sie, Schweißer aus der Provinz, hält sich eine Sklavin! Er glaubt, einen Menschen besitzen zu können, wie andere ein Auto oder ein Tier. Wut steigt in Maik auf. Fassungslosigkeit. Und Maik fühlt Ekel. Abscheu. Wer noch irgendeine Art von Humanität in diesem Nihad vermutet oder wenigstens erhofft hatte, wird spätestens jetzt enttäuscht.

*Ich hatte gedacht, dass da noch irgendwo in ihm so ein Stück Menschlichkeit stecken muss. Irgendwo ein Stück Erziehung. Dass es da eine Grenze gibt, über die vielleicht andere gehen, aber nicht ein Kerl, der hier bei uns aufgewachsen ist. Aber Fehlanzeige!*, sagt Maik einige Wochen später rückblickend. Noch immer kann er es kaum fassen und schüttelt unaufhörlich den Kopf.

Als der IS im Spätsommer und im beginnenden Herbst 2014 Hunderte Dörfer und Städte im Nordirak überrennt, erschießen sie die Männer und versklaven die Frauen und Kinder der dort lebenden Jesiden – einer kleinen, beinahe autark lebenden Religionsgemeinschaft. Jesiden führen ein streng endogames Leben, sie heiraten also nur innerhalb ihrer Gemeinschaft. Ein Jeside heiratet eine Jesidin. So ist es Tradition, seit Jahrhunderten. Wer dagegen verstößt, wird aus der Gruppe für ewig ausgeschlossen. Rund 200.000 Angehörige dieser kleinen Minderheit leben etwa im Nordirak. Das Jesidentum ist zwar eine monotheistische Religion, folgt aber keiner Heiligen Schrift.

Im Zentrum des Glaubens stehen *Melek Taus* (Engel Pfau), sieben Mysterien und ein Scheich aus dem 11. Jahrhundert, Adi ibn Musafir, zu dessen Grab im nordirakischen Lalisch jährlich Tausende Jesiden pilgern. Der IS hält die Jesiden für eine Ansammlung von »Ungläubigen«, die nichts anderes als den Tod verdienen, sollten sie nicht umgehend zum Islam konvertieren. Doch statt auch die Frauen und Kinder zu ermorden, versklaven IS-Mitglieder die Jesidinnen und etablieren einen Menschenmarkt, den es so seit Jahrhunderten nicht mehr gegeben hat. Wie viele Frauen und Kinder 2014 in die Hände des IS fallen, ist unklar. Schätzungen gehen von rund 10.000 aus. Es könnten aber auch bedeutend mehr sein.

Mitte Oktober 2014 taucht ein Video im Internet auf. Wer es eingestellt hat, ist unklar. Darin zu sehen: eine Gruppe arabischsprachiger IS-Kämpfer. Irgendwer hat die Unterhaltung mit dem Handy gefilmt. Doch das scheint diese Barbaren, nicht anders kann man sie bezeichnen, überhaupt nicht zu interessieren. Sie unterhalten sich über den bevorstehenden Besuch des Sklavenmarktes. Es scheinen »frische« Jesidinnen eingetroffen zu sein. So als würde man zum Wochenmarkt gehen und ein paar rote und frische Tomaten kaufen. Nur dass es hier nicht um Gemüse geht, sondern Menschen zum Verkauf stehen. Doch für diese Männer spielt das offensichtlich gar keine Rolle.

Einer dieser Typen, er trägt ein weißes Tuch um den Kopf und eine Flecktarn-Weste spannt über dem Bauch, beginnt voller Freude:

*»Heute ist der Sklavenmarkt der Frauen! Heute ist der Tag der Verteilung. Mit Gottes Erlaubnis wird jeder eine abbekommen.«*

Ein anderer fällt ihm ins Wort: *»Hoffentlich wird mir ein Dschihadi eine Frau als Geschenk geben.«*

Und wieder ein anderer meint vorlaut in Richtung des Handyfilmers: *»Hey! Wo bleibt mein jesidisches Mädchen?«*

Dann übernimmt der Erste wieder: *»Brüder! Wer möchte seine verkaufen? Ich werde sie kaufen! Und wenn ihr sie verschenkt, dann nehme ich sie gerne. Wer verkauft?«*

Eilig kommt ein weiterer Dschihadist herbeigelaufen. Lachend ruft er: *»Ich verkaufe.«*

*»Wie viel kostet eine?«*

*»300 Dollar«*, so die prompte Antwort. *»Aber der Preis variiert. Je nachdem. Wenn du eine blauäugige hast …«*

*»Du musst ihre Zähne prüfen, die musst du prüfen!«*, wirft wieder ein anderer ein und zeigt seine eigenen Zähne. *»Kann er auch zwei nehmen?«*

Entmenschlichung, wie es schlimmer nicht geht. Wenn man noch dazu bedenkt, was diese Typen mit den Frauen tun, sobald sie ihrer habhaft werden.

Doch auch innerhalb der IS-Ränge scheint zumindest direkt nach den Eroberungen nicht klar zu sein, ob es sich bei der Sklavenhaltung um eine in ihrem Sinne islamkonforme Tat handelt. Daher veröffentlicht die IS-interne Abteilung für Rechtsgutachten einen Flyer für die Anhänger und wohl ebenso zur Propaganda.

»Fragen und Antworten zu Verschleppten und Sklaven«, steht auf der ersten Seite in hübscher arabischer Kalligrafie. Wäre der Inhalt nicht so fürchterlich, man könnte glauben, es handele sich um eine Einladung zum nahe gelegenen Volksfest oder einen Prospekt, welche Sehenswürdigkeiten die Region zu bieten hat. Stattdessen sind es Beispielfragen eines Sklavenbesitzers an die oberste *Scharia*-Instanz der Islamisten und deren unmissverständliche Antworten – beinahe so, als handele es sich um die normalsten Fragen der Welt. Natürlich basieren die Antworten auf dem Koran, den die Glaubenskrieger wörtlich nehmen. Dort steht in der 23. Sure mit dem Titel »Die Gläubigen« im fünften und sechsten Vers:

> *Im Namen Gottes, des Allerbarmers, des Barmherzigen. Den Gläubigen wird es wohl ergehen, denjenigen die ihre Scham hüten, außer gegenüber ihren Ehefrauen oder dem was ihre rechte Hand (an Sklavinnen) besitzt. Hierin sind sie nicht zu tadeln.* (Koran 23, 5–6)

Darauf folgt das Frage-Antwort-Format der obersten *Scharia*-Behörde. Auszüge:

1. *Was ist eine Sklavin? – Eine Sklavin ist eine Frau der Ahl al-Harb*

*[die Leute, die im unislamischen Land des Krieges leben], die von Muslimen festgenommen wurde.*

2. *Warum darf man eine Sklavin nehmen? – Eine Sklavin darf wegen ihres Unglaubens genommen werden.*
3. *Darf man Sex mit einer Verschleppten haben? – Man darf Sex mit einer Verschleppten haben.*
4. *Darf man mit einer Sklavin Sex haben, direkt nachdem man sie bekommen hat? – Wenn sie Jungfrau ist, darf der Herr der Sklavin sofort Sex mit ihr haben. Andernfalls muss der Uterus erst gesäubert sein.*
5. *Darf man eine Sklavin verkaufen? – Es ist erlaubt, eine Sklavin zu kaufen, zu verkaufen oder zu verschenken. Sie sind Eigentum, mit dem gehandelt werden darf, solange der Umma daraus kein Nachteil entsteht.*
6. *Darf man eine Sklavin verkaufen, die von ihrem Herrn schwanger ist? – Er darf sie nicht verkaufen, wenn sie von ihm ein Kind erwartet.*
7. *Darf man Sex mit einer Sklavin haben, die die Pubertät noch nicht erreicht hat? – Man darf mit einer Sklavin Sex haben, die ihre Pubertät noch nicht erreicht hat, wenn sie dazu körperlich in der Lage ist. Andernfalls reicht es, die Sklavin ohne Sex zu genießen.*

Diese unverständliche Grausamkeit wirkte auf Maik bislang weit weg. So als gäbe es diesen Islamischen Staat aus den Medien, mit den Horrorgeschichten kopfabschneidender Islamisten und versklavter Frauen. Und dann gibt es eine Art Islamischen Staat der Leonora. Klar fallen auch hier Bomben, und Fastenbrecher werden eingesperrt, aber ansonsten ist es doch ein vermeintlich normales Leben mit den Auseinandersetzungen letztlich spätpubertärer Jugendlicher. Bis zu dieser Audionachricht im Juni 2015.

Plötzlich treffen diese beiden Welten aufeinander, verschmelzen furchtbar. Eine Wahrnehmung, die offenbar nicht nur Maik hat. Es wirkt so, als hätte auch Leonora die Versklavung von Menschen vor ihrer eigenen Haustür für eine Erfindung gehalten, für böswillige Schreckenspropaganda der Ungläubigen gegen die aufrechten Muslime des Kalifats. Kindlich naiv und dabei trotzdem der vom IS vorgegebenen Ideologie folgend, versucht sie ihrer Freundin Emine das eigene Unverständnis begreiflich zu machen:

> *Ich meine, Jesidin hin oder her, die beten den* Shaytan *[den Teufel] an. Aber guck mal: Sie kommt aus einem Dorf im Irak. Und dort gab es nur Jesiden. Woher soll sie denn was anderes kennen? Sunniten oder so. Guck mal: Ich komme auch von Breitenbach. Ich hätte ohne euch auch nicht gewusst, was Islam ist. Man muss ihr das ja erst mal zeigen und beibringen. Und nicht so mit ihr umgehen,* Subhanallah. *Und vielleicht wird sie Muslima und* Dawla *[der Staat, gemeint der IS] kann sie freilassen. Ich will wirklich alles versuchen. Ich meine: Ich kann sie nicht zwingen. Ich meine echt,* inshaallah, *man muss* Dua *[Bittgebet] machen, dass man ihr helfen kann. Ich würde alles für sie tun, wirklich. Und wenn ich es heimlich mache. Ich darf ja mit ihr* Dawa *[Mission, Einladung zu Islam] machen, öffentlich. Aber wenn* Nihad *weg ist, werde ich alles für sie machen, alles, was sie will. Keine Ahnung. Ich will, dass es ihr wenigstens ein paar Tage gut geht. Es tut mir so leid. Oh mein Gott.*

Wie zum Beweis schickt Leonora zwei Fotos an Emine. Eines mit der Frau und eines von den Kindern. Zu sehen ist die Sklavin in Leonoras Wohnung. Sie spielt mit einem Kind, das sich gerade zu bewegen scheint. Jedenfalls ist es unscharf, verwackelt. Die Frau lächelt das Kind an. Sie trägt ein Kopftuch, das die vorderen Haare über der Stirn freigibt. Darunter ist ein violettes Kleid zu sehen mit einer Art Schürze darüber. Wenn man nicht wüsste, dass diese Frau aus purem Zwang dort ist, man könnte glauben, es ginge ihr gut. Doch wahrscheinlich will sie genau das bezwecken, um die Situation für ihre Kinder so erträglich wie möglich zu machen. Im Vordergrund des Bildes ist ein Tisch mit Glasplatte und einem Becher Cola darauf zu sehen. Daneben liegt ein Zettel. Es ist nicht zu erkennen, was darauf geschrieben steht. Nur *»Al-Dawla al-Islamiyya«*, der Islamische Staat, ist zu entziffern.

Das zweite Bild zeigt die Kinder, etwa 2 und 3 Jahre alt. Beide haben schwarze Haare und schauen in die Kamera. Eines der beiden, wohl die Ältere, hat einen hellgrünen Schnuller im Mund, der von einem rosa Band gehalten wird. Sie sehen müde aus. Wer weiß, was diese Kinderaugen schon gesehen haben, was sie erdulden mussten. Leonora hatte gesagt, die Frau sei in einem schlechten Zustand. Es fällt schwer darüber nachzudenken, was »schlechter Zustand« genau bedeuten soll. Und nun sind diese Menschen, die ganz bestimmt Träume hatten, ein Zuhause, Freunde und Familie, einfach zu Besitz degradiert. Der Besitz eines Deutschen und seiner Frauen. Wie weit kann jemand sinken. Einfach widerwärtig.

Tausende Kilometer entfernt, im baden-württembergischen Karlsruhe, arbeiten Staatsanwälte der Generalbundesanwaltschaft an Dutzenden Fällen ausgereister Islamisten. Ein mühsames Geschäft. Denn zwischenzeitlich hatten auch die allermeisten aus Deutschland stammenden Dschihadisten begriffen, dass es nicht so klug ist, die Beweise für ihre Mitgliedschaft in einer terroristischen Vereinigung gleich selbst via Facebook oder Twitter ins Internet zu stellen. Und so versuchen die Staatsanwälte, die in diesem Phänomenbereich arbeiten, möglichst wenige Fälle selbst zu übernehmen und sie stattdessen lieber bei den Kollegen in den Bundesländern zu belassen. Denn die Behörde ist trotz Personalzuwachses mit der Vielzahl der Ermittlungsverfahren heillos überlastet. Aber immer dann, wenn beinahe zweifelsfrei feststeht, dass jemand Mitglied oder zumindest Unterstützer einer terroristischen Vereinigung ist, dann wird der Generalbundesanwalt den Fall an sich ziehen, wie es im Behördendeutsch heißt. Martin alias Nihad ist so ein Fall. Der Behörde liegen Aussagen und Fotos vor, die seine Mitgliedschaft bei der Terrormiliz klar belegen sollen. Würde er irgendwann nach Deutschland zurückkehren, dann wäre ihm wohl ein Prozess wegen des Terrorparagrafen 129 des Strafgesetzbuches sicher. So weit, so klar.

Beim Generalbundesanwalt gibt es aber noch eine andere Abteilung, die inzwischen für Martin alias Nihad verantwortlich ist. Es ist eine kleine Gruppe, die nur selten wahrgenommen wird. Ihre Ermittlungen sind nicht sehr öffentlichkeitswirksam, auch weil die Arbeit zumeist viele Jahre dauert, ohne dass jemand vor Gericht oder gar in Haft enden würde. Häufig verlaufen die Ermittlungen im Sande, weil der Drahtzieher nicht zu ermitteln ist oder man seiner schlicht nicht habhaft wird. Es ist die Abteilung zur Verfolgung von Delikten nach dem deutschen Völkerstrafgesetzbuch.

Seit Mitte 2002 werden beim Generalbundesanwalt schwerste Völkerrechtsverbrechen wie Völkermord, Verbrechen gegen die Menschlichkeit und Kriegsverbrechen verfolgt. Interessant dabei ist, dass hier das »uneingeschränkte Weltrechtsprinzip« angewendet wird. Es ist demnach egal, wo die Tat begangen wurde oder welche Staatsangehörigkeit der Täter hat. Deutschland fühlt sich erst einmal zuständig, auch wenn natürlich Fälle Vorrang haben, in die Deutsche oder Deutschland involviert sind. Als der selbst ernannte Islamische Staat 2014 weite Teile des Nordiraks überfiel, Tausende Menschen bestialisch ermordete, vertrieb, Frauen und Kinder versklavte, hatten in Karlsruhe bereits erste Prüfungen begonnen.

Die Weltöffentlichkeit schaute zuerst nach Den Haag. Denn hier befindet sich der Internationale Strafgerichtshof, der vor allem durch die Jugoslawien-Tribunale im Anschluss an die Kriege auf dem Balkan bekannt wurde. Doch es dauerte nicht lange und die Richter in Den Haag winkten ab, legten die Akten zu den Verbrechen des IS, zunächst jedenfalls, beiseite. Denn erstens würde es nach dem Krieg zu Verhandlungen in den betroffenen Staaten kommen und die Staaten Irak und Syrien seien keine Unterzeichner der Römischen Verträge, wonach automatisch Den Haag eingeschaltet würde. Zum anderen sei es sehr unwahrscheinlich, die Köpfe des Terror-Staates, wie den selbst ernannten Kalifen Abu Bakr al-Baghdadi höchstselbst oder sein direktes Umfeld, vor Gericht stellen zu können. Der Internationale Strafgerichtshof will nicht die mittlere Ebene auf die Anklagebank setzen. Sie wollen die Chefs, die Anführer eines Völkermords – die Befehlsgeber, nicht die Empfänger oder Ausführenden. In Deutschland entscheiden der Generalbundesanwalt und das vorgesetzte Bundesjustizministerium schließlich, das Verbrechen zu untersuchen – auch wenn damals nicht klar ist, ob die Verfahren jemals zu einer Anklage oder einem späteren Prozess führen werden.

Doch Deutschland hat einen entscheidenden Standortvorteil. Dafür hat Jan Ilhan Kizilhan viel getan. Der Professor für Psychologie, selbst mit kurdisch-jesidischem Hintergrund, beschäftigt sich seit Jahren professionell mit Opfern von Menschen- und Völkerrechtsverbrechen. An der Dualen Hochschule Villingen-

Schwenningen lehrt er den Umgang mit schwersten traumatischen Erlebnissen und die Therapie. Als die ersten Nachrichten von den Morden und Versklavungen von Jesidinnen um die Welt gehen, entscheidet er sich zu helfen. Er will nicht untätig herumsitzen, sondern seine jahrelange Expertise und seine Sprachkenntnisse einbringen. Kizilhan spricht fließend Kurdisch. Dem Trauma-Therapeuten gelingt es, Vertreter der Staatskanzlei des Landes Baden-Württemberg zu überzeugen, ein Pilotprojekt aufzusetzen. Nach langen Verhandlungen steht der Plan: Kizilhan darf rund 1.000 Frauen und ihre Kinder zur psychotherapeutischen Behandlung nach Deutschland holen. Das Bundesland trägt den Großteil der Kosten.

Er fliegt in den Nordirak, nach Erbil und in die Provinzstadt Dohuk. Dort leben die ersten Frauen mit ihren Kindern, die den Mördern des IS entkommen konnten, in Zeltstädten und Flüchtlingslagern. Der Therapeut aus Baden-Württemberg richtet sich ein improvisiertes Sprechzimmer ein. Mehr als ein Jahr lang wird er immer wieder hier sein und von früh bis spät abstoßende, schockierende Geschichten hören. Die Opfer sitzen vor ihm und erzählen: versklavte Frauen und Mädchen. Viele berichten von Vergewaltigungen, von Prügel. Alle wurden verhöhnt und entehrt.

Sexualisierte Gewalt ist seit jeher ein Teil des Krieges, ein besonders abstoßender Teil. Es geht um Allmachtfantasien. Die Frauen der Gegner sollen erniedrigt werden, um die eigene Unverwüstlichkeit zu zeigen. Der Gegner soll spüren, wer das Sagen und die Macht hat, wer der Sieger ist.

In Erbil hat Kizilhan einen Empfangsraum, ein Wartezimmer und ein schmuckloses Behandlungszimmer, alles untergebracht in einem Hotel. Das Land Baden-Württemberg hat die Räumlichkeiten eigens zu diesem Zweck angemietet, weil sich keine geeignete Alternative finden ließ. Jan Kizilhan redet wenig. Er hört die Frauen an. Was sollte er auch sagen. Was er hier zu hören bekommt, geht auch nicht spurlos an einem Profi vorüber. Eine Anamnese im klinischen Sinne, wie in Deutschland, ist hier im Hotel nicht möglich. Zudem ist Eile geboten. Denn Kizilhan soll die Frauen und ihre Kinder möglichst schnell aussuchen, bei denen eine Behandlung vor Ort nicht möglich ist und die deshalb zur Therapie nach Deutschland dürfen. Den Plan haben Kizilhan und ein paar Kollegen mit der Landesregierung abgestimmt: Drei Jahre lang sollen die Frauen, aufgeteilt in kleinen Wohngruppen, behandelt werden und dann ins reguläre Asylverfahren überführt werden. Nach und nach werden die Frauen und ihre Kinder nach Stuttgart geflogen und auf verschiedene Wohngruppen in Baden-Württemberg, später auch in Niedersachsen und Schleswig-Holstein, verteilt. Weil das deutsche Generalkonsulat in Erbil mit der Ausstellung so vieler Visa in solch kurzer Zeit überfordert ist, werden eigens Mitarbeiter von Einwohnermeldebehörden aus dem gesamten Bundesgebiet nach Erbil geflogen, um zu unterstützen. Auch das Land Brandenburg beginnt 2019 damit, 60 Frauen, Männer und Kinder nach Deutschland auszufliegen.

Deutschland ist für die Frauen eine andere Welt. Die allermeisten hatten in kleinen Dörfern gelebt, selten bis nie eine richtige Stadt gesehen. Bevor eine erste Therapie beginnen kann, müssen sich die Frauen daher in der Bundesrepublik einleben, glaubt Kizilhan. Eine Behandlung ist erst dann sinnvoll, wenn sich die Frauen wohlfühlen und vor allem: wenn sie sich sicher fühlen. Das dauert lange. Mehr als ein Jahr, bei manchen auch länger. Zunächst geht es darum, den Frauen ihr Selbstwertgefühl zurückzugeben. Sie müssen wieder lernen, dass sie wertvoll sind. Dass sie Menschen sind und Rechte haben. Dass die Erniedrigungen Geschichte sind. Da Jan Kizilhan nicht alle Frauen selbst behandeln kann, bildet er Therapeuten und Pfleger fort, die mit den Frauen und Kindern arbeiten. Immer im Vordergrund: die Wiederherstellung des Selbstwertgefühles. Da dürfen auch Taschentricks zur Anwendung kommen, wenn sie denn helfen.

Kizilhan steht vor den Fortzubildenden und hat eine neue 100-Dollar-Note in der Hand, wedelt mit ihr und fragt in die Runde, welchen Wert diese denn habe. Die Antwort ist einfach. Dann nimmt er den grau-grünen Schein und lässt ihn zu Boden fallen. Es geht um das Ritual. Hier darf auch mal überzogen werden. Er tritt auf die Note, nimmt sie wieder auf und zerknüllt sie mit Hingabe. Rechts, links, ein kleiner Riss an der Ecke. Am Ende ist der Schein noch ein kleiner runder Ball, dreckig, beschmutzt, verknittert. Etwas theatralisch faltet Kizilhan die 100-Dollar-Note wieder auseinander. Wieder fragt er in die Runde, was der Schein denn nun wert sei? Jetzt, da er nicht mehr so aussehe, als käme er gerade aus der Druckerpresse. Wieder ist die Antwort einfach. Der Wert ist gleich geblieben. Genau wie der Wert der Frauen. Egal, was ihnen widerfahren ist. Sie bleiben wertvolle Menschen, wertvolle Teile der Gesellschaft. Auch wenn die Mitglieder der Dschihadistenmiliz sie beschmutzt und entehrt hatten. Ein einfacher Vergleich, und trotzdem öffnet er die Augen der Zuhörer.

Jesiden wurden seit jeher verfolgt und getötet. Die offizielle Zählung der Glaubensgemeinschaft kommt auf 71 Genozide, denen die Mitglieder der kleinen Religion bereits zum Opfer fielen. Die Todesschwadrone des IS verüben den 72. Genozid in der Geschichte der kleinen Minderheit, von deren Mitgliedern inzwischen viele in Deutschland leben. Und es ist nicht das erste Mal, dass jesidische Frauen Opfer sexualisierter Gewalt wurden. Bislang, so ist es jedenfalls überliefert, wurden Frauen, die zwangsweise mit Muslimen verheiratet wurden oder mit ihnen erzwungenen Sex hatten, anschließend aus der eigenen Gemeinschaft ausgeschlossen. Eine brutale Tradition, bei der die Frauen gleich doppelt zu Opfern wurden – erst durch die Übergriffe ihrer Peiniger, dann noch ein weiteres Mal in der eigenen Gemeinschaft. Diesmal ist es zum Glück anders. Das religiöse Oberhaupt der Jesiden, Baba Scheich, entscheidet, dass versklavte Frauen, selbst solche, die schwanger wurden, Teil der Gemeinschaft bleiben dürfen. Das ist nichts weniger als eine kulturelle Revolution, auch wenn sich in der Realität herausstellen wird, dass nicht alle Familien dieser Anweisung Folge leisten. Doch es hilft Jan Kizilhan bei der anstehenden Traumatherapie. Im April 2019 rudert die oberste religiöse Instanz der Jesiden dann leider wieder zum Teil zurück: Kinder, die bei einer Vergewaltigung durch einen IS-Angehörigen gezeugt wurden, sollen weiterhin nicht Teil der jesidischen Gemeinschaft sein dürfen. Ein grausamer Rückschritt.

Auch wenn Deutschland fast 1.000 Frauen und deren Kinder aufgenommen hat, so bleiben dennoch Hunderte, vielleicht Tausende im Nordirak zurück. Für sie gibt es wenig Hilfe, zu oft gar keine. Sie leben bei Verwandten oder in den Zeltstädten des Landes, wartend, dass ihr Dorf auch eines nahen Tages zu den Glücklichen gehören wird, das von der Terrormiliz befreit werden konnte.

Lamiya* (*Name geändert), Nihads ehemalige Sklavin, ist so eine Frau. Bei ihr leben die dreijährige Gulya und die vierjährige Dalya. Der Vater der beiden gilt als verschollen. Alle ahnen, wo er ist, doch niemand traut sich das wohl Wahrscheinlichste zu sagen, die Gräuel beim Namen zu nennen. Eines Tages werden wohl seine sterblichen Überreste aus einem der zahllosen Massengräber in der Region Sindschar geborgen werden. Eines Tages wird klar sein, wie bestialisch die IS-Horden den Mann, wie viele Männer seines Glaubens, erschossen. Ermordet, weil er nicht bereit war, unter Zwang der Ideologie der vermeintlichen Glaubenskrieger zu folgen und seiner jesidischen Religion abzuschwören. Doch bis zu diesem Tag wird es wohl noch lange dauern, weil im Moment niemand Zeit hat, die Gräber zu öffnen. Fünf Jahre nach dem Genozid, im Frühjahr 2019, wird endlich das erste Massengrab geöffnet. Nadia Murad, die Friedensnobelpreisträgerin und selbst ehemals Versklavte, ist eigens angereist, um den Moment zu erleben. Die irakische Regierung beginnt mit der Exhumierung, unter der Aufsicht und Mithilfe einer Untersuchungskommission im Auftrag des UN-Sicherheitsrates. Allein rings um das am stärksten betroffene und bekannteste jesidische Dorf, Kodscho, werden mindestens zwölf solcher Massengräber vermutet. Angehörige wurden über Wochen aufgerufen, Blutproben abzugeben, damit eine DNA-Vergleichsdatenbank erstellt werden kann. So könnten die Familien endlich Gewissheit bekommen, wer tatsächlich tot ist und woran er starb.

In einem der Gräber könnte Lamiyas Mann liegen. Sie lebt inzwischen mit den beiden Kindern in einem Flüchtlingslager nahe der türkischen Grenze bei der Familie ihres Schwagers, die vor den Terroristen in letzter Minute fliehen konnte. 12 Personen teilen sich zwei Zelte. Die Fundamente sind gemauert und mit Beton verkleidet. Sie ragen ein kleines Stück aus der Erde heraus. Darüber ist das weiß-blaue Zelt mit der Aufschrift UNHCR gespannt. Die notdürftigen Behausungen müssen großer Hitze im Sommer und klirrender Kälte im Winter standhalten. Im Frühjahr und Herbst gibt es hier oben im Norden des Irak zuweilen sintflutartige Regengüsse und heftige Stürme, bei denen immer wieder Zelte weggespült oder -geblasen werden und damit auch der letzte kleine Besitz seiner Bewohner.

Innen, rings um den nackten Betonboden, wurden Kissen im Halbkreis gelegt, entlang der Zeltbahnen. Tagsüber dienen sie als bodenhohes Sofa, nachts sind sie Matratzen, auf denen die Familie Schlaf sucht. Jemand bringt süßen Tee herein, der in einer kleinen Feuerstelle neben dem Zelt frisch zubereitet wurde. Wer hier lebt, hat alles verloren, doch das Leben gewonnen. Dessen sind sich auch alle bewusst. Sie leben mit dem Verlust der nächsten Angehörigen, ihres Lebenswerkes. Dicht an dicht. Mehr als 3.000 Menschen allein in diesem kleinen Lager.

Lamiya sitzt an diesem Tag im Mai 2016 in der Ecke gleich neben dem Eingang des Zeltes. Sie trägt ein grau-weinrot gemustertes bodenlanges Kleid. Die Beine hat sie eng an den Körper gewinkelt, sodass sie ihren Kopf auf den Knien ablegen kann. Der Kopf ist ihr schwer. Zu schwer für die Bürde und die Ungerechtigkeiten, die in ihm gespeichert sind. Ihr Blick ist zu Boden gerichtet. Sie sitzt dort unbeweglich. Wie ein schmaler Stein, den jemand sorglos abgelegt hat. Wenn man den Angaben ihres Ausweises glaubt, den der Schwager sogleich zur Hand hat, dann ist diese Frau gerade einmal 34 Jahre alt, geboren am 1. Januar 1982. Viele Jesiden haben Neujahr als Geburtstag in offiziellen Dokumenten angegeben, weil sie den tatsächlichen Tag ihrer Geburt nicht kennen. Doch wenn man Lamiya anschaut, glaubt man eine deutlich ältere Frau vor sich zu haben. Sie könnte Mitte 40 sein, vielleicht auch schon 50. Tiefe Furchen ziehen sich durch ihr Gesicht. Graue Haare schauen unter dem dunklen Kopftuch hervor.

Das ist sie, denken wir Journalisten, als wir sie nun vor uns sitzen sehen. Sie sieht genauso aus wie auf dem Foto. Leonora hatte es aus der IS-Bastion Rakka an ihre Freundin Emine in Deutschland geschickt. Vor Lamiya hocken die beiden Mädchen. Sie sind inzwischen merklich älter geworden als auf dem Bild, doch auch sie sind unverkennbar diejenigen vom Foto. Nun sitzen sie ähnlich bewegungslos auf dem Boden wie ihre Mutter. Den Reportern stellen sich auf Anhieb tausend Fragen: Wie sind sie in die

Gefangenschaft dieser Barbaren geraten? Wie oft wurden sie verkauft oder verschenkt? Und wie konnten sie befreit werden?

Doch zunächst einmal erklären wir, weshalb wir gerade nach ihr gesucht haben, warum wir uns gerade für sie interessieren. Im Nachbarzelt oder dem dahinter gibt es ähnliche Schicksale, vergleichbare Geschichten, dasselbe Leid. Warum gerade sie? Auf dem Smartphone suchen wir das von Leonora aufgenommene Foto heraus und zeigen es ihr. Lamiya schaut kurz vom Boden auf, hält, das Display betrachtend, inne, und schaut dann erneut herunter. Teilnahmslos. Wir fragen, ob sie sich auf dem Foto selbst erkenne? Keine Antwort. Ist sie die Frau auf dem Foto? Keine Antwort, der Blick starr gen Boden gerichtet. Kann sie sich an den Moment der Aufnahme erinnern? Oder den Ort? Wieder keine Antwort. Schweigen.

Wir kommen ins Grübeln. Haben wir uns getäuscht? Ist sie es doch nicht? Oder konfrontieren wir sie mit der Vergangenheit, von der sie nichts mehr wissen will, die sie schnellstmöglich zu vergessen sucht? Den beiden Mädchen haben wir Schokolade aus Deutschland mitgebracht. Sie öffnen die bunte Verpackung und essen den Inhalt, ohne ein Wort zu sagen. Nichts zu uns. Nichts zu den anderen Personen im Zelt, der Großmutter, dem Onkel, der Mutter. Einfach nichts. Zwei Stunden werden wir hier im Zelt sitzen, und keines der Kinder wird auch nur einen einzigen Satz sprechen. Dabei sind sie drei und vier Jahre alt. Jeder, der Kinder hat, weiß, dass Kinder dieses Alters nicht stillsitzen können, dass sie zappeln, quatschen, spielen, nach Aufmerksamkeit haschen. Diese beiden Kinder tun all das nicht. Sie sind stumm. Das Erlebte hat sie stumm gemacht.

Einige Minuten nach unseren ersten Fragen erhalten wir doch noch eine Antwort von Lamiya. Sie flüstert plötzlich ganz leise los, sie haucht die Antworten regelrecht. Ja, sie sei in dieser Wohnung auf dem Foto gewesen. Aber nur einen Tag. Dann habe man sie weggebracht in eine andere Wohnung. In Rakka sei das Bild aufgenommen worden. Es fällt ihr merklich schwer zu sprechen, sich zu erinnern. Beim nochmaligen Anblick des Fotos ihrer beiden Mädchen in Rakka lächelt sie ein klein wenig. Dann wendet sie ihren Kopf wieder ab. Man hat das Gefühl, dass Erinnerungen in ihr aufsteigen. Sie kann die Gedanken nicht ertragen.

Neben Lamiya sitzt Abdallah. Auch er ist Jeside, obwohl sein Name sehr muslimisch ist, »Knecht Gottes« bedeutet er. Der etwa 60-jährige Mann mit dem grauen Kurzhaarschnitt erklärt, Lamiya sei zu schwer traumatisiert, um unsere Fragen vollumfänglich beantworten zu können. Seit der Befreiung spreche sie nicht mehr richtig, als habe ihr jemand die Stimme genommen. Auch das Erinnern falle ihr sehr schwer. Lamiya ist ein gebrochener Mensch, um den sich niemand kümmere, für den es hier im Irak kaum Hilfe gebe. Die Familie könne sich nicht einmal die Medizin gegen alltägliche Krankheiten leisten, wenn jemand einen Schnupfen hat. Wie sollten sie eine professionelle Therapie bezahlen, die ihr wirklich helfen könnte? Und wer solle die übernehmen? Hier gebe es keine Psychologen oder Trauma-Therapeuten, erzählen sie. Lamiya habe alles verloren. Das Einzige, was ihr geblieben ist, seien die beiden Mädchen.

Abdallah kennt Lamiya seit einem guten halben Jahr. Damals hatte er sie aus den Händen der Terroristen befreit. Er stammt ursprünglich auch aus dem Sindschar-Gebirge, lebte dort als Bauer ein gutes und ehrliches Leben. Dann fielen die Kämpfer des IS über das Gebiet her. Er konnte fliehen. Viele seiner Angehörigen nicht. Auch einige Frauen und Kinder seiner Familie wurden versklavt und nach Syrien oder in irakische Terrormetropolen wie Mossul oder Tel Afar verschleppt. So kam er dazu, ein professioneller Freikäufer zu werden. Nur in einem Flüchtlingslager herumsitzen und auf die Befreiung seines Dorfes warten, sei nichts für ihn, sagt er. Und für den bewaffneten Kampf gegen den IS sei er schlicht zu alt. Das müssten die Jüngeren übernehmen. Also begann er fortan Menschen, die der IS entführt hatte, freizukaufen. Den Auftrag dazu erhielt er von jesidischen Großfamilien und der kurdischen Regionalregierung. Sein Beruf ist seit 2014 wie der eines Viehhändlers – nur dass es sich bei der Ware nicht um Tiere, sondern um Menschen handelt. Ein menschenverachtendes Geschäft, doch die einzige Möglichkeit, Frauen und Kinder ohne Blutvergießen zu befreien. Inzwischen gebe es beim Freikauf standardisierte Verfahren, die obendrein ein lukratives Geschäft für die Terroristen seien, erklärt er.

Meistens laufe es wie im Fall von Lamiya ab, so Abdallah: Von einem aus Saudi-Arabien stammenden IS-Kämpfer hatte er ein Foto per WhatsApp erhalten. Darauf, dicht aneinandergedrängt, die versklavte Frau mit ihren beiden Kindern. Sie hocken verängstigt auf dem nackten Boden eines Hauses. Häufig sind diese Fotos fein säuberlich durchnummeriert. »Sklavin Nummer 123« stehe beispielsweise am Rand, wie in einem Katalog. Mit dem Bild geht Abdallah dann in ein eigens eingerichtetes Vermisstenbüro im nordirakischen Dohuk, wo Angehörige biografische Informationen, Bilder, Passkopien und andere Identifikationsmerkmale hinterlegt hatten und nun nach den Vermissten ihrer Familie fahnden. Das Büro wird von einer Stiftung betrieben, die der Bruder des kurdischen Präsidenten, Nidschirfan Barzani, gegründet und finanziert hat. Dort versuchen Mitarbeiter herauszufinden, wie die Person aus dem IS-»Katalog-Angebot« heißt und zu welcher Familie sie gehört. Ist eine Identifikation möglich, so wie es bei Lamiya war, wird deren Familie kontaktiert. Man habe die Vermisste gefunden, heißt es dann. Die Regionalregierung zahlt bis zu 7.000 Dollar pro Person, erzählt Abdallah, eine Art Kopfpauschale. Zwar sei allen bewusst, dass man auf diese Weise den militärischen Gegner finanziere, doch was sollte man anderes tun? Ein dreckiges Geschäft, doch der einzige Weg, die Frauen und Kinder zu befreien. Sollte der Preis für die Frau und die Kinder den Betrag übersteigen, den die Regionalregierung zu zahlen bereit ist, dann muss der Rest von der Familie oder dem Clan aufgebracht werden.

Nach einigen Verhandlungen hatten sich Abdallah und der IS-Mann aus Saudi-Arabien auf einen Rückkaufpreis von 24.000 Dollar für Lamiya und ihre beiden Töchter geeinigt. Mit dem Saudi hatte er zuvor schon häufiger zu tun. Er ist ein professioneller Menschenhändler im Auftrag der Terrororganisation. Den Kaufpreis zahlte Abdallah dann bei einem sogenannten *Hawala*-Banker, eine Art Treuhänder, ein. Solche *Hawala*-Büros finden sich 2016 vor allem in der Türkei, nahe der syrischen Grenze. In den unscheinbaren Büros wird zuweilen mit riesigen Summen hantiert. Große Bargeld-Zählmaschinen stehen auf den Tischen, rattern pausenlos. Dollarbündel liegen herum, geschäftig werden Bilanzbücher geführt. Über diese Büros wickelt der Islamische Staat viele seiner Handelsbeziehungen mit der Außenwelt ab, beim Kauf elektronischer Geräte, von Lebensmitteln oder Medikamenten, aber auch Waffen und Munition. Ein Bezahlsystem, das kaum Spuren hinterlässt und doch seit Jahrhunderten funktioniert. Ideal für eine Terrororganisation – aber auch nötig für die Zivilbevölkerung in einem Gebiet ohne funktionierendes Bankensystem.

Ein Anruf in der Hauptstadt des IS bestätigt den Eingang der Lösegeldsumme für Lamiya und die Kinder. Sie wird freigegeben, zusammen mit einem Dutzend weiterer Jesidinnen. Ein Prozess, der wie im Fall von Lamiya, mehrere Wochen dauern kann. Schließlich werden sie und die anderen über die syrisch-türkische

Grenze gebracht und an den Freikäufer Abdallah übergeben. Der hat sie dann zur Familie ihres verschollenen Mannes in das nordirakische Flüchtlingslager begleitet. Abdallah sagt, er verdiene selbst nichts an dem Handel. Unabhängig überprüfen können wir das nicht.

Wie viele Menschen auf diese Weise freigekauft wurden, ist unbekannt. Klar ist, dass selbst nach der militärischen Niederschlagung des IS im Frühjahr 2019 weiterhin fast 3.000 Frauen und Kinder verschwunden sind. 3.000 Karteikarten im Vermisstenbüro in Dohuk. Keiner weiß, wo sie sich aufhalten oder ob sie überhaupt noch leben. Es gibt Fälle, in denen versklavte Kinder inzwischen in Nachbarstaaten gefunden wurden. So bot ein früheres IS-Mitglied ein jesidisches Kind zum Kauf an, obwohl der Mann in die Türkei geflohen war und nun in Istanbul lebte. Er hatte das als Sklave gehaltene Kind einfach mitgenommen und wollte nun seine Flucht refinanzieren.

Wie lange sich Lamiya in den Händen von Nihad, dem Deutschen, aufhielt, bis der sie weiterverkaufte, ist nicht herauszufinden. Auch sie selbst weiß es nicht so genau. Einige Wochen, flüstert sie, habe der Deutsche sie behalten. Lamiya erkennt Nihad auf einem Foto wieder und drückt ihre Augen gegen die Knie der angewinkelten Beine. Sie weint nicht. Nur dieser leere Blick ins Nirgendwo. Unter ihren »Besitzern« – wie viele es insgesamt waren, weiß sie nicht mehr – sei der Deutsche einer derjenigen gewesen, der sie noch am besten behandelt habe. Mehr sagt Lamiya nicht. Sie sitzt nur da und starrt den Boden an. Ihre Kinder tun es ihr nach.

Nihad hat mit diesen drei Menschen offenbar auch eine Art Handel getrieben: Er hat sie gekauft und irgendwann wieder verkauft. Das könnte ein Verbrechen gegen die Menschlichkeit sein, auch nach dem deutschen Völkerstrafgesetzbuch. Sollte Nihad irgendwann nach Deutschland zurückkehren, müsste er sich auch wegen dieses Vorwurfs verantworten. Denn dass er eine Frau als Sklavin hielt, wissen auch die deutschen Sicherheitsbehörden und der Generalbundesanwalt. Doch wie lange, weshalb und zu welchem Zweck ist unbekannt.

Lamiya könnte in einem deutschen Verfahren eine wichtige Zeugin sein. Sie wäre nicht die erste Jesidin, die in Deutschland vor Gericht gegen ihre Peiniger aussagt.

Vor dem Münchener Oberlandesgericht musste sich seit April 2019 Jennifer W. aus Lohne in Niedersachsen verantworten, die sich dem IS zunächst in Syrien, dann im Irak angeschlossen hatte. Ihr Ehemann, ein Iraker, kaufte eine jesidische Sklavin mit Kind. Als das Kind in ein Bett nässte, bestrafte der IS-Kämpfer es, indem er das zu diesem Zeitpunkt fünf Jahre alte Mädchen in der prallen Sommersonne an ein Gitter band. Es verdurstete wohl noch am selben Tag jämmerlich.

Die Staatsanwälte des Generalbundesanwalts klagten Jennifer W. daher nicht nur wegen der Mitgliedschaft in einer Terrorvereinigung an, sondern auch, weil sie dem Kind nicht geholfen hatte. Sie hatte es sterben lassen, so die Auffassung der Staatsanwälte. Als Nebenklägerin wurde die Mutter des Kindes, zum damaligen Zeitpunkt eine jesidische Sklavin im Haushalt des IS-Paares im irakischen Falludscha, zugelassen. Sie hatte, nach eigenem Bekunden, dabei zusehen müssen, wie ihr Kind starb. Sie durfte den Tod nicht verhindern und ihm lebensrettendes Wasser zu trinken geben.

Solche Augenzeugen sind wichtig für die Ankläger, weil in den Prozessen gegen IS-Rückkehrer häufig Beweise und Zeugenaussagen fehlen. Auch Lamiya könnte also in einem möglichen Prozess gegen Nihad zur wichtigen Zeugin werden. Sollte sie nach Deutschland kommen, könnte ihr obendrein geholfen werden, mit dem Trauma umzugehen, irgendwann vielleicht ein normales Leben führen zu können. Nur außerhalb des Irak hätten die beiden Kinder eine echte Chance, das Erlebte zu verarbeiten, weil es bis heute kaum Therapiemöglichkeiten im Irak gibt. Zwei Kinder, die für diesen Krieg nichts können und denen ein deutscher Staatsangehöriger solches Leid zugefügt hatte.

Der Besuch in dem nordirakischen Flüchtlingslager und bei Lamiya und den Kindern ist ein weiterer Moment, der uns an die journalistischen Grenzen führt. Darf man dieser Frau helfen? Klar darf man. Aber darf man ihre Daten auch an deutsche Behörden übergeben, die sie dann vielleicht als Zeugin vor Gericht bringen? Schließlich sind Journalisten keine Hobbysheriffs. Wir sind Beobachter, keine Handelnden. Wir bestellen nicht das Feld der Sicherheitsbehörden. Deutsche Ermittler hätten ja selbst Emissäre in den Nordirak entsenden können, um die Frau zu finden. Haben sie aber nicht. Darunter leidet nicht der deutsche Staat. Darunter leiden ausschließlich Lamiya und ihre Kinder. Ihnen könnte geholfen werden. Ihnen muss geholfen werden!

Deshalb kontaktieren wir aus dem Nordirak Jan Kizilhan, der in den Jahren 2014 und 2015 die Frauen für das sogenannte Sonderkontingent Baden-Württemberg ausgewählt hatte. Das Programm war abgeschlossen, neue Personen konnten nicht mehr aufgenommen werden. Eigentlich. Nachdem der Psychologe die Geschichte Lamiyas und ihrer Kinder gehört hatte, setzte er sich dafür ein, für sie eine Ausnahme zu organisieren. Ein Platz in einer Wohngruppe in der Nähe von Stuttgart wurde ebenfalls gefunden. Nun musste sie noch nach Deutschland gebracht werden. Das konnten aber nur das Auswärtige Amt und das Bundeskriminalamt bewirken. Wir entschieden uns, Lamiyas Daten an die Behörden weiterzugeben. Ein humanitärer Notfall, so fanden wir. Und eigentlich im Interesse Deutschlands. Abgesehen von der moralischen Verpflichtung, einer Frau zu helfen, die von einem Deutschen »besessen« worden war. Passiert ist nichts! Gar nichts! Der Grund bleibt unklar. Wahrscheinlich hatte der Fall keine Priorität, weil ohnehin alle glaubten, Nihad würde niemals nach Deutschland zurückkehren, und ein Prozess wäre damit unwahrscheinlich.

Zwei weitere Jahre musste Lamiya mit den Kindern in diesem trostlosen Flüchtlingslager ohne jede Hilfe leben. Das lässt sich nicht anders beschreiben als: frustrierend. Und es macht wütend. Drei Personen, denen nicht geholfen wurde, obwohl es so einfach und auch zum Nutzen der deutschen Behörden gewesen wäre.

Aber Lamiyas Geschichte hat schließlich doch noch eine Art Happy End, wenngleich Deutschland damit nichts zu tun hat: Anfang 2019 ist sie mit den Kindern und großen Teilen der Familie ihres verschollenen Mannes nach Kanada ausgereist. Auch das nordamerikanische Land hatte ein Programm zur Aufnahme von Frauen initiiert, die vom IS versklavt worden waren. Hier wurde Lamiya aufgenommen. Sie lebt jetzt im Osten Kanadas. Es geht ihr und vor allem auch den Kindern inzwischen deutlich besser.

Und Leonora? Einige Wochen nach unserem Treffen mit Lamiya fragt sie ihren Mann, was denn aus der Sklavin geworden sei. Er tischt ihr offenbar eine Lüge auf: Sie sei zusammen mit gefangenen kurdischen Kämpfern ausgetauscht worden. Damit ist die Sache für sie gelaufen. Keine weiteren Fragen. Auch das gehört zu Leonoras Normalität im Islamischen Staat.

# Das Kalifat im Niedergang

Das hatte es so noch nie gegeben. Eine Terrororganisation beherrscht ein zusammenhängendes Gebiet von der Fläche Großbritanniens, mit der Kontrolle über mindestens sechs Millionen Menschen. Dieser Islamische Staat war nicht über Nacht gekommen. Es war ein schleichender Prozess gewesen. Wie ein Krebsgeschwür hatte sich die Organisation durch Syrien und den Irak gefressen und Metastasen gebildet.

Im Westen nahm zunächst kaum jemand Notiz davon. 2013 und 2014 schauten hierzulande fast alle in die Ukraine, auf die Krim, in den Donbass. Ein Konflikt direkt vor unserer Haustür. Verständlich, dass der mehr Aufmerksamkeit bekam als das erneute Erstarken einer Terrororganisation im Nahen Osten, wo es nach hiesiger Wahrnehmung nur von solchen Gruppen wimmelte. Und syrische und irakische Flüchtlinge kamen auch vergleichsweise wenige zu dieser Zeit. Als der Westen schließlich hinblickte, war es eigentlich schon zu spät. Da standen die Kämpfer des Islamischen Staates schon in Abu Ghraib, einem Vorort im Westen Bagdads, der durch die Misshandlungen von Terrorverdächtigen in einem US-geführten Gefängnis weltweit bekannt geworden war. Nur rund 30 Kilometer Luftlinie sind es von dort bis zum Zentrum der irakischen Hauptstadt.

Und dann war da Mossul. Im Juni 2014 überrannten IS-Kämpfer die Millionenstadt, fast ohne Gegenwehr. Die Schreckenspropaganda hatte gewirkt. Die Truppen des IS hatten sich in aufwendig produzierten Videos und Fotos als bestialische Mörderbande inszeniert, die ihren Gegnern die Köpfe abschnitt und sie öffentlich hinrichtete. Also flohen die zumeist schiitischen Soldaten der irakischen Armee. Warum sollten sie ihr Leben auch für eine vor allem von Sunniten bewohnte Stadt hergeben, die in der Armee ohnehin eher eine Besatzungsmacht als einen Verbündeten gesehen hatten? Und so überließen sie die Metropole und deren Bewohner den Terroristen und rannten davon.

Viele in der Stadt freuten sich zunächst über die neuen Herrscher. Es gab jetzt weniger Korruption, die Straßen wurden gereinigt, es gab regelmäßig Strom. Und die verhasste schiitische Zentralregierung in Bagdad war nun endlich nicht mehr für sie zuständig. Jetzt gab es einen neuen Anführer, Abu Bakr al-Baghdadi, der eigentlich Ibrahim Awad Ibrahim al-Badri heißt, aus Samara stammt und Doktor der islamischen Theologie wurde, bevor er mit al-Qaida in den Untergrund ging. In der Mossuler Al-Noori-Moschee, die durch ihr schiefes und später gesprengtes Minarett weltweit bekannt war, krönte er sich im Juni 2014 zum neuen Kalifen, zum *Emir al-Mu'minin*, dem Herrscher der Gläubigen. Was für eine religiöse Anmaßung. Um seinen Führungsanspruch zu untermauern, erfand er sich noch einen Beinamen: al-Quraishi. Das ist der Familienclan des Propheten Mohammed.

Baghdadi gehörte demnach zur direkten Verwandtschaft des wichtigsten aller Propheten. Nur gibt es überhaupt keinen Beleg, dass Baghdadis Familie in irgendeiner Weise aus dem Prophetengeschlecht abstammt. Bereits an der Universität Bagdad, wo er Theologie und islamisches Recht studierte, hätte diese Abstammung Eindruck gemacht. Doch in seiner Universitätsakte findet sich kein Hinweis auf den Namen, nichts. Auch in seinem Personalausweis, seiner Staatsbürgerschaftsurkunde, keine einzige Erwähnung. Trotzdem ließ er nun alle seine Anhänger aus der ganzen Welt auf den vollen, selbst erdachten Namen die *Baya*, den Treueschwur, ablegen. *»Ich gelobe, dem Herrscher der Gläubigen Abu Bakr al-Baghdadi al-Quraishi, ewige Treue«*, heißt es da. Mit der Ausrufung des Kalifats wurde nun aus dem Islamischen Staat im Irak und Syrien, kurz ISIS, einfach nur der Islamische Staat, kurz IS. Ein weiteres Zeichen für den Herrschaftsanspruch der Organisation und seines Führers, dessen Anhänger nun von einem weltumspannenden islamischen Reich träumten und schon einmal entsprechende Landkarten anfertigten.

Auch Leonora hatte sich die Inaugurationsrede des neuen Kalifen im Internet angeschaut, bevor sie sich ein Dreivierteljahr nach Ausrufung dieses Islamischen Staates selbst dorthin aufmachte. In ihrem Laptop finden sich entsprechende Hinweise darauf. Doch als sie schließlich im Frühjahr 2015 nach Syrien kommt, ist der Höhepunkt der Macht und der territorialen Ausdehnung bereits vorbei. Das Reich hat erste Risse bekommen. Der Beinahe-Umzingelungsring um Bagdad ist durchbrochen und in der Schlacht um die syrische Kleinstadt Kobane wurde der IS geschlagen.

2015 folgt eine Zeit des militärischen Vor und Zurück der Terrororganisation. Wie ein Bienenschwarm verlagert sie geschickt und überraschend schnell ihre Truppen. Wenn sie an der einen Stelle, in einer Kleinstadt etwa, geschlagen werden, dann greifen die IS-Kämpfer an einer anderen Stelle an, erobern neue Gebiete, während sie bestehende verlieren. Ein militärisches Patt, das sich nur schleppend zugunsten der IS-Gegner verschiebt, obwohl die Amerikaner und die von ihr geführte Internationale Koalition seit August 2014 intensiv aus der Luft unterstützen. Barack Obama hatte den Angriff befohlen, nachdem das Leid der Jesiden weltweit bekannt geworden war. Vertrieben aus ihren Dörfern, waren Hunderte in das nahe gelegene Sindschar-Gebirge geflohen. In sengender Hitze verschanzten sie sich gegen die islamistischen Angreifer, während sie zu verhungern und zu verdursten drohten.

Eigentlich wollte Obama nichts mehr mit einem Krieg im Irak zu tun haben. Schon in seinem ersten Wahlkampf hatte er versprochen, die US-Soldaten aus dem Land abzuziehen und nach Hause zu holen. Eines der ersten Wahlversprechen, das der neu gewählte US-Präsident dann auch einlöste. Zurück blieb eine irakische Armee ohne Struktur, ohne strategische Führung und vor allem: Sie war schlecht ausgebildet. Doch was beinahe noch wichtiger war: Die Amerikaner zogen nicht nur ihre Soldaten ab, sondern damit einhergehend auch die sogenannte Feindaufklärung.

Einer der Generäle der irakischen Spezialkräfte beschrieb es einmal so: Als die Amerikaner noch hier in Bagdad waren, gab es gemeinsame Operationsräume, technisch ausgerüstet mit allem, was man sich vorstellen kann. Iraker und Amerikaner saßen gemeinsam in einem Raum, an den Wänden Flachbildschirme mit Live-Video-Aufnahmen von Überwachungsdrohnen und einem regen Zufluss wichtiger Geheimdienst-Informationen. Als die Amerikaner 2011, wie über Nacht, abzogen, erzählt er, nahmen sie alles mit. Wirklich alles. Zurück blieben die Iraker im Operationsraum und beschauten sich nun die Dübellöcher in der Wand, weil selbst die Flachbildschirme gut verpackt in die USA gebracht worden waren. Eigene irakische Drohnen gab es nicht. Die irakischen Spezialkräfte waren plötzlich blind. Sie sahen ihre Gegner nicht mehr. Und die amerikanischen Nachrichtendienste hatten viele ihrer Quellen abgeschaltet oder übermittelten deren Informationen nicht weiter an die Iraker.

Nun, mit der IS-Bedrohung im Land, mussten irakische Truppen im Schnelldurchlauf trainiert und ausgebildet werden. In wenigen Wochen sollte nachgeholt werden, was über Jahre versäumt worden war. Kein leichtes Unterfangen, bei so viel schlechter Organisation. Eine Anekdote, die wir Journalisten in der irakischen Stadt Tikrit kurz nach deren Befreiung im Frühjahr 2015 erlebten, zeigt diese mangelnde Organisation anschaulich:

In der Universität der Geburtsstadt Saddam Husseins hatten die Iraker ihr Feldlager errichtet. Hier saß die Kommandoebene der Truppen. Ein hochrangiger General versprach uns, ein gepanzertes Fahrzeug würde uns zum Stadtausgang in Richtung Bagdad geleiten, wo unser eigenes Auto wartete. Er erließ einen entsprechenden Befehl. Doch auf dem gesamten Gelände der Universität, wo ein Panzerfahrzeug neben dem nächsten stand, fand sich kein einziges Fahrzeug, das einsatzbereit war. Irgendwer in der Befehlsstruktur hatte vergessen, frischen Treibstoff zu ordern. Die Tanks sämtlicher Fahrzeuge waren einfach leer. Kein Witz. Erst am nächsten Tag würde eine neue Lieferung eintreffen, hieß es. Wir könnten aber gern so lange warten und auf dem frontnahen Stützpunkt übernachten, schlug man uns vor. Hätte der IS an jenem Tag einen Angriff gestartet, so wären die irakischen Truppen vollkommen bewegungsunfähig gewesen. Ein junger Soldat sagte uns später scherzhaft: *»So können wir wenigstens nicht wieder wegrennen, wenn sie kommen, wie damals in Mossul.«* Ein Wagen der Schiitenmilizen nahm uns schließlich mit durch die Stadt. Die aus dem Iran finanzierten Milizen sind zumindest in jener Zeit deutlich besser organisiert.

Leonora bekommt von alldem nur mit, dass die Einschläge immer näher kommen.

Bombardements auf Rakka nehmen im Verlauf des Winters 2015 und des Jahres 2016 stetig zu. Die Hauptstadt der Terroristen steht nun immer mehr im Fokus der Internationalen Koalition.

Während es vor einigen Monaten noch einzelne Angriffe waren, die irgendwo die Stadt trafen, so werden nun fast täglich strategisch wichtige Verwaltungseinrichtungen, *Scharia*-Gerichte und militärische Anlagen bombardiert und in große Schutthalden verwandelt. Häufig im Innenstadtbereich, wo sich der Islamische Staat eine Art Regierungsviertel erbaut hatte oder ehemalige Wohn- und Verwaltungsgebäude entsprechend umfunktionierte. Hinzu kommen beinahe täglich Drohnenangriffe auf wichtige Persönlichkeiten der IS-Hierarchie oder -Propaganda, deren Tod dann von der Internationalen Koalition oder dem US-Verteidigungsministerium als wichtiger Schlag gegen den internationalen Terrorismus gefeiert werden. Pressemitteilungen werden verschickt. Briefings für Journalisten abgehalten. Leonora meldet sich nun immer seltener bei Maik, Babette oder Emine. Oft berichtet sie dann von den Bombenangriffen auf die Stadt:

*Leonora: Du weißt gar nicht, was alles passiert ist in den letzten Monaten.*

*Emine: Ich bin gestorben vor Angst ☹ ☹*

*Leonora: So viel. Alles wieder anders. Wohne nicht mehr allein.*

*Emine: Merkst du eigentlich was von dem Krieg oder Bomben?*

*Leonora: Klar.*

*Emine: Echt?*

*Leonora: War schon des Öfteren knapp für mich.*

*Emine: Oh nein* 😔 😔

*Leonora: Viel* Dua *[Bittgebete] machen* inshaallah. *Unser Treffen wird spätestens in* Jannah *[im Paradies] sein.*

*Emine:* 😔 😔 😔 😔 😔 😔

*Leonora: Ich bin von der Innenstadt weg. Habe da mal gewohnt. Die Wohnung, wo ich zuerst mal allein gelebt habe, die steht mittlerweile nicht mehr. Wurde gebombt. Habe aber* elhamdulillah *[Gott sei Dank] überlebt.*

Bomben, Luftangriffe, gezielte Tötungen. Das ist die neue Realität in Leonoras Leben. Dazu die Angst, selbst zum Ziel zu werden. Vor allem Nihad wird nun immer vorsichtiger, verbietet seinen Frauen oft den Weg zum Internetcafé und die Kommunikation mit der Außenwelt. Wenn neben seiner vielen Arbeit beim Geheimdienst, wie Leonora es beschreibt, mal Zeit für einen Wochenendausflug mit dem Taxi oder einem Dienstwagen ist, etwa ans Ufer des nahe gelegenen Euphrat, dann dürfen auf keinen Fall Handys mitgenommen werden. Denn die könnten mit ihrer GPS-Funktion, wie Leonora erklärt, den Standort des Geheimdienst-Mannes verraten und er selbst und seine Frauen angegriffen werden. Außerdem steigt die Angst vor Verrätern in den eigenen Reihen. Der IS war schon von Anbeginn besessen von Verschwörungstheorien und ausgeprägtem Verfolgungswahn. Doch nun wird die Gefahr realer und die Überwachung der eigenen

Leute immer intensiver und lückenloser. Leonora darf, wenn sie denn mal in ein Internetcafé geht, nichts über ihren aktuellen Wohnort schreiben oder auch nur Andeutungen machen:

*»Es ist gefährlich. Es gibt Spione, die für Amerika oder die Koalition arbeiten und wenn du zum Beispiel so eine als ›Freundin‹ hast, sendet die deine Koordinaten an die Flugzeuge und dann ist dein Haus weg«*, erklärt sie Maik in einer Nachricht. Daher müsse man auch bei der Auswahl seiner Bekanntschaften vorsichtig sein. *»Deswegen habe ich nur 2–3 Freunde, aber gute und vertrauenswürdige.«*

Jeder misstraut jedem. In dieser Spirale ist wohl auch Leonora gefangen. Ständig werden angebliche Spione öffentlich hingerichtet oder zur Abschreckung gekreuzigt und an Kreisverkehren in der Innenstadt aufgehängt. Und wozu die *Amniyat*, die Mitarbeiter des IS-Geheimdienstes, in der Lage sind, weiß Leonora nur zu gut aus eigener Erfahrung von ihrem missglückten Fluchtversuch, bei dem sie verhaftet worden war und, wie sich später herausstellt, nur mit Glück und aufgrund einer Lüge überlebte. In einer der seltenen ausführlichen Nachrichten in dieser Zeit schildert Leonora ihrer Freundin endlich, was damals wirklich passierte:

> *Ich bin fast gestorben an dem Gedanken, dass meine Eltern und du glauben, dass ich tot bin. Ich habe viel Dua gemacht, dass ihr denen nicht glaubt. Ich will nicht, dass ihr weint. Aber ich will dir noch erzählen, wie das abgelaufen ist. Ich hatte zu meinem Papa gesagt, dass ich den Mann gefunden habe und mit ihm mitgehe. Ich bin mitgegangen und dann sind wir ein paar Meter gelaufen. Dann hat uns die Polizei angehalten und dann mussten wir zu denen ins Auto steigen und ich wurde direkt ins Gefängnis in eine*

*Zelle gesteckt. Der eine meinte zu mir: »Maybe we will kill you.« Ich habe gefragt: Wieso? Und er meinte: »Ja weil du willst in die Türkei und hast hier Leute nach Dawla [gemeint: in den Islamischen Staat] bestellt und so weiter. Und du hast Fotos von der Straße gemacht. Du bist auch eine Spionin.«*
*Durch eine große Lüge habe ich es geschafft, dass sie mich nach Hause bringen. Ich habe gesagt, dass meine zwei Kinder allein dort sind, aber insgeheim wollte ich nur dahin, weil ich wusste: Nihad ist zu Hause. Weil er hat das alles gar nicht mitbekommen. Die im Gefängnis haben ihn auch nicht kontaktiert. Die wollten mich einfach erschießen. Nihad hat sie aber richtig fertiggemacht, weil er arbeitet ja beim Geheimdienst. Und die haben mein Handy untersucht. Und dann hat er [Nihad] gesagt: »Schaut, dieser Mann hat mit jemandem geschrieben, der arabisch schreiben kann. Meine Frau kann keine Silbe arabisch.« Und nach großem Hin und her konnte ich unbeschadet nach Hause kommen.*

Nihad hatte seine Frau nicht ans Messer geliefert. Wohl auch aus Eigennutz. Wie hätte er erklären sollen, dass ausgerechnet die Frau eines Geheimdienst-Mitarbeiters fliehen will und er es nicht bemerkt und unterbunden hatte? Außerdem müssen die Gedanken, nicht nur den Islamischen Staat verlassen zu wollen, sondern auch explizit ihn, erheblich an seiner Ehre gekratzt und natürlich seine Gefühle verletzt haben. Denn Nihad scheint Leonora wirklich zu lieben, wenngleich dies, jedenfalls zu diesem Zeitpunkt, nicht auf Gegenseitigkeit beruht, wie sie ihrer Freundin immer und immer wieder anvertraut:

Leonora: Eigentlich war die Hochzeit nur um mir zu helfen. Damit ich eine gute Unterkunft und Unterhalt habe … Ich bekomme zwar auch ohne Mann von Dawla [gemeint: dem IS] 50 Dollar im Monat, aber die sind ganz schnell weg. Aber als ich dann da war und er mich gesehen hat und kennengelernt hat, sah es dann ganz anders aus. Es kamen Gefühle ins Spiel auf seiner Seite. Und ich wusste nicht mehr, was ich machen sollte, weil ich hatte etwas anderes im Kopf und andere Sorgen. Dann hatte ich ja diese Phase mit ihm, wo er mich eingeschlossen hat und fast geschlagen hatte, da war ich dann ganz weit entfernt Gefühle zu entwickeln. Das ist bis heute noch so. Der ist total verschossen und ich kann es einfach nicht … Ich habe ernsthaft versucht mich zu zwingen, da Gefühle zu entwickeln, weil ich dachte: OK, es ist eh vorbei. Ich werde hier eh verrecken. Das mit den Gefühlen war voll naja 😢 kann man vergessen. Ich bekomme die ganze Zeit Geschenke von ihm, Gold usw. Es tut mir wirklich schon leid.

Emine: Der liebt dich ja wirklich.

Leonora: Nihad hat sich auch sehr verändert. Innerlich und äußerlich, haha.

Emine: Inwiefern?

Leonora: Er hat jetzt lange Haare, haha. So Justin Bieber. 🤣 🤣 🤣 🤣

Emine: Hahahaha

Leonora: Und ist weicher geworden. Zumindest zu mir.

Zu seinen anderen Frauen scheint Nihads Liebe nicht so groß zu sein. Es gibt jedenfalls oft Streit zwischen den Ehepartnern, meist entzündet an Lappalien. Dann, so beschreibt es Leonora in kurzen Nachrichten an die Familie nach Hause, habe sich Nihad, der rüde Geheimdienst-Mitarbeiter, der in seiner Funktion wahrscheinlich täglich mit Gewalt konfrontiert ist, auch nicht im Griff: *»Ich weiß, dass Khadija schon mal richtig eine abbekommen hat und Sherine auch ein Mal«*, schreibt sie.

Der Druck auf den Islamischen Staat wächst und damit wohl auch auf die Geldbeutel seiner eingewanderten Familien. Denn vorbei ist die Zeit großer Militärparaden in Rakka, bei denen die Eroberung neuer Gebiete gefeiert wird. Und vorbei ist damit auch die Zeit, in denen das Hab und Gut der neu eroberten Gebiete unter den Mitgliedern der Terrormiliz verteilt werden kann. Das Kalifat gerät in eine wirtschaftliche Schieflage. Denn nach wie vor produziert der Islamische Staat nichts als Tod und Zerstörung. Die Folge: Gehälter werden gekürzt, monatliche Zahlungen für Frauen und Kinder werden herunterreguliert.

Das merken auch Nihad und seine Frauen. Das Geld geht ihnen aus. Der Lebensstil von einst, als sie aus dem Vollen schöpften, ist vorbei. Immer öfter fragt Leonora nun nach Geld, bittet Maik, eine Zahlung an sie in Rakka auf den Weg zu bringen. Viele ihrer Bekannten hätten bereits Zahlungen von ihren Familien aus dem Ausland erhalten. Das ginge ganz einfach. Maik lehnt immer wieder ab. Geld an Mitglieder einer Terrororganisation zu senden, auch wenn es für die eigene Tochter bestimmt ist, könnte von deutschen Sicherheitsbehörden als Finanzierung einer Terrororganisation gewertet werden. Das wäre möglicherweise ein Unterstützungstatbestand, und Maik würde sich strafbar machen.

Auch Claudia Dantschke von der Beratungsstelle *Hayat* rät ihm dringend ab. Sie hat Eltern in der Beratung, bei denen Hausdurchsuchungen stattfanden und Ermittlungsverfahren geführt wurden, weil die Mütter und Väter Geld an ihre Kinder im Islamischen Staat geschickt hatten. Zwar werden die Verfahren zumeist eingestellt, weil nicht nachweisbar ist, dass die Organisation selbst davon profitierte, doch Maik solle besser kein unnötiges Risiko eingehen, rät sie.

Außerdem hatte Nihad doch immer vollmundig versprochen, er kümmere sich um alles. Seine Frauen und Kinder stünden immer an erster Stelle. Doch während sein Einkommen sinkt, bleibt sein Lebenswandel teuer. Er hat mehrere Haushalte zu führen. Neben seinen drei Frauen, inzwischen drei Kindern und zwischenzeitlich einer Sklavin mit Kindern, hat er sich noch eine Syrerin zur Viertfrau genommen. Sie heißt Fatima und stammt aus Homs. Mehr weiß auch Leonora nicht über sie. Vier Frauen, das ist die maximal erlaubte Anzahl von Ehefrauen im Islamischen Staat, abgesehen von Sklavinnen natürlich. Die werden nicht mitgezählt. Nihad stellt damit erneut seine Macht und Stärke zur Schau. Nun hat er eine Frau aus Frankreich, eine aus Dagestan, eine aus Deutschland und eine aus Syrien. Dazu der Job beim Geheimdienst. Mehr dicke Hose geht nicht! Doch diese vierte Ehe hält nicht lange. Die Syrerin sei keine gute Muslima, erzählt er Leonora, deshalb wird die Lebensgemeinschaft schon bald darauf wieder geschieden.

Es vergehen viele Monate, in denen sich Leonora gar nicht oder nur kurz in Deutschland meldet. Aus dem Mantra »Die gehört da nicht hin!« wird ein neues, das Maik nun immer wieder Leonoras Mutter und ihrer Freundin sagt: »Abwarten.« Abwarten, was passiert. Abwarten, wann sich Leonora das nächste Mal meldet. Abwarten, wie sich der Blick seiner Tochter auf die Terrororganisation verändert. Der Fluchtversuch ist gescheitert, und inzwischen hat sich auch die militärische Lage am Boden verändert. Lange Zeit beherrschte der Islamische Staat weite Teile des syrischen Grenzgebietes zur Türkei. Dies sorgte für einen konstanten Waren- und Mitgliedernachschub. Doch Stück für Stück verliert das Kalifat an Fläche. Viele IS-Angehörige, die im Grenzgebiet leben, verlassen die Städte entlang der Türkei und ziehen nach Rakka oder in andere Großstädte unter IS-Kontrolle. Auch Elif, die aus München stammende Deutsche, die Leonora im Frauenhaus kurz nach der Ankunft im Kalifat kennengelernt hatte, plant nun, in die Hauptstadt umzuziehen. Sie war mit ihrem aus Frankfurt stammenden Mann nach Jarablus, eine kleine Grenzstadt, gezogen. Nun müssen sie dort weg. Es sei nicht mehr sicher. Die Kurden könnten jeden Moment angreifen und der IS das strategisch wichtige Gebiet verlieren.

»*Hab gehört du willst mit deinem Mann nach Rakka kommen. Also hier gibt's wenigstens mehr Deutsche, soweit ich weiß. Oder ist ein bisschen Leben auf dein Dörfchen gekommen?* 😄 *Wegen unserer Wohnung: Ja, die ist groß. Wir sind auch auf Wohnungssuche. Weißt ja, in Rakka ist es nicht easy eine Wohnung zu finden* 👎. *Und warum isst du bitte Mango-Eis ohne mich?* 😀 🤨 *aber* elhamdulillah *hier gibt's auch voll das gute Eis, sogar so wie bei McDonald's* 😎«, schreibt Leonora an Elif. Nur sendet sie die Nachricht aus Versehen an Emine. Sie habe den Chat verwechselt, entschuldigt sie sich anschließend. Anscheinend gibt es nach wie vor einen regen Austausch unter den IS-Anhängerinnen.

Nur nach draußen darf Leonora nicht offen kommunizieren.

Maik weiß sehr oft nicht, ob eine Nachricht tatsächlich von seiner Tochter stammt oder ob nicht jemand anderes das Handy benutzt oder zumindest über den Inhalt schaut. Auch das Geheimzeichen, die zwei Punkte am Ende einer Nachricht, die anzeigen sollten, dass sie allein und ohne Aufsicht schreibt, benutzt Leonora nicht mehr. Zu groß ist die Angst vor Entdeckung, selbst wenn es um Alltägliches wie die Wohn- und Lebenssituation geht. Selbst in der Kommunikation mit Emine, die mit dem Fluchtversuch damals nichts zu tun hatte, ist sie nun sehr vorsichtig. Und doch gibt sie ungewollt Informationen preis, was beispielsweise Nihads neue Aufgabe beim Geheimdienst betrifft:

*Emine: Erzähl mir bitte alles!*

*Leonora: Nihad hat das wissen, alles wieder herzustellen.*

*Emine: Wie meinst du das, alles wieder herstellen?*

*Leonora: Die Chats.*

*Emine: Oh Gott ...*

*Leonora: Ja, deswegen bitte nichts schreiben, was mich ins Gefängnis bringt. Am besten gar nichts schlimmes.*

*Emine: Wie soll das denn gehen?*

*Leonora: Keine Ahnung, aber seine Arbeit ist jetzt mit Computern. Er kann ALLES. Aber kheir [gut]*

*Emine: Oh Gott.*

*Leonora: Wegen wohnen kann ich dir jetzt nicht schreiben. Wird jetzt viel überwacht, weil es gibt zu viele Spione und die werden dann ja auch direkt getötet … Und wenn ich sowas schreibe, kann es falsch verstanden werden. Du weißt schon.*

Nihad selbst und seine Rolle innerhalb des Geheimdienstes treten das erste Mal im November 2016 in den Fokus deutscher Berichterstattung, wenn auch nur am Rande. In Hildesheim wird der »Deutschsprachige Islamkreis«, kurz DIK, verboten. Außerdem nehmen Ermittler den »Imam ohne Gesicht«, wie ihn manche Medien nennen, weil er in Videos und Fotos immer nur von hinten zu sehen ist, fest. Der irakischstämmige Abu Walaa galt nach der Aussage des Syrienrückkehrers und Kronzeugen Anil O. als *»Repräsentant des IS in Deutschland«* und soll in der Hildesheimer Moscheegemeinde Dutzende Personen zur Ausreise in den Terrorstaat animiert haben. Darunter auch Nihad und seine beiden Frauen. Zudem stünden Abu Walaa und Nihad weiterhin in engem Kontakt, hatte Anil O. ausgesagt.

Die Nachricht von der Verhaftung spricht sich auch in Syrien schnell herum und hat Konsequenzen, wiederum vor allem in der Kommunikation mit dem nicht islamistischen Ausland.

*Leonora: Emine!*

*Emine: Jaaaa.*

*Leonora: Ich darf nicht mehr ins Internet. Ich soll alles löschen.*

Emine: Warum!???

Leonora: Weil die eine Reportage über Nihad gemacht haben.

Emine: Echt?

Leonora: Ja. Und jetzt will er aus Sicherheitsgründen kein Internet mehr. Damit die uns nicht bomben.

Emine: Kannst du mir schicken?

Leonora: Ich habe den Link nicht. Aber er war der Begleiter von Abu Walaa. Und er wird in den meisten Reportagen miterwähnt.

Emine: Hmm.

Leonora: Habe schon kein WhatsApp mehr. Hat er schon gelöscht.

Emine: Toll.

Leonora: Ich habe Telegram auf meiner SD-Karte versteckt.

Wieder hintergeht Leonora ihren Mann. Und doch nähern sich die beiden über die nächsten Monate immer weiter an. Sie schreibt jetzt keine Nachrichten mehr, in denen sie sich über ihn auslässt oder lustig macht. Sie nennt ihn nun nicht mehr »grausam« oder »ekelig« wie noch vor einigen Monaten. Maik und auch

Emine haben den Eindruck, dass mit jedem Tag, an dem der Islamische Staat stärker unter Druck gerät, der Zusammenhalt seiner Anhänger steigt, in diesem Fall der von Leonora und Nihad. Das ist nichts Ungewöhnliches, wenn man bedenkt, dass die beiden Deutschen das Gefühl haben müssen, gemeinsam eingeschlossen zu sein in einer Stadt, die von Angreifern und Feinden umgeben ist, die nichts anderes im Sinn haben, als ihre Stadt zu erobern, und der Tod plötzlich und jederzeit über sie hereinbrechen könnte. Ein Korpsgeist entwickelt sich, ganz nach dem Motto: »Wir hier drin gegen die da draußen.«

Gleichzeitig ist die Kommunikation mit seiner Tochter so rar, dass Maik selten weiß, was sie wirklich bewegt, was sie den ganzen Tag über macht. Mal erzählt sie von Krankenhausbesuchen mit Nihads Sohn aus erster Ehe, der offenbar schwer krank ist und dem im Islamischen Staat nicht geholfen werden kann, weil entsprechende Medikamente fehlen. Dann geht es um die Qualität der Backwaren in Rakka, deren Produzenten nach Leonoras Ansicht sofort eingesperrt gehören, weil sie Brötchen vom Vortag verkaufen, ohne dies entsprechend zu kennzeichnen.

Und dann, das ist das häufigste Thema der Kommunikation mit Maik, geht es wieder um Geldforderungen. Maik könne doch ihr Sparbuch auflösen und den Betrag in den IS senden. Der Vater eines Freundes von Nihad, heißt es, könnte das Geld transferieren, ohne Spuren zu hinterlassen. Keiner bekäme davon etwas mit. Leonora sei auf eine Zahlung dringend angewiesen, weil ihre Waschmaschine den Geist aufgegeben habe oder weil die Wasserpumpe ihres Hauses gestohlen worden sei. Wüsste man nicht, dass sie im Auge des Terroristensturmes leben würde, man könnte es glatt für das Gespräch einer Studentin über die Aufstockung des BAföG mit ihrem Vater halten. Doch sie ist da, wo sie ist, und das nun schon seit mehr als anderthalb Jahren. Anderthalb Jahre, die Spuren hinterlassen haben.

Sie greift jetzt immer häufiger Propaganda-Sprech auf und nimmt ihn für bare Münze: *»Sie haben gerade ein Flugzeug über Rakka abgeschossen, ein russisches.«* Und die Beziehung zu Nihad hat sich in den vergangenen Monaten stetig vertieft und verändert. Irgendwann, im Spätherbst 2016, schreibt Leonora dann wieder mal eine ausführliche Nachricht an Emine und beschreibt ihre Gefühlswelt. So wie sie es früher häufig getan hatte. Nur ist der Inhalt diesmal ein anderer:

> *Emine! Irgendwie geht es mir voll mies ... Um ehrlich zu sein, habe ich mich voll in Nihad verliebt. Aber richtig. Wallah [Bei Gott], das zerreißt mich. Du weißt ja selbst zu gut, wie meine Ehe angefangen hat und wie Schrott meine Ehesituation war. Ich habe voll viel durchgemacht mit ihm und man muss zugeben, viele andere hätten mir schon längst Scheidung gegeben. Schon allein wegen der Abstößigkeit und Gefühllosigkeit. Aber seitdem ich hier jetzt so richtig meine eigene Wohnung habe, hat sich mein Alltag und Eheleben voll geändert. Ich kann mich endlich schön machen ohne Todesblicke usw. Und ja, irgendwie habe ich Nihad mehr kennengelernt und gemerkt, dass er sehr gut zu mir ist ...*
>
> *Jetzt tut es mir voll leid wie ich ihm gegenüber war. Er hat oft seinen letzten Schein gegeben, sein letztes Essen. Und Nerven hab' ich ihm auch geraubt 😀 . Egal wie er ist, das muss man ihm lassen.*

*Sorry, ich habe dich voll zugeschrieben. Aber ich habe keine Freunde* 🤷‍♀️

Lange und unbeschwert können die beiden nicht die neu entdeckte Liebe genießen. Im Westen gibt es was Neues. Die irakische Regierung beginnt mit massiver Luftunterstützung die Operation zur Rückeroberung Mossuls. Das Kalifat gerät erneut unter Druck. Diesmal in einem seiner Zentren, in einer der wenigen Wirtschaftsmetropolen mit vielen Einwohnern. Barack Obama unterstützt den Plan, wünscht sich insgeheim eine Einnahme der Stadt bis zur US-Präsidentenwahl im November 2016. Denn der republikanische Kandidat auf das mächtigste Amt der Welt, der Immobilienspekulant Donald Trump, hatte im Wahlkampf angekündigt, er würde den Islamischen Staat dem Boden gleichmachen und dessen Anhänger in die Hölle bomben, wenn er in das Amt gewählt würde.

Obama und die irakische Regierung verfolgen einen anderen Plan, jedenfalls zu Beginn der Operation. Die Zivilisten sollen während der Eroberung in der Stadt verbleiben. Die Regierung fürchtet andernfalls eine humanitäre Katastrophe, ähnlich wie in Falludscha. Bei der Eroberung der Stadt in der westirakischen Anbar-Provinz hatten sich Tausende auf den Weg nach Bagdad gemacht, um vor den Kämpfen und der schlechten Versorgung zu fliehen. Die Regierung war damals total überfordert, den Menschen zu helfen. Das sollte sich nicht wiederholen. Außerdem würde bei solch einer Operation die Stadt nicht in Schutt und Asche gelegt werden, was Jahre und Milliarden kosten würde beim Wiederaufbau. Nur dass Mossul deutlich größer ist als Falludscha.

Auch in Syrien verliert der IS Stadt um Stadt. Die Gebiete an der Grenze zur Türkei sind längst verloren. Nun kommt Manbidsch dran, ein strategisch wichtiger Ort, weil er an der Kreuzung großer Fernverkehrsstraßen liegt. Dann ist Tabka an der Reihe. Von dort sind es nur rund 50 Kilometer bis Rakka, und hier gibt es einen wichtigen Staudamm, der auch Rakka mit Strom und Trinkwasser versorgt. Nur eine Frage der Zeit also, bis sich der Eroberungsring auch um die Hauptstadt schließen würde. Die Piloten vom US-Flugzeugträger im Persischen Golf fliegen jetzt häufig die Route Mossul–Rakka. Wie Greifvögel kreisen sie mal über der einen, mal über der anderen Stadt. Per Funk werden sie dann zu ihren *Engagements* gerufen und drücken ab. Bei den Angriffen auf beide Städte sterben nach Angaben von Menschenrechtsorganisationen auch Hunderte, wenn nicht Tausende unbeteiligte Zivilisten. Denn so groß die Präzision der lasergesteuerten Raketen auch immer sein mag, niemand kann aus der Luft in ein Haus hineinsehen und endgültig klären, ob nicht doch noch Zivilisten darin sind. Selbst die hochauflösenden Bilder der deutschen Aufklärungstornados, die an dem Krieg beteiligt sind, können das nicht. Es gibt keinen sauberen Krieg. Das zeigt der gegen den Islamischen Staat eindrucksvoll.

Als Mossul im Juli 2017 schließlich vollständig eingenommen ist, gibt es bereits einen neuen US-Präsidenten. Und der tat das, was er angekündigt hatte. Er bombte den IS aus der Stadt heraus. Während im Ostteil der Stadt, noch unter Obamas Ägide, die Zivilisten geblieben waren und relativ wenig zerstört wurde, der Fortgang aber schleppend lief, fielen auf den Westteil der Stadt nun deutlich mehr und größere Raketen. Trump hatte die angezogene Handbremse gelöst, wie ein hochrangiger irakischer General damals sagt. In der Altstadt westlich des Tigris, in der bis zuletzt noch etwa 200.000 Zivilisten ausharrten und zum Teil als lebende Schutzschilder von den weiter zurückweichenden Islamisten missbraucht wurden, gab es massive Zerstörungen. Das lag allerdings nicht allein an der großen Zahl von Luftangriffen, sondern auch an der baulichen Struktur. Hier sind die Gassen manchmal so eng, dass kaum ein Auto hindurchpasst. Ein blutiger Häuserkampf, auch und gerade für die Zivilisten.

Und noch etwas war passiert, bevor Mossul aus den Händen des IS befreit werden konnte: Leonora ist schwanger! Sie teilt es Maik in Form eines Schwarz-Weiß-Bildes mit. Darauf ein weißer Plastikstab, ein Schwangerschaftstest. *»3. Woche«* ist darübergeschrieben und zwei feierliche Emoticons. *»Da werde ich Opa?«*, fragt er zurück und bekommt ein schlichtes *»Ja«* von seiner Tochter zurück. Der Geburtstermin sei für den 21. Oktober 2017 berechnet worden, erklärt sie noch.

Maik hatte schon lange damit gerechnet, dass dies irgendwann passieren würde. Eigentlich hatte er sich schon gewundert, dass es so lange gedauert hatte. Und doch hat ihn niemand darauf vorbereitet. Er weiß nicht, ob er sich darüber freuen soll. Ein Baby, inmitten des Krieges. In einer Situation, bei der jeder weiß, dass auch Rakka bald von Bodentruppen angegriffen werden würde. Wie konnte man da ein Kind bekommen, wie sollte es da möglich sein, ein Baby großzuziehen? Außerdem würde Leonora noch mehr an Nihad hängen, schließlich wird er zum Vater des ersten gemeinsamen Kindes. Das schweißt zusammen. Niemand weiß das besser als Maik, den bis heute ein gutes und vertrauensvolles Verhältnis mit Babette verbindet. Befreiungsversuche, so wie mit Abu Ismael, sind mit einem Kind noch viel schwieriger. Plötzlich würde man bei einer Flucht einen weiteren Menschen in Lebensgefahr bringen. Und doch freut sich Maik auch, Großvater zu werden. Er liebt Kinder.

Im Februar 2016, ziemlich genau vor einem Jahr, hatte seine Frau Kathleen ein Mädchen entbunden. Es ist ein schönes Gefühl. Diese kleinen Hände. Die Stupsnase. Die unzerbrechliche

Liebe. So wie er sie auch für seine große Tochter Leonora empfindet. Ein Band, das trotz allem niemals reißt. Eine ewige Verbindung. »Abwarten«, ist alles, was Maik dazu sagen kann. Was sollte er auch anderes tun, von Breitenbach in Sachsen-Anhalt aus.

Die Amerikaner greifen nun immer häufiger die Infrastruktur von Rakka an. Mit dem absehbaren Ende der Schlacht um Mossul werden Kapazitäten frei. Es trifft die Brücken über den Euphrat, über die der IS Material und Mannschaften schnell verlegen konnte. Mit den gezielten Luftschlägen auf Straßen und Brücken, das ist allen klar, bereitet die Internationale Koalition den Sturm auf Rakka vor, das Terrornest. Das Auge des Hurrikans, der über die ganze Region gezogen war und nichts als Zerstörung und Leid hinterlassen hatte.

Viele versuchen in diesen Wochen 2017, die Hauptstadt des Kalifats zu verlassen. Ladenbesitzer, Restaurantbetreiber, Autowerkstätten. Alle schließen. Aus der Stadt heraus dürfen viele aber nicht. Der IS verbietet es. Die Islamisten brauchen die Zivilisten – als menschliche Schutzschilde und als Legitimation, Hüter und Bewahrer der Bevölkerung zu sein. Wer Rakka angreift, der tötet auch Hunderte, wenn nicht sogar Tausende Zivilisten. Das brächte die gewünschten Bilder und Videos, die die Organisation dann ins Internet stellen könnte. Nach der Devise: »Seht her! Hier werden die guten Muslime durch die ungläubigen Invasoren getötet.« Es wären die Bilder getöteter Frauen und Kinder, die auch 2013 und 2014 viele der ausländischen Anhänger ins Kalifat gelockt hatten. Hier könnten sie helfen, hieß es damals, die Menschen vor den Unterdrückern zu beschützen und zu helfen. Doch die ausländischen Anhänger haben dieses Narrativ längst durchschaut. Sie nutzen es zwar nun wieder in der Kommunikation nach draußen, doch im gleichen Moment fliehen sie selbst aus Rakka. Denn sie, die Privilegierten, dürfen gehen. Immer weiter in Richtung Südsüdost, entlang des Euphrats. Zuerst die Frauen und Kinder, dann auch die Männer. Sie verlassen eine Stadt, von der bald nicht mehr viel übrig sein wird, wenn der Häuserkampf in den Straßen tobt.

Auch Leonora, ihr ungeborenes Kind und Nihad mit den anderen Frauen und Kindern verlassen Rakka und seine Menschen, ziehen zunächst nach Maadan und dann weiter nach Shafa in der Deir-Ez-Zour-Provinz in Ostsyrien.

# Unternehmen Flucht – die Zweite

Maik hatte gedacht, es könnte nicht noch schlimmer kommen. Seine Tochter war am 8. Juni 2017 aus Rakka geflohen, hatte sich nicht, wie andere Deutsche, den kurdischen Streitkräften von der *YPG* in Nordsyrien ergeben und dem Spuk damit endlich ein Ende gesetzt. Heraus aus Rakka, irgendwo ins syrische Hinterland, hatten sie sich abgesetzt. In kleine Orte und Dörfer, die selbst bei *Google Maps* erst nach langwieriger Suche aufzufinden waren. Dazu noch schwanger und mit diesem Mann, den Maik so sehr verabscheute. Nein, schlimmer konnte es nicht werden. Doch es sollte schlimmer kommen, viel grausamer, als er es je für möglich gehalten hatte. So schlimm, dass es Maik über seine Belastungsgrenze hinausführen würde. So schlimm, dass Maik einfach nicht mehr weiterkönnen würde, dazu bereit sein würde, den letzten aller Schritte zu gehen und sein eigenes und das Leben seiner Tochter aufzugeben. Schluss. Aus. *Game over*.

Seit der überstürzten Flucht aus der einstigen IS-Hauptstadt hatte sich Leonora noch sporadischer gemeldet als zuvor schon. Und wenn sie doch mal für einen Moment online kam und eine Meldung abgab, dann war es selten mehr als ein *»Hallo, mir geht's gut«*. Außerdem hatte er keine Ahnung, ob diese Nachrichten wirklich von seiner Tochter stammten. Jeder hätte diese paar Zeilen schreiben können. Denn da, wo sie nun war, gab es selten Strom und noch seltener Internet.

*»Wir müssen abwarten«*, wiederholte Maik immer dann, wenn Babette oder Emine ihn fragten, ob es denn Neuigkeiten von Leonora gebe und wie er die Situation einschätze. Manchmal vergingen Monate, in denen sie sich gar nicht melden konnte. Oder wollte – so genau wusste Maik auch das nicht. Er sehnte sich in die Zeit ganz zu Beginn ihres Syrienaufenthalts zurück, in eine Zeit, in der es trotz aller schrecklichen und neuen Berichte immerhin Kontakt gab. Damals hatte er morgens, wenn im Harz noch alles schlief, auf der Pritsche seines Bäckerei-Transporters gesessen und die Nachrichten gelesen, Audionachrichten abgehört, geweint. Niemand hatte ihn gesehen, niemand hatte Fragen gestellt. Und er konnte seiner Tochter ganz nah sein, auch wenn die beiden, so stand es einmal auf dem Display seines Mobiltelefons, genau 2.805,45 Kilometer trennten. Vorbei war auch die Zeit, in der er jeden Morgen den Wetterbericht für Rakka eingesehen hatte, noch vor dem Blick auf die Regenwahrscheinlichkeit im Harzvorland.

Jetzt klingelte sein Handy selten, ploppten kaum neue Audionachrichten auf. Maik versuchte sich vorzustellen, wie es Leonora ginge und hörte in sich hinein, was sein Bauch zu alledem sagte: Lebte sie überhaupt noch? Eine Sicherheit gab es freilich nicht. Aber ja, sie lebt! Da war er sich ganz sicher. Er würde es spüren, wenn es anders wäre. Ein Beleg war das nicht. Diese andauernde Ungewissheit: zermürbend.

Im Fernsehen und in den sozialen Medien hatte er verfolgt, wie der einstige Wohnort Rakka, ihr Sehnsuchtsort, wegen dem ihn seine Tochter verlassen hatte, in die Hände der kurdischen Eroberer fiel. Stück für Stück, Straße um Straße, hatten sie sich vorgekämpft. Er hatte an seine eigene Zeit bei der Bundeswehr denken müssen, wie sie damals den Häuserkampf geübt hatten. Er oben auf dem Marder, dem deutschen Schützenpanzer, als ausgebildeter Richtschütze im Panzergrenadierbataillon 212.

Maik hatte uns, die Journalisten, darum gebeten, wenn wir denn irgendwann nach Rakka führen, ihm einen Stein aus der Stadt mitzubringen. Irgendeinen. Ein Stück dieser Stadt. Zur Erinnerung an seine Tochter, die sich nun schon seit fast drei Monaten gar nicht mehr gemeldet hatte. Als ihm schließlich der Postbote diesen Stein nach Hause lieferte, musste er sich erst einmal setzen. Er zog sich in sein Jägerstübchen zurück, Maiks Refugium, in dem er alles Mögliche sammelt und Hirschgeweihe von der Wand auf den Besucher starren. Hier ist er ungestört. Hier kann ihn niemand weinen sehen.

Das syrische Erinnerungsstück, ein kleiner staubiger Stein, stammte von einer Hausecke im Stadtzentrum Rakkas. Hier, in Schussentfernung der Scharfschützen des Islamischen Staates, die sich in diesem September 2017 noch immer im einstigen National-Krankenhaus, Nihads früherem Arbeitsort für den Geheimdienst, verschanzt hielten, hatten wir ihn aufgesammelt.

*»Vielen Dank mein Freund!!! Sehr emotional!«*, schrieb Maik. *»Hast mir ein Stück Leo mitgebracht!«*

Schlucken. Maiks erstes Paket aus Rakka. Eine Stadt, die zum Massengrab geworden war, für IS-Angehörige, für kurdische Milizen und vor allem für die normale Zivilbevölkerung. Amnesty International zählte später in einer umfassenden Studie mindestens 1.600 tote Zivilisten. Die meisten gestorben durch Luftangriffe der Internationalen Koalition. Dazu eine zerstörte Stadt, eine Trümmerwüste.

Fast 70 Prozent der Gebäude gelten nach UN-Schätzungen als schwer beschädigt oder vollständig zerstört. Die Wasserversorgung ist zusammengebrochen. Strom gibt es, wenn überhaupt, nur aus Generatoren. Und überall sind improvisierte Sprengvorrichtungen, kurz IEDs, versteckt. Der IS war ein Meister in der Herstellung dieser tödlichen Fallen. Es gibt sie befestigt an Türen, fertig zur Explosion, sobald jemand ins Haus tritt. Aber auch in Satellitenreceivern und DVD-Playern, in Toastern und Wasserkochern. Sobald Strom angeschlossen wird, detonieren sie. Selbst vor Süßigkeiten für Kinder machten die Bombenbastler des IS nicht halt und versteckten, getarnt im glänzend bunten Papier, eine kleine Menge Sprengstoff. Gerade genug für schwere Verletzungen. Eine perfide Erinnerung an die einstigen Besatzer. Überall in der Stadt hatten die IS-Leute diese Fallen während ihres Rückzugs verteilt. Hinweisschilder mit Beispielfotos und Piktogrammen sollen die Zivilbevölkerung später warnen, viel zu oft ohne Erfolg.

Sterben bleibt in Rakka auch nach der Befreiung trauriger Alltag. Rund 120 Menschen fallen pro Monat Blindgängern und Sprengvorrichtungen zum Opfer, schätzten die UN im Frühjahr 2018. Die meisten sind Frauen und Kinder. Schwer vorstellbar, wo und wie in all den Trümmern wieder Menschen leben sollen. Doch fast 100.000 sind ein halbes Jahr, nachdem der letzte IS-Kämpfer getötet oder vertrieben wurde, bereits zurückgekehrt. Sie leben in dem, was noch übrig ist. Hausgerippe, die den Blick auf das frühere Badezimmer oder die einstige Küchenzeile freigeben, dienen Großfamilien als neue Unterkunft.

Auch das Haus, in dem Leonora früher gewohnt hatte, gehört dazu. Die unteren Stockwerke sind relativ intakt geblieben. Es gibt eine Treppe, die hinaufführt. Sie ist mit Schutt bedeckt, doch ein dünner Pfad führt daran vorbei. Unten wohnen zwei Familien. Es gibt hier Wände, sogar eine Wohnungstür.

Die deutsche Familie mit Nihad, seinen Frauen und Kindern hatte in der vierten Etage gelebt. Das einstige Zimmer von Leonora hat keine Außenwände mehr. Das alte Leitwerk einer Granate liegt auf dem Boden. Die tragenden Pfeiler sind geborsten, vermutlich von einem Luftangriff. Von hier oben hat man einen umfassenden Blick auf den Istiklal-Park, von dem sie früher manchmal schrieb, und über die ganze Stadt oder was davon noch übrig ist.

Von Leonora weiterhin kein Lebenszeichen.

Erst am Dienstag, dem 20. März 2018, vormittags um 11:28 Uhr deutscher Zeit, meldet sie sich wieder bei Maik.

In Breitenbach ist es an jenem Tag dicht bewölkt. Es schneit von Zeit zu Zeit. Und es ist bitterkalt. Minus acht Grad zeigt das Thermometer. Auf seiner Tour mit dem Bäckerwagen hatte Maik sehr vorsichtig fahren müssen, weil die Straße ständig überfroren war oder Schneeverwehungen das Fortkommen verzögerten. Nun war er gerade von der Arbeit zu Hause eingetroffen und hatte den Kamin eingeheizt, den Kathleen und er zur Hochzeit geschenkt bekommen hatten. Drei Jahre waren seit diesem Tag vergangen. Ein Tag voller schöner Erinnerungen.

Diesmal meldet sich Leonora aus Shafa in der ölreichen ostsyrischen Provinz Deir Ez-Zour. Maik hatte aus der *Hayat*-Elterngruppe erfahren, dass seine Tochter aller Wahrscheinlichkeit nach dort war. Eine andere IS-Anhängerin hatte sie gesehen und ihrer Mutter in Deutschland davon berichtet. Diese leitete den Standort an Maik weiter. Die Eltern helfen sich gegenseitig, tauschen Informationen aus. Wo dieses Shafa genau sein soll, davon hat Maik keine Ahnung. Doch eigentlich ist es auch egal. In Syrien halt, IS-Gebiet. Immer noch.

> *Leonora: Hallo. Ich bins, Leo. Mir geht's gut!!! Hatte extrem lange kein Internet. Macht euch keine Sorgen,*

*ich bin gesund! Liebe euch über alles. Bestell Mama liebe Grüße. Habe ein Mädchen entbunden.*

Leonora schickt gleich zwei Bilder hinterher. Sie sind recht dunkel, etwas unterbelichtet. Auf dem einen ist Leonora selbst zu sehen. Sie sieht gesund aus und lächelt in die Kamera. In dem einen Ohr, das zu sehen ist, trägt sie einen großen goldenen Ring. Sie ist geschminkt, hat mit Kajalstift die Form der Augen nachgezogen. Von ihrem Arm aus schauen zwei runde Kulleraugen in Richtung der Kameralinse. Das kleine Mädchen trägt eine graue Babymütze, die unter dem Kinn zusammengebunden ist. Dazu einen pink-weißen Strampler. Auch die Kleine sieht gesund aus. Fast könnte man glauben, dass auch sie lächelt. Im Hintergrund steht ein kleiner Tisch auf einem roten Teppich. Das Bild könnte so auch in Deutschland entstanden sein. Nichts erinnert an Syrien. Auf dem anderen Bild ist das Mädchen in einem schneeweißen Strampelanzug zu sehen mit einer großen Schleife auf der Brust, die von einem pinken Band zusammengehalten wird.

*Maik: Hallo mein Engel. Meine kleine Enkelin!!!! Wahnsinn!!! Wie geht es euch? Hier ist alles in Ordnung. Ein kleiner Sonnenschein!!!*

*Leonora: Dauert sehr lang, bis was bei euch ankommt. Net ist eeeeextrem schlecht!*

*Maik: Wie in Breitenbach. 😀 Viele viele Grüße von hier! Wir lieben dich über alles und vermissen dich sehr.*

*Leonora: Habe sie zwei Monate zu früh entbunden!*

*Im 7. Monat. Sie hat blaue Augen, blondes Haar. Ich denke jede Nacht an euch! Hatte mir soooo Sorgen gemacht, dass ihr denkt, das ich gestorben bin!!*

*Maik: Wir haben gespürt, dass du lebst. Seid ihr in Sicherheit?*

*Leonora: Ja, sind wir, Gott sei Dank. Sie hat sich seeehr gut entwickelt und ist top fit. Sie will am liebsten losrennen und springen. Am 1. September um 7 Uhr frühs.*

*Maik: Hast du genug zu essen?*

*Leonora: Ja, haben genug zu futtern 😁 Leben an Irak Grenze, also noch in Syrien aber nah am Irak.*

*Maik: OK, also relativ ruhige Gegend? Bei uns ist tiefer Winter und Saukalt!*

*Leonora: Waaas? Unser Winter war gut. Seit einer Woche warm. Alle sagen, sie sieht aus wie Opa Maik! Ich sage sie sieht aus wie ihr Vater.*

*Maik: Wie Opa Maik, haha.*

Ein kleines Mädchen, am 1. September in diese Welt geboren, umgeben von Krieg, Zerstörung und radikaler Ideologie. Wie soll das nur weitergehen? Jetzt, wo ein Kind geboren wurde, geht es Maik durch den Kopf. Wie lange wollen sie dort noch bleiben? Wann würden die Kurden auch diesen letzten Zipfel IS-Land einnehmen? Doch das ist nicht das Thema. Leonora spricht nun wieder von Dingen, die Maik nicht überprüfen kann, wovon es keine Beweisfotos gibt. Wahrheit oder Lüge?

*Leonora: Nihad hat gaaaanz knapp beide Beine verloren.*

*Maik: Echt?*

*Leonora: Amerikanischer Drohnenangriff! Haben aber schnell operieren können und er hat noch beide. Aber ein Fuß ist immer noch nicht geheilt.*

*Maik: Ach du Schreck.*

*Leonora: Ein Splitter ist noch im Nerv.*

*Maik: Aber dir fehlt nichts?*

*Leonora: Nein, war nicht dabei!*

*Maik: Wenn er verwundet ist, muss er wenigstens daheimbleiben und ihr seid nicht so alleine.*

*Leonora: Jap.*

*Maik: Hast du noch ein paar Bilder für uns? Mama fällt um, wenn sie die kleine Maus sieht!!!*

Dann reißt der Kontakt ab. Wahrscheinlich ist die Internetverbindung zusammengebrochen. Oder Leonoras Guthaben, das sie bei jedem Besuch eines Internetcafés kaufen muss, ist aufgebraucht. Auf die Schnelle hatte Leonora nicht einmal den Namen des kleinen Wurms genannt. Und Maik hatte in der Eile vergessen zu fragen. Abwarten, denkt Maik. Wieder Abwarten.

In den Monaten vor dieser Nachricht waren Leonora und ihr Mann, zusammen mit Hunderten anderen IS-Anhängern, selbst zu Geflüchteten geworden. Früher flohen Tausende vor ihnen. Jetzt ist es andersherum. Von Jägern zu Gejagten. Der Lauf der Geschichte. Nun waren sie im mittleren Euphrattal, einer bergigen Wüstengegend, die entlang des Flusses einen schmalen grünen Streifen Ackerland freigibt. Dahinter nichts als Trockenheit. Schon seit ein paar Monaten hatten sich Tausende IS-Kämpfer in dieses Gebiet zurückgezogen, darunter auch Hunderte Deutsche, und hatten eine Art neues Machtzentrum erschaffen. Das letzte Aufbäumen, der letzte Rückzugsort. Doch dass es noch mehr als ein Jahr dauern würde, bis die Terroristen endgültig militärisch besiegt wären, ahnte zu dieser Zeit keiner. Auch Maik glaubte, in einigen Monaten würde der Spuk endlich ein Ende haben, auch für Leonora. Tot oder lebendig. Im Juli meldet sie sich schließlich wieder. Ihr und der Kleinen gehe es gut, schreibt sie. Habiba, so der Name der Tochter, sei nun schon fast ein Jahr alt.

*Leonora: Hallo Papa, ich bins, Leo. Ich hoffe euch geht's gut!? Konnte mich lange nicht melden, hatte viel zu tun! Also ich will direkt reden! Das ist keine Falle oder so! Ich muss raus, aus Sicherheitsgründen! Ich habe jetzt alles bereit! Ich brauche euch auch gar nicht dafür! Für meine und Habibas Sicherheit habe ich eigene Wege! Wenn ich dann in dem Land angekommen bin, wo ich hin will, werde ich mich melden. Bitte versucht eine Summe für mich bereit zu machen, damit ich dort erstmal ein paar Wochen leben kann! UND BITTE nicht PKK kontaktieren oder so!!! Ihr bringt mich damit voll in Gefahr! Niemand darf es wissen. Wenn alles gut gegangen ist, wird alles gut Papa ♡ ♡. Ich brauche Geld für einen Monat. Ich will nur einen Monat in Ruhe leben, bevor in Deutschland mir Anwalt, Gericht und Jugendamt den Kopf abreißen. Ich verhungere hier! Es gibt kein Essen mehr, deswegen muss ich unbedingt los. Papa, hilfst du mir?*

*Maik: Also wenn ich kann … versprechen kann ich es nicht, aber ich versuche es auf jeden Fall.*

*Leonora: Ja. Bete zu Allah, dass es so schnell wie möglich losgeht und alles klappt ohne Ärger.*

*Maik: Alles klar. Passt gut auf euch auf!!! Gib der kleinen Maus einen dicken Kuss vom Opa!*

*Leonora: Habiba hat ihren ersten Zahn und kann seit drei Wochen sitzen und terrorisiert ihre Mutter.*

*Maik: Das hat sie von ihrem Vater. Der ist ja auch Terrorist.* 😁

Die geplante Flucht verzögert sich in den nächsten Wochen immer wieder. Mal sei der Weg plötzlich zu gefährlich, mal das Auto des Schleusers kaputt, mal fehle doch wieder Geld für die Flucht. Maik und Babette bleiben hart. Geld gebe es erst, wenn Leonora nachweisbar in der Türkei oder einem anderen Gebiet außerhalb des IS sei. Von Nihad und den anderen Frauen spricht Leonora lange Zeit gar nicht. In ihren Beschreibungen kommt er schlicht nicht vor. Wohl wieder eine dieser Vorsichtsmaßnahmen, denkt Maik. Doch diesmal muss es endlich klappen. Sie müssen dort weg. Es ist ihre letzte Chance, so viel steht fest. Die Eltern halten den Atem an. Zermürbende Wochen beginnen. Ständig überprüfen sie das Handy, ob neue Nachrichten von ihrer Tochter eingetroffen sind. Nachricht für Nachricht konkretisiert Leonora die Pläne, wie es für sie weitergehen soll, zum Teil in überraschender Offenheit und Detailtiefe.

*Leonora: Huhu, bist du da?*

*Babette: Winke winke …bin da ☺*

*Leonora: Ich will dir was sagen, kannst du kurz am Handy bleiben?*

*Babette: Ja.*

*Leonora: Lies das dann ganz schnell, damit löschen kann.*

*Babette: Gut.*

*Leonora: Ich werde mit meiner Familie kommen, damit ihr versteht, warum ich nicht direkt nach Deutschland komme. Ich möchte noch ein bisschen meine letzten Tage mit Nihad verbringen. Danach werden wir vielleicht getrennte Wege gehen. Man muss keine Angst haben. Er plant keine schlimmen*

*Sachen. Er will dort auch einfach leben und wird nicht nach Deutschland zurückkehren! Wir werden zusammenreisen bis nach Türkei! Und danach schauen wir, wie es weitergeht.*

*Babette: Okay*

*Leonora: Ich konnte die ganze Zeit nicht die Wahrheit sagen, da er manchmal mitliest.*

*Babette: Willst du auch von Herzen heim? Oder nur, weil es dort nicht mehr geht?*

*Leonora: Klar! Der einzige Grund, warum ich nicht direkt durchreise ist er ... Wir sind drei Jahre verheiratet. Er ist ein sehr guter Mann, habe ihm ganz viel zu verdanken. Er hat mich nie sitzen lassen. Aber du und Papa wissen, er hat einen unheimlich schwierigen Charakter ...sehr kompliziert. Ich komme nicht mehr damit klar! Wir sind aber keine Kinder und haben eine Tochter und irgendwas in meinem Bauch. Wir werden uns dort im Guten verabschieden.*

Viele neue Informationen, die auf Babette einprasseln und die sie mit Maik teilt. Auch mit ihm spricht Leonora, in kurzen Telefonaten, die häufig nach wenigen Minuten abbrechen. Wohl weil die Internetverbindung im Kalifat genauso schlecht ist wie in Sachsen-Anhalt. Auch ihm erzählt sie von den Plänen in der Türkei. Nihad, sagt sie, habe die Idee, dort unterzutauchen. Er habe bereits in der Vergangenheit Geld außer Landes geschafft und sei inzwischen stiller Teilhaber eines Handygeschäftes und eines passabel laufenden Autohauses in der Türkei. Sie kenne keine Details, weil Nihad selbst ihr nichts Näheres davon erzählt. Aber für sein Auskommen sei dort gesorgt, auch wenn in den offiziellen Papieren der Firmen natürlich nicht der Name Nihad oder Martin Lemke auftauche.

Sollten diese von Lemke bestrittenen Tatsachen zutreffen, wäre das harter Tobak: Dschihadisten-Business im Ausland. Es gab schon einige Berichte, wonach Mitglieder des Islamischen Staates im Ausland investiert hätten. Geld genug hatte die Organisation, zumindest zwischenzeitlich. Der Islamische Staat nannte sich nicht nur so, sondern verhielt sich oft auch wie ein Staat. Auslandsinvestitionen gehören da offenbar dazu. Zumal sich auf diese Weise Mittel verstecken lassen, die zu einem späteren Zeitpunkt wieder für einen terroristischen Kampf im Untergrund gebraucht werden könnten. Devisen in scheinbar legalen Geschäften anzulegen ist deutlich unauffälliger, als Bargeldbestände in Häusern im Irak und Syrien zu verstecken oder, auch darüber gibt es Berichte, versteckt in alten Kühlschränken in der Wüste zu vergraben.

Doch dass auch ein Deutscher zu dieser Art »Finanzanlage im nicht islamistischen Ausland« in der Lage gewesen sein könnte, ist neu. Wenn dies den Tatsachen entsprechen würde, spräche es für die herausgehobene Stellung Nihads innerhalb der IS-Aristokratie. Ein Beleg, neben Leonoras Aussage, findet sich allerdings nicht.

Plötzlich, es ist der 3. September 2018, klingelt Maiks Handy. Ein Anruf von Leonora. Sie ist merklich aufgelöst. Maik kann sich schon gar nicht mehr erinnern, wann er zuletzt mit seiner Tochter so ausgiebig telefoniert hatte, ohne Unterbrechungen. Ein eigenartiges Gefühl. 25 Minuten Gespräch, mit einer glasklaren Verbindung, die ihn einen Moment lang denken lässt, Leonora sei wegen der stabilen Internetverbindung bereits in der Türkei. Doch das Gespräch hat einen anderen Inhalt.

Etwas Schlimmes sei passiert, erklärt sie. Nihad sei am Morgen verhaftet worden. Er habe mit anderen Männern zusammengesessen und die Flucht geplant, als plötzlich der IS-Geheimdienst das Haus gestürmt habe. Alle Männer seien unverzüglich verhaftet worden. Wenn Nihad nun nicht innerhalb von zwei Wochen aus dem Gefängnis entlassen würde, so Leonoras Erfahrung, habe man ihn und damit die Fluchtpläne getötet.

Ein Schock. Nicht, weil Maik besonders leidenschaftliches Mitgefühl mit seinem Schwiegersohn hätte, sondern weil eine Flucht ohne Mann, wenn überhaupt, nur die halbe Chance hätte. Frauen dürfen sich auch in diesen letzten Ecken des selbst ernannten Kalifats nicht alleine bewegen, hatte Leonora einmal berichtet. An Checkpoints in der Wüste würde sie sofort auffallen. Und was noch schlimmer war: Auch innerhalb der engen Grenzen des Islamistengebietes war sie jetzt nicht sicher. Schließlich war auch Leonora Teil des Fluchtplanes gewesen. Auch sie könnte also verhaftet werden, wenn nur einer der Inhaftierten, vielleicht unter Folter, sie verriet und auspackte.

Banges Warten auf Neuigkeiten. Vierzehn Tage vergehen ohne echte Entwicklung. Maik hat Angst. Diesmal nicht nur um seine Tochter. Nun gab es ja auch noch eine kleine Enkelin, die für all das gar nichts konnte. Als Nihad auch nach Ablauf der zwei Wochen nicht aus dem Gefängnis heraus ist, planen Leonora und die Zweitfrau Khadija die Flucht auf eigene Faust ohne Nihad. Leonora hatte Khadija schon mehr als ein Jahr gar nicht mehr erwähnt, nun war sie plötzlich wieder da. Dagegen fehlte Sherine, Nihads Erstfrau. Sie habe sich, erklärt Leonora ganz nebenbei, bereits vor acht Monaten scheiden lassen und lebe nun mit einem neuen Mann zusammen. Der Grund für die Trennung sei der andauernde Streit zwischen den Ehepartnern in den Monaten der Flucht gewesen. Einige Monate später wird sie bei Gefechten sterben. Den gemeinsamen Kindern wird mit einer dritten IS-Anhängerin die Flucht zu den Kurden gelingen.

Die deutlich ältere Khadija übernimmt nun die Flucht-Regie für Leonora mit und meldet sich direkt bei Maik. Offenbar verfügt sie über gute Verbindungen. Denn ihr Sohn mit dem passenden Namen *Islam*, mit dem sie 2014 aus Deutschland ausgereist war, sei bei der Flucht in Rakka verblieben und bei einer syrischen Familie untergetaucht. Der Mann des Hauses, offenbar ein ehemaliger IS-Sympathisant, habe nun angeboten, zum Fluchthelfer zu werden und die Frauen aus dem Kalifatsgebiet herauszuschmuggeln. Anschließend, so Khadija, habe er versprochen, sie alle in die Türkei zu bringen. Dass dies der Beginn einer schrecklichen Odyssee für Maik werden würde, vielleicht die schlimmste Zeit in seinem ohnehin bewegten Leben, das ahnte er zu diesem Zeitpunkt nicht einmal im Geringsten. Hätte er gewusst, was ihm in den folgenden Tagen bevorstand, er hätte wohl sein Handy vernichtet und wäre untergetaucht.

> *Maik: Dann hieß es: Wir sind jetzt im Internetcafé und der Schleuser kommt gleich und dann geht's los. Und dann haben Kathleen und ich hier auf der Terrasse gesessen und haben schön Kaffee getrunken. Und dann habe ich zu meiner Frau gesagt: Es geht gleich los, schauen wir mal, was jetzt passiert. Und das wiederholte sich zwei bis drei Mal wieder, weil das Auto kaputt war oder irgendwas anderes passiert war. Und dann kam tatsächlich der Tag, wo sie gesagt haben: Wir fahren jetzt los.*

Der Plan sah vor, dass Leonora, Habiba und Khadija zunächst nach Rakka gebracht würden. Sobald sie die alte Kalifatshauptstadt erreicht hätten, würde Maik in die Türkei reisen und einem Mittelsmann eine Anzahlung von 3.000 Dollar übergeben, die dieser dann ins syrische Rakka bringen würde. Dann, so beschrieb es Leonora: *»Der holt mich dann von Rakka in die Türkei. Dort geben wir ihm dann gemeinsam, weil dann bin ich ja bei dir, die restlichen 3.000 Dollar.«*

Ein Plan, den Maik zwar für riskant, aber für durchaus möglich hält. Und so willigt er schließlich ein. Welche andere Chance hätte er auch, seine Tochter aus diesem Gebiet endlich herauszuholen? Es bleibt die letzte Möglichkeit. Und von Breitenbach aus sind ihm die Hände gebunden. Er kann nichts für seine Tochter tun. Dann geht es tatsächlich los. Leonora meldet sich vom Treffpunkt mit dem Schleuser in kurzen Audionachrichten. Im Hintergrund ist Habiba zu hören:

*Leonora: Hallo, Papa, ich bin's. Ich bin jetzt gerade an dem Wartepunkt, wo er uns abholen will. Mach viel Dua, dass wir uns bald wiedersehen.*

*Maik: Ich bin ganz schön aufgeregt! (Er schluchzt.) Na ja, es wird schon alles gut werden. Passt nur gut auf euch auf und macht keinen Blödsinn. Und wenn das alles klappt, dann sitzen wir alle zusammen unterm Weihnachtsbaum.*

*Leonora: Papa. Stark bleiben! Nicht weinen!*

Und sie schickt ein Foto von sich und Habiba auf der Straße. Die Sonne scheint der Kleinen ins Gesicht. Leonora ist vollverschleiert.

*Maik: Ich weine nicht. Ich war Panzergrenadier. Wir weinen nicht. Wenn es sich so anhört, dann liegt es an dem schlechten Internet (lacht).*

*Leonora: Der müsste jetzt bald kommen und uns abholen. Und wir sind dann bis morgen Mittag unterwegs. Dann sind wir in der ersten Stadt. Und dann melde ich mich von dort.*

*Maik: Also ich sage dir mal eines: Wenn die paar Haare, die ich noch habe. nicht schon grau wären. Mit euch kann man nur graue Haare kriegen.*

Dann sind sie weg. Offenbar auf der Fahrt, glaubt Maik. Hofft Maik. Doch es kommt anders.

*Und dann meldete sich dieser Schleuser bei mir. Und es begann ein richtig mieses und richtig fieses – ja, Spiel will ich das nicht nennen. Dann haben die mich einfach derart unter Druck gesetzt.*

Der Schleuser will mehr Geld, viel mehr Geld: 8.000 Dollar! Und vor allem will er es plötzlich im Voraus. Nach Rakka transferiert. Und zwar jetzt!

Maik lehnt sofort ab. Abgemacht ist abgemacht. Geld gibt es dann, wenn sie sich selbst von Rakka meldet, hält Maik entgegen. Doch das interessiert das Gegenüber nicht. Wenn er nicht sofort zahle, dann bekäme Maik ein Foto, das ihm nicht gefallen werde, so der Schleuser. Maik legt das Telefon zur Seite. Er steht auf. Läuft unruhig im Wohnzimmer auf und ab. Was soll er jetzt tun? Zahlen? Nein. Es gibt diese eine eiserne Regel. Geld gibt es nur für getane Arbeit. Davon darf er nicht abweichen! Er antwortet dem Schleuser: *»Sobald ich weiß, dass meine Tochter in Rakka ist, werde ich die erste Rate überweisen.«*

Eine halbe Stunde vergeht ohne Antwort. Wahrscheinlich, denkt Maik, sind sie gerade irgendwo in der Wüste. Irgendwo zwischen IS-Gebiet und Rakka. Dort gibt es wohl kein Handynetz. Dann ist der Schleuser wieder dran. Er lässt sich nicht darauf ein. Ignoriert Maiks Antwort einfach. *»Wenn du uns kein Geld gibst, werden wir sie verlassen«*, schreibt der Schleuser. Der Mann benutzt ein Übersetzungsprogramm. Syrisch – Deutsch, Deutsch – Syrisch. Maik hat Schwierigkeiten zu verstehen, was der Mann ihm eigentlich sagen will: *»Sie haben uns das nicht gesagt, bevor dies ein schwerer Fehler war.«* Was hat Maik nicht gesagt? Es war doch alles bis ins kleinste Detail besprochen. Ein schwerer Fehler? Was könnte der Typ meinen?

Maik wiederholt seine Nachricht. Vielleicht hat auch der Schleuser ihn nicht richtig verstanden, schließlich benutzt der den Online-Übersetzer wohl auch in der anderen Sprach-Richtung: *»Geld kann ich erst schicken, wenn ich mit meiner Tochter gesprochen habe.«* Wieder keine Antwort. Wieder banges Warten. Dann eine neue Nachricht. Wenn Maik nicht sofort bezahle, heißt es in der Nachricht, dann bekäme er ein Foto vom Grab seiner Tochter. Und danach, so versteht es Maik, ein Foto vom Grab seiner Enkelin. Eskalation pur!

Maik weiß nicht weiter. Wieder läuft er Runden durch das Haus. Er spricht mit Kathleen. Oft hat sie eine Idee, einen klareren Blick auf die Dinge. Aber auch sie weiß nicht weiter. Woher auch. Sie versteht genauso wenig wie er selbst. Der Schleuser schickt ein Foto von Habiba. Sie sieht unbekümmert aus, schaut in die Kamera. Schon mal gut. Aber es zeigt auch: Der Mann hat tatsächlich seine Enkelin in seiner Gewalt. Maik steht nun völlig neben sich. Später rekapituliert er diesen Moment so:

*Da hilft auch saufen nicht mehr. Du bist derart am Ende, weil du genau weißt, die nächste Nachricht, die sie schicken, könnte was auch immer sein. Nichts Gutes. Irgendwelche Bilder, die du wirklich nicht sehen willst. Und da können 100 Freunde um dich herum sein, da kann dir keiner helfen. Da kann dir auch keiner einen Rat geben. Entweder du hast die Kraft und die Stärke, das zu überleben, oder du bist dann tatsächlich so weit, dass du auf die Leiter kletterst, dir den Strick um den Hals legst und dann Ende. Weil die dich so fertigmachen, weil die dich so kaputt machen. Und dann willst du eigentlich nur noch, dass es aufhört. Und dann hatte ich den natürlich vollkommen bekloppten Gedanken, dass wenn ich nicht mehr da bin, dann quälen sie den Rest der Familie auch nicht mehr. Und dann sind sie vielleicht auch nicht glücklich, weil ich nicht mehr da bin, aber dann hat es ein Ende.*

Die Situation geht über Maiks Kräfte hinaus. Er sitzt nun regungslos im Jägerstübchen, starrt auf den Boden. Er kann nicht mehr. Ein totaler Tiefpunkt. Die Ungewissheit beim Fluchtversuch vor zwei Jahren konnte Maik aushalten. Die Todesnachricht danach war wirklich schlimm für ihn, aber auch das hatte er geschafft. Für seine Familie, seine schwangere Frau, für sich, hatte er all das überstanden. Doch nun ist er mit seinen Möglichkeiten am Ende. Jede Energie und Kraft sind weg. Maik gibt nach.

*Am Ende hatte der mich so weichgekocht, dass ich gesagt habe: Na gut, dann muss ich wirklich die 8.000 Dollar überweisen, damit Leonora und Habiba am Leben bleiben.*

Doch bei der Geldabwicklung gibt es neue Probleme. Der Schleuser schreibt, Maik solle zur Bank gehen. Die hätten dort eine Liste aller Banken in Syrien und wüssten, wohin das Geld zu überweisen sei. Vollkommener Schwachsinn. Das konnte nicht sein Ernst sein. Wieder ein Übersetzungsfehler? Maik macht einen neuen Versuch. *»Wohin soll ich das Geld schicken?«* Zigmal geht das so. Immer keine richtige Antwort oder keine, die Maik versteht. Manchmal liegen Stunden zwischen seinen Nachrichten und den Antworten des Schleusers. Und dann geht es von vorne los.

Wut steigt in Maik auf. Er will ja nachgeben und das Leben seiner Tochter retten, doch die Entführer können nicht einmal korrekt sagen, wohin er das Lösegeld überweisen soll. Wäre es nicht so ernst, man könnte es für einen Scherz halten. Doch dem Schleuser und Maik ist nicht nach Witzen zumute. Einige Stunden später kommen neue Nachrichten. Wieder droht er mit dem Tod Leonoras und der Kleinen, wenn die Dollars nicht bis zum Abend in Rakka seien.

> *Und du bist dann einfach an einem Punkt, wo du dir sagst: Ich kann nicht mehr. Ich halte es nicht mehr aus. Ich kann es auch nicht mehr irgendjemandem antun. Und da bist du einfach so weit, dass du sagst: Ich gebe Leo auf. Ich gebe mich auf, weil ich will, dass dieses Elend aufhört. Und wenn ich nicht mehr lebe: Gut, dann muss Leo vielleicht auch sterben. Aber dann hat meine Familie Ruhe. An dem Punkt bist du dann.*

Maik trifft eine Entscheidung auf Leben und Tod. Jedenfalls denkt er das in diesem Moment. Er senkt den Daumen. Er weiß: Das, was er gleich tun wird, kann zum sicheren Tod seiner Tochter und seiner einzigen Enkelin führen. Doch er trifft diese Entscheidung und blockiert die Nummer des Schmugglers in seinem WhatsApp-Konto. Er unterschreibt das Todesurteil gegen seine Leo. Danach Stille. Absolute Stille.

Zwei Tage vergehen, ohne dass Maik irgendetwas hört. Sendepause. Ungewissheit. Plötzlich eine neue Nachricht von Leonoras alter Nummer:

> *Ja, es hat ja leider nicht geklappt. Wir sind gar nicht los gefahren! Der Schleuser kam nicht.*

Ein paar Tage später ist Nihad wieder da. Der IS-Geheimdienst hat seinen Mitarbeiter entlassen. Die Flucht ist abgesagt, für den Moment.

# Stalingrad Baghouz

Meine kleinen Therapeuten. So nennt Maik seine Schafe, Hühner, Ziegen. Hier im Garten kann er entspannen. Die Tiere hören zu, wenn er sich bei ihnen das Herz erleichtert. Jedenfalls bildet Maik sich das ein. Sie stellen keine dummen Fragen, verlangen nicht nach Erklärungen, die Maik immer noch nicht hätte. Und sie verpetzen ihn nicht, wenn er heimlich weint.

Da steht der Pferdestall, den Kathleen und er mit dem Geld erbaut haben, das eigentlich für Abu Ismael vorgesehen war. Die Dollar, die schon in der Küche bereitgelegen hatten für den Flug in die Türkei und um sie gegen Leonora einzutauschen. Es wirkt so, als wäre diese Geschichte schon ewig her. Viele Details sind in seiner Erinnerung inzwischen verschwommen. Die beiden Pferde, für die der neue Stall einst gedacht war, gibt es schon nicht mehr. Maiks Pferd Boston musste eingeschläfert werden, nachdem der Wallach sich das Bein gebrochen hatte. Und Kathleens Pferd hatten sie danach verkauft, weil die Zeit fehlte, sich um die Stute zu kümmern. Jetzt standen da die beiden kleinen Ponys von Maiks Eltern und fristeten ihr Altenteil. Aber auch sie waren passable Zuhörer.

Nihad sei nicht böse über den Fluchtversuch gewesen, den sie während seiner Zeit im Gefängnis unternommen hatten, schrieb Leonora ein paar Tage nach dem Inferno, von dem sie so gar nichts mitbekommen haben wollte. Was an ihrer Version der Geschichte stimmte und was nicht – Maik wusste es nicht. Doch das spielte auch keine Rolle, schließlich waren sie ja noch dort. Alles andere zählte kaum.

Wieder stand ein Weihnachtsfest vor der Tür ohne seine Leo. Jedes Jahr zum Christfest wünscht sich Maik einen Sprüchekalender von seinen Schwiegereltern. Das Geschenk hat schon Tradition. Maik liebt es, den Zettel abzureißen, morgens, wenn er nach getaner Arbeit in die Küche tritt und sich einen starken Kaffee brüht. Irgendwie passen diese Sprüche fast immer zum Tag und dem, was ihm gerade durch den Kopf geht. *»Gegen Schmerzen der Seele gibt es nur zwei Arzneimittel: Hoffnung und Geduld«*, steht da für den 21. November 2018. Ein Monat ist seit dem Erpressungsversuch vergangen, und noch immer hängt die Anspannung in Maiks Knochen. Der Sinnspruch stammt vom griechischen Mathematiker und Philosophen Pythagoras (570–495 v. Chr.). Die Aussage hat kein bisschen an Aktualität verloren, denkt Maik, als er sich die laktosefreie Milch, die er seit ein paar Monaten nehmen muss, in die Kaffeetasse gießt.

Hoffnung und Geduld. Beides hatte er zur Genüge in den vergangenen Jahren. Er hatte nie aufgegeben, auch wenn die Lage noch so aussichtlos erschien. Die Hoffnung war immer geblieben, Leonora doch bald wieder in die Arme schließen zu können. Mit ihr unter dem Weihnachtsbaum zu sitzen, Geschenkverpackungen zu öffnen, mit der Familie einen ausgedehnten Spieleabend zu verbringen. So wie früher. Doch das Früher gab es nicht mehr. Vorbei war vorbei. Die gemeinsamen Jahre, die sie verpasst hatten, waren unwiederbringlich. Noch immer war Leonora bei diesen Terroristen, in dieser letzten Enklave am Euphrat.

In Deutschland interessiert sich im beginnenden Winter 2018 kaum einer für diesen Islamischen Staat, der auf eine kleine Insel in der syrischen Wüste zusammengeschrumpft war. Der nur noch in einer kleinen Provinz existierte, deren Namen so unaussprechbar ist: Deir ez-Zour. In den Fernsehnachrichten und Zeitungen gab es jetzt kaum noch Berichte. Die Journalisten waren weitergezogen, nachdem die IS-Hauptstadt Rakka gefallen war. Nur noch eine Frage von Wochen, höchstens Monaten, bis auch dieses letzte Stück Islamistenland erobert sein und die Organisation ihren Platz in den Geschichtsbüchern einnehmen würde. Kein Grund mehr, genauer hinzusehen.

Für Maik und Babette allerdings hatte der IS nicht an Brisanz verloren. Er war ein ständiger Begleiter, nun schon seit Jahren. Und er würde es wohl auch noch lange bleiben. Wo Leonora nun genau war, wussten sie beide nicht, in irgendeinem dieser Dörfer oder Kleinstädte. Damit waren sie nicht allein. Bei den Familien- und Angehörigentreffen von Claudia Dantschkes *Hayat* in Berlin konnten sie das Schicksal mit Dutzenden anderen teilen, denen es ähnlich ging, und sich austauschen. Mal hörte der eine etwas von Leonora, mal ein anderer. In einer WhatsApp-Gruppe hatten sie sich zusammengeschlossen und tauschten sich aus. Inzwischen gab es hier auch eine Menge Eltern, deren Kinder sich im von Kurden kontrollierten Gebiet ergeben hatten oder von diesen verhaftet worden waren. Sie wurden nun in Gefangeneneinrichtungen festgehalten. Die Männer waren in reguläre Gefängnisse gesteckt worden, die Frauen und Kinder in zu Haftanstalten umfunktionierten ehemaligen Flüchtlingslagern eingesperrt.

Die Bundesregierung, so zeigte sich schnell, hatte kein besonders großes Interesse, sich um die Inhaftierten zu kümmern. Es bestünden keine diplomatischen Beziehungen mehr zu Syrien, seitdem die deutsche Botschaft in Damaskus schon vor Jahren geschlossen worden war. Damit war eine konsularische Betreuung, wie es vom Auswärtigen Amt hieß, faktisch nicht möglich. Außerdem bildeten die Kurden keinen Staat, hatten keine völkerrechtlich anerkannten Institutionen. Einzig Vernehmungsteams des deutschen Auslandsgeheimdienstes BND bewegten sich in der Region, um die vormaligen IS-Mitglieder zu vernehmen und herauszubekommen, ob es Anschlagspläne gab, von denen die deutschen Sicherheitsbehörden noch keine oder nur bruchstückhafte Kenntnis hatten. Dabei waren sie fündig geworden.

Ein früherer Freund Nihads, Oguz G., der ebenfalls aus der Hildesheimer Moscheegemeinde stammte und mit seiner Ehefrau Marcia M. 2015 zum Islamischen Staat ausgereist war, hatte offenbar eine Rolle bei einer größeren Anschlagsplanung gespielt. Ein Fall, der die deutschen Sicherheitsbehörden zwischenzeitlich extrem auf Trab gehalten hatte. Mindestens drei Attentäterteams deutsch- und syrischstämmiger Dschihadisten sollten in die Bundesrepublik reisen, um einen großen Anschlag auf ein Musikfestival irgendwo in der Provinz zu verüben. Dutzende Menschen sollten sterben.

Die Aufgabe von Oguz G. und seiner Frau soll darin bestanden haben, als eine Art Quartiermacher Frauen in der norddeutschen Islamistenszene zu finden, die bereit waren, die Kämpfer zum Schein zu heiraten und sie zu verstecken. Anschließend sollten die eingereisten Männer den Anschlag vorbereiten und die tödliche Aufgabe ausführen.

Der Plan war schließlich an der sich verschlechternden militärischen Lage des IS in Syrien gescheitert, die Grenzen in Richtung Türkei waren verschlossen. Zudem hatte Marcia M. unwissentlich mit einer Frau kommuniziert, die für das Bundesamt für Verfassungsschutz arbeitete. So war es den deutschen Sicherheitsbehörden gelungen, die Planungen mitzuverfolgen. Die Nachrichten, die Marcia M. an die vermeintliche deutsche »Glaubensschwester« geschickt hatte, waren kodiert. Sie hatte von mehreren »Paketen« gesprochen. Die »Brüder« hätten eine »sehr wichtige Arbeit« zu erledigen.

Oguz G. und Marcia M. hatten sich dann bei der Schlacht um Rakka im Oktober 2017 den Kurden ergeben. Später hatten beide die Vorwürfe gegenüber dem Bundesnachrichtendienst eingeräumt. Nun saßen sie in kurdischer Haft und hofften auf baldige Rückkehr nach Deutschland. Dort warten bereits Haftbefehle auf sie. Doch das schien länger zu dauern, als die beiden gehofft hatten. Deshalb beschwerte sich vor allem Marcia M. immer wieder über die schlechten Umstände im Lager. So seien die hygienischen Zustände schwer zu ertragen, es gebe wenig Essen und die medizinische Versorgung sei sehr schlecht.

Damit hatte sie recht. All das stimmte. Nur hatte sie vergessen, dass sie sich, genau wie fast alle anderen Deutschen, freiwillig nach Syrien begeben hatte. Niemand hatte sie 2015 zu diesem Schritt gezwungen. Dabei wusste sie, worauf sie sich einließ. Anders als etwa die jesidischen Familien, die nun schon seit fünf Jahren in ähnlichen Lagern und vergleichbaren Umständen ausharren mussten und die sich eben nicht freiwillig ins Kriegsgebiet begeben hatten, sondern zur Flucht gezwungen worden waren. Auch die Eltern vieler in den Lagern einsitzender deutscher IS-Angehöriger litten mit ihren Kindern und Enkeln mit. Denn vonseiten der deutschen Politik kam keine Hilfe, kein Signal, dass sich so bald etwas ändern und diese nach Deutschland zurückgeführt werden würden.

Maik hätte gern getauscht. Denn immerhin hatten diese Kinder den Schrecken überlebt. Sie waren dem Islamischen Staat irgendwie entkommen.

Seine Leo und ihr Kind waren noch immer auf dessen Territorium und es war nicht unwahrscheinlich, dass sie in den nächsten Wochen sterben würden. Maik fühlte sich wie ein Segelboot, das dauerhaft gegen den Wind kreuzt und doch nicht vorankommt. Zwar war das Segel vom Wind immer weit gebläht, er hörte das anhaltende Rauschen des Wassers am Kiel und blieb in Bewegung, sein Ziel erreichte er dennoch nicht. Sosehr er sich auch mühte. Immer wieder eine neue Welle, eine neue Böe, die ihn vom rettenden Ufer fernhielt.

Wieder meldet sich Leonora nur selten bei ihren Eltern – über Wochen Funkstille. Bis zum 17. Januar 2019. Maik erhält ein Foto. Darauf zu sehen ist der kleine Kopf eines Neugeborenen. Eingepackt in weiße Decken, scheint es zu schlafen. LOVELY steht in hellblauer Schrift auf dem kleinen Mützchen. *»Was ist das denn für ein kleiner Spatz?«*, fragt Maik zurück und erhält einen Tag später eine Antwort. Leonora ist wieder Mutter geworden:

> *Leonora: Huhu Papa. Ich hoffe dir und allen anderen geht es gut. Verzeiht mir, dass ich mich so so lange nicht gemeldet habe … die Kurden haben ziemlich Randale gemacht und ich ziehe von einer Notunterkunft in die andere ⚡ Für Internet war also absolut keine Zeit! 👎 Vielleicht kann ich mich jetzt ab und zu melden! Es ist zwar mein Handy, aber ich sitze nicht dahinter! Ich persönlich gehe nicht ins Café! Antwortet ruhig. Ich lese dann zu Hause eure Antworten 😘 Ich habe so viele Neuigkeiten, weiß nicht wo ich anfangen soll. Am 15.01.19 habe ich die kleine Maria entbunden 🤱 👶. Zwar wieder zu früh aber sie ist für ihr Alter in einem sehr guten Zustand. Möge Gott sie segnen ♡. 1½ Tage Wehen und dann kam sie, musste nur einmal drücken und sie kam direkt mit Fruchtblase raus 😁 😍 👍. Das war gut 😀. Dafür musste ich's alleine machen. Gab keine*

Hebamme oder Arzt. Später ist dann eine Ärztin gekommen und hat überprüft ob alles gut ist 😁
Ich bin ein bisschen kaputt durchs ständige Umziehen. Habiba geht's 1A 😁. Die ist munter und fit und hat viele Zähne, mit denen sie ordentlich isst. Was mich angeht: Ich bin froh die Geburt überlebt zu haben. Die letzten vier Wochen von Schwangerschaft waren wahnsinnig anstrengend, sehr schmerzhaft, Verdauungsprobleme usw. Jetzt kann ich endlich wieder was machen elhamdulillah.

Essen haben wir uns bisschen kaufen können. Es ist ein bisschen was über die Grenze gekommen, aber diese Schweine verkaufen ein Sack Reis, 10 kg für 150 Dollar ♡. Aber der gute Papa gibt alles, um seine Mädels zu sättigen ♡ 🤱

Maik: Hallo. Oh ein kleines Mädchen! Ich habe an dem Foto gerätselt ob Junge oder Mädchen! Schön, dass du dich meldest! Wir sind so froh über deine Nachricht. Na da hast du ja wieder viel erlebt! Bei uns ist alles gut. Unsere Kleine wächst und gedeiht prächtig. Im Dorf ist alles ruhig. Es liegt Schnee und der Winter macht große Probleme im Straßenverkehr. Wir renovieren gerade das Büro und Jägerstübchen. Ach ja: alles Gute nachträglich zum Geburtstag meine kleine Maus!!! Jetzt bist du 19 Jahre alt! Wir denken jeden Tag an euch und vermissen dich sehr!!!! Schreib so oft es geht und pass gut auf euch auf!

Wieder ein Kind im Krieg. Wieder ein neues, zerbrechliches Leben, das schon bald vorbei sein könnte. Die Kurden haben in diesen Tagen eine neue Offensive gestartet, hört Maik. Mit dem Islamischen Staat soll es nun endlich bald vorbei sein. Der Kreis um das letzte Kalifatsgebiet wird immer enger. Auch Leonora mit ihren beiden Kindern muss wieder fliehen. Es gibt nun keine Rückzugsgebiete mehr, keinen Ort, in den sie noch fliehen könnten. Sackgasse. Endstation. Es bleibt nur Baghouz. Dieses kleine Dorf am Ufer des Euphrat wird es in den Folgewochen in alle Nachrichten schaffen. Baghouz wird zum Sinnbild des geschlagenen Kalifats.

Baghouz, eigentlich nicht viel mehr als eine Ansammlung weniger Häuser mit nur einer echten Straße. Drum herum Berge, Hügel, Sand. Niemandsland. Und mittendrin, in der letzten Enklave dieses Islamischen Staates: Leonora mit ihrer einjährigen Tochter Habiba und diesem frisch geborenen kleinen Wesen, Maria. Schon seit einem halben Jahr hatte sie davon berichtet, dass es am Notwendigsten fehlte. Irgendwann gab es keine Windeln mehr zu kaufen. Das war noch verschmerzbar. Dann aber wurden Obst und Gemüse knapp. Nun fehlte es an wirklich allem. Keine Lebensmittel, Tausende Menschen dicht gedrängt auf kleinstem Territorium, Eiseskälte. Und dazu Bomben, Schüsse, Granateinschläge. Und mitten im Untergang des Reiches: Internet. Die Islamisten haben immer noch Internet, eine DSL-Leitung zur Außenwelt. Das war schon in Mossul so gewesen. Dann auch in Rakka. Nur noch zwei Straßen waren unter der Kontrolle der Islamisten. Es gab nichts, wirklich nichts mehr. Die Munition ging aus, IS-Kämpfer starben wie die Fliegen, es gab keine Versorgung mit Lebensmitteln mehr, kein sauberes Wasser. Aber es gab Internet. Die Steinzeitislamisten hatten moderne Kommunikationsmittel.

Den heißen Draht in die Welt nutzen nun auch Leonora und

Nihad – per Audionachricht nach Breitenbach. Es geht ihnen schlecht, sehr schlecht. Das Kalifat ist am Ende. Sie sind am Ende. Es ist Sonntag, der 27. Januar 2019 gegen 14:30 Uhr. In Sangerhausen regnet es leicht, bei acht Grad Celsius. Maiks Handy klingelt. Mehrere Nachrichten auf einmal kommen per WhatsApp an. *»Radio Syria sendet wieder«*, sagt er zu Kathleen. Nach all den Jahren und Erfahrungen hat sich Maik eine Art dicken Schutzpanzer zugelegt, der ihm eine gewisse Gelassenheit gibt und ihn so manches mit Humor nehmen lässt. Als er schließlich das Abspiel-Zeichen auf dem Display antippt, merkt Maik, dass es diesmal anders ist:

*Leonora: Hallo, Papa. Ich bin's, Leo. Also wir sind jetzt hier im letzten Dorf. Die PKK und die Iraker und die Nizzam, also die syrische Armee, sind von allen drei Seiten da. Also von rechts Irak, von links PKK und von der anderen Wasserseite ist es die syrische Armee. Wir sind umzingelt.*
*Wir sind in einer Straße (weint leicht), eine einzige Straße besitzt der Islamische Staat noch. Ich glaube ungefähr drei Kilometer lang oder so. Das war's. Alle Menschen leben aufeinander, übereinander, verhungern. Kinder erfrieren. So sieht es momentan aus. Wir werden rausgehen. Wir haben hier keine Zukunft. Wir haben keinen einzigen Dollar, keine einzige syrische Lira. Also wenn man Geld hat, dann kann man sich ein bisschen was in der Stadt kaufen. Es gibt so ein paar Leute, die verkaufen so ihre letzten Lebensmittelreste. Aber das kannst du so ungefähr vergleichen wie: ein Reiskorn – 5.000 Euro. Und da wir wirklich nichts haben und oft jetzt ohne*

*Essen dastehen, haben wir entschieden, uns aufzugeben. (Sie schluchzt leicht.)*

Maik sitzt am großen Esstisch im Wohnzimmer und ist, wieder einmal, geschockt. Er hatte Leonora in den vergangenen Jahren schon häufig angespannt gehört, manchmal auch verzweifelt. Aber so hatte er sie noch nie gehört. Ihre Stimme brennt sich in ihn ein. Auch Kathleen sitzt mit am Tisch. Sie schauen sich an. Keiner sagt einen Ton. Wieder eines dieser Aufeinandertreffen der beiden Welten. Hier sitzen er und seine Frau und schauen nach draußen in den verregneten Garten. Und vor sich, in seiner Hand, hält er die Stimme seiner Tochter, aus dieser anderen fernen Welt. Und was bitte meint sie mit »sich aufgeben«? Was will sie damit sagen?

*»Da habe ich im ersten Moment gedacht: Ach du Kacke, was heißt denn das jetzt wieder? Wollen die jetzt hier los und dann am Strick ziehen und sich in die Luft jagen?«*, erinnert sich Maik später an die Situation. Dann wieder bange Minuten des Wartens auf eine weitere Nachricht. Ein neues Lebenszeichen, eine Erklärung. Doch stattdessen hört Maik das erste Mal seit fast vier Jahren die Stimme von Nihad. Er spricht unverständlich. Es ist eine Mischung aus Sächsisch und dem typischen Slang von Berlin-Neukölln:

*Nihad: Hallo. Bitte sagen Sie meiner Mutter Bescheid. Sagen Sie ihr Bescheid, dass ich versuche rauszukommen. Wir versuchen seit Langem rauszukommen, aber es ist nicht so einfach. Wir werden beobachtet auch. Und sagen Sie der Regierung auch: Ich bin bereit, alles, was ich habe, zu geben und so weiter. Sie verstehen schon, was ich meine, yaani [das heißt, also]. Es ist wichtig für uns, dass die Kinder und die Frauen gesund ankommen. Und, äh, ich will nicht im Gefängnis bleiben, hier in Syrien. Ich habe kein Problem, im Gefängnis zu bleiben in Deutschland und meine Strafe abzusitzen und solche Sachen. Und ich bin bereit, alle Sachen der Regierung zu geben, was die brauchen. Und, äh, wir haben ja nichts gemacht, yaani, wir haben weder jemanden getötet noch angegriffen. Und bitte kümmern Sie sich so gut drum, wie Sie können und sagen Sie meinen Eltern Bescheid, dass die die Regierung auch kontaktieren können. Und bitte, reden Sie mit niemandem darüber, dass diese Nachricht nicht herauskommt. Wenn diese Nachricht hier ankommt bei uns, dass wir versuchen rauszugehen. Yaani, Sie wissen schon. Vielleicht wir werden hier getötet. Und das wollen wir nicht. Deswegen behandeln Sie die Sache vertrauenswürdig und versuchen Sie zu machen, was Sie können.*

Maik lehnt sich zurück. Atmen. Erst einmal atmen. Sie wollen also raus. Gut. Und auch Nihad will sich endlich ergeben. Auch gut. Kein Selbstmordkommando. Sehr, sehr gut. Aufgabe. Ende. Einsicht. Wie lange hatte er auf diesen Moment gewartet?

Die Beschreibungen in den Audionachrichten und die Stimmen der beiden klingen dramatisch. Maik hat viele Bücher über den Zweiten Weltkrieg gelesen, viele Filme darüber gesehen. Es gibt diesen einen Film, *Stalingrad*. Er kommt Maik nun in den Sinn. Die Soldaten fahren darin mit einem Bahnwaggon an die Ostfront. Sie singen, sie spielen Karten, sie sind heiß auf den Kampf. Den Bolschewiken, so wird es dargestellt, würden sie schon bald zeigen, wer das Sagen hat, wer kämpfen kann, wer der Sieger sein wird. Sie, die starken und unverwüstlichen Kämpfer, erwartet eine vernichtende Niederlage, Blitzkrieg. Doch es kommt anders. In Russland merken die deutschen Wehrmachtssoldaten zuerst, dass es viele Bolschewiken sind. Viel mehr, als sie dachten. Dann merken sie, dass die auch noch kämpfen können und gute Waffen haben. Schließlich wird es auch noch richtig kalt, und die Vorräte gehen zur Neige. Am Ende, so erinnert sich Maik an den Film, wollen die stolzen Kämpfer von einst alle nur noch nach Hause. Heim zu Mama. Baghouz ist dieser Stalingrad-Moment des IS. Nicht so groß, nicht so vernichtend. Aber doch irgendwie ähnlich. Später wird Maik an diese Nachrichten von seiner Tochter und vor allem von Nihad auch mit einer gewissen Genugtuung zurückdenken:

*Er klang völlig anders, als ich ihn in Erinnerung hatte. Und er hat mir tatsächlich durch seinen Tonfall und das, was er gesagt hat, mitgeteilt, dass er sich gerade in die Hose macht. Dass er gerade voller Angst ist, bezüglich seiner Zukunft und der seiner Kinder und seiner Frau. Und er mich eben um Hilfe gebeten hat. Und ich war wirklich echt erstaunt, wie der sich verändert hat! Allein schon von der Stimme und von dem, was er gesagt hat. Und wie ihm auf einmal wieder einfiel, dass er auch noch eine Mutter hat, die er ja genauso wie uns mit einer falschen Todesmeldung in wirklich schlimmes Elend gestürzt hat. Bewusst. Ihm war schon klar, was er damit auslöst.*

*Ja, und dann ist da halt dieser Mensch, der mir vier Jahre auf den Nerven herumgetrampelt ist und mir mehr als einmal gesagt hat, dass ich raus bin und nichts zu melden habe. Und er der große Entscheider ist, und er sagt, was wir machen und was wir nicht machen, und mir mit dem allergrößten Propaganda-Schwachsinn im-*

*mer wieder suggeriert hat: Er hat das Steuer in der Hand und »Du machst mal schön, was ich sage!«. Und auf einmal kommt er, der Gleiche, der dir wirklich vier Jahre versucht hat das Leben zu versauen und macht: MiMiMiMiMi!*

*Im ersten Moment denkst du dir so: Was ist denn das jetzt? Da kommt doch wieder irgendwas! Brauchen sie vielleicht Geld? Und dann irgendwann macht es klick und du sagst dir: Ey, denen geht grad so der Arsch auf Grundeis! Und dann denkst du dir so: Hehehe. Das ist so einer der Momente, wo du sagst: Siehste, hab' ich dir doch gleich gesagt! So schnell kann's gehen. War aber ein schönes Gefühl. Muss ich mal sagen.*

Doch noch sind sie nicht raus aus dem selbst ernannten Islamischen Staat, der nur noch ein einziges kleines Kaff im Wüstensand kontrolliert. Das Islamische Dorf, müsste es jetzt eigentlich heißen. Nihad hatte gesagt, keiner dürfe von ihren Plänen erfahren, weil sie sonst getötet werden könnten, von den eigenen Leuten. Nun droht der Tod vonseiten der Eroberer, den Kurden und der Internationalen Koalition, einerseits, vom Islamischen Staat, der die Niederlage nicht einräumen will, andererseits. Kämpfen bis zum letzten Mann. Todesideologie.

Es könnte Schüsse geben, von vorn und von hinten. Acht Kilometer, schätzt Nihad, müssten sie laufen, um sicheres Territorium zu erreichen. Erst in Richtung der irakischen Grenze, über einen Berg. Dann am Grenzzaun entlang bis zu einem Militärstützpunkt der Kurden. So könnten sie das gefährlichste Kampfgebiet umgehen. Sie bräuchten einen Schleuser oder jemanden, der sich in dem Gebiet auskennt. Alles zu Fuß, mit Frauen und mit kleinen Kindern, wenige Wochen alten Babys. Auch Khadija, das hatte sie selbst an Maik geschrieben, hatte vor Kurzem noch ein weiteres Kind entbunden, einen Jungen. Doch erst einmal müssen sie weiter ausharren. Es hat stark geregnet. Alle Wege sind unpassierbar. Sie würden stecken bleiben, wenn sie es sofort probierten. Es wäre zu gefährlich. Dann melden sie sich noch einmal kurz: Es gehe jetzt endlich los.

In Deutschland halten Maik und die anderen den Atem an. Es ist Mittwoch, der 30. Januar 2019. Für Sangerhausen ist an jenem Tag leichter Schneefall vorhergesagt bei null Grad Celsius.

Dann ist Leonora raus. Sie hat es geschafft. Bei der französischen Nachrichtenagentur AFP läuft die erste Meldung ihrer Verhaftung am späten Abend des 31. Januar über den Ticker. Und Maik? Der schläft.

# Moment verpennt

Es ist Donnerstag, der 31. Januar 2019. Die Uhr zeigt halb neun abends, und es ist somit Zeit für mich, ins Bett zu gehen. Um ein Uhr nachts klingelt der Wecker. Es wird wieder ein arbeitsreicher Tag werden, denn an jedem ersten eines Monats haben sehr viele Erwerbstätige ihr Gehalt auf dem Konto, und das bedeutet: gute Verkaufsergebnisse in unseren Filialen der Bäckerei. Ich bin kaum im Bett und selig entschlummert, als mein Handy »ping« macht. Ein kurzer Blick auf den Betreff im Display: »Ihre Telefonrechnung beträgt … !« Okay, denke ich nur, und drehe mich wieder herum. Das hat Zeit bis morgen, weiterschlafen! »Ping« meldet sich das Telefon erneut. Ich hätte die E-Mail wirklich öffnen müssen, denn jetzt signalisiert das Handy alle zwei Minuten, dass eine neue Nachricht eingetroffen ist. Also Mail kurz öffnen, weiterschlafen.

Alles ist ruhig, keine Geräusche dringen von außen in das Schlafzimmer. Gerade als ich wieder am Einschlafen bin: »ping«!!! Himmel, Arsch und Wolkenbruch. Was ist denn jetzt schon wieder? Auf dem Display steht zu lesen: »Wenn Sie Fragen zu Ihrer Mobilfunkrechnung haben, wenden Sie sich bitte an …«. Ich lese gar nicht weiter, sondern denke mir: Jetzt ist Schluss! Ich stelle also das Handy auf lautlos, um endlich schlafen zu können. Das tue ich sonst nur in absoluten Ausnahmefällen, aber heute habe ich keine Lust mehr auf jedwede Kommunikation.

Bald darauf bin ich tatsächlich eingeschlafen, ohne zu ahnen, wie sehr sich in den nächsten Stunden beinahe alles im Leben unserer Familie ändern würde.

Es begann schon kurze Zeit später, um genau 21.17 Uhr. Wieder einmal meldet sich eine unbekannte Handynummer mit einer Sprachnachricht bei WhatsApp. Es ist Leo mit einem geliehenen Handy, die mir per Sprachnachricht erzählt, dass sie mit ihren Kindern in einem Bus, auf dem Weg in ein Kurdencamp, sitzt. Ihre Flucht aus dem IS-Gebiet hat also tatsächlich geklappt. Doch all diese Informationen erreichen mich nicht. Ich schlafe! Natürlich sitzt Leo nicht allein im Bus, sondern es sind ehemalige IS-Angehörige aller Herren Länder in diesem Gefährt auf dem Weg in die Sicherheit, raus aus der Kampfzone.

Ich weiß nicht, auf welchem Wege die Information von der geglückten Flucht meiner Tochter zu Claudia Dantschkes Hayat gekommen ist. Auf jeden Fall verbreitete sich die Nachricht, auch innerhalb der Elterngruppe, rasend schnell. Telefone klingelten, Nachrichten gingen hin und her, E-Mails wurden verschickt, eine unglaubliche Freude und Aufregung bei allen eingeweihten Personen. Nur nicht bei mir. Hier herrschte tiefste Ruhe und Frieden. In meinem Handy drängelten sich Anrufe, Nachrichten und Sprachmemos, aber lautlos eingestellt, schweigt mein Handy. So dauert es etwa bis 1.15 Uhr früh am nächsten Morgen, bis mich diese entscheidende Information endlich erreicht. Ich bin gerade beim Anziehen, um anschließend meinen Arbeitsweg anzutreten, als mein Handy klingelt. Ich hatte es kurz zuvor wieder auf laut gestellt. Dabei hatte ich natürlich die vielen Anrufe und Nachrichten bemerkt, aber hatte beschlossen, mir alles später genauer anzusehen. Jetzt war keine Zeit dafür. Die Brötchen warten nicht.

Als das Handy nun aber klingelt, gehe ich doch ran: »Hallo, Maik, ich bin's, Anna* (*Name geändert). Wie geht es dir? Hast du schon *von der neuesten Entwicklung gehört?« Anna ist eine Kollegin von Claudia Dantschke und arbeitet auch bei Hayat. Ich antworte: »Hallo, Anna, nein, ich weiß von nix. Bin gerade erst aufgestanden. Was gibt es denn Neues?« Sie antwortet: »Okay, setz dich erst einmal hin! Leo hat es geschafft! Sie ist mit ihren Kindern, ihrem Mann und der russischen Zweitfrau zu den Kurden übergelaufen! Wir wissen es von Volkmar, der den Artikel von einer französischen Nachrichtenagentur gefunden hat. Es geht ihnen gut. Babette weiß auch schon Bescheid. Wir alle freuen uns für euch!«*

*Ich bin im ersten Moment komplett überrumpelt und kann gar nicht richtig realisieren, was diese Nachricht zu bedeuten hat. Ich telefoniere nur wenige Minuten wie ferngesteuert mit Anna. Anschließend lese ich all die Nachrichten und höre die verschiedenen Sprachmemos auf meinem Telefon ab. Tatsächlich höre ich da Leos Stimme. Sie klingt glücklich und entspannt, beinahe fröhlich:*

»Hallo, ich bin's, Leo. Ich wollte mich nur kurz melden. Einer von den Leuten hier hat mir sein Handy ausgeliehen. Ich wollte dir sagen, dass ich gestern aus dem IS raus bin. Ich weiß ja nicht, ob dir schon jemand Bescheid gesagt hat. Uns allen geht es gut. Wir sind alle drei und alle Kinder heil rausgekommen. Gerade sitze ich im Bus und bin auf dem Weg nach Hasaka. Wir sind alle richtig glücklich, dass wir es geschafft haben. Ich bin mit Khadija zusammen und den Kindern. Nihad wurde von den Amerikanern genommen. Die bringen den woanders hin. Wir wissen nicht, wohin. Aber alles ist gut. Die sind sehr sehr, sehr, sehr gut zu uns! Auch mich haben die Amerikaner schon verhört. Aber die waren alle sehr, sehr lieb.«

*Ein Blick auf die Uhr belehrt mich, dass es nun Zeit ist, mich endlich auf den Weg zur Arbeit zu machen.*

Ich bin nonstop damit beschäftigt, die eben erhaltenen Informationen zu verarbeiten. Wieder einmal funktionieren Körper und Geist getrennt voneinander. Ich agiere wie ein Roboter: Tor aufmachen, Auto rausfahren, Tor zumachen, losfahren. Alles geschieht, wie schon so oft, automatisch, während meine Gedanken bei Leo und ihren Kindern sind.

Ja, und dann irgendwo zwischen Breitenbach und der Backstube in Berga kam der Moment des Begreifens, der Moment, in dem es sozusagen klick machte. Ich fühlte mich plötzlich wahnsinnig erleichtert. Es war, als ob eine riesige Last von mir abfallen würde. Und mit jedem Meter, den ich weiter die gewundene Straße entlangfuhr, fühlte ich mich leichter und irgendwie befreiter. Der unglaubliche Druck, der im Grunde seit Jahren auf mir lastete, wich Stück für Stück. Auch der Erpressungsversuch lastete noch immer sehr auf mir, selbst wenn das bereits einige Monate her war. Damals hätten die Erpresser beinahe das geschafft, was diesem IS in den vier Jahren davor nie gelungen war: mich zu brechen.

Das alles war nun vorbei. Nie wieder werden sich solche Verbrecher an mich wenden können. Keiner dieser Lumpen kann mich oder meine Familie mehr quälen. Natürlich rollen dabei die Tränen, und ich bin froh, dass mein Arbeitsweg rund 25 Minuten dauert. So habe ich einen Moment nur für mich und bin unbeobachtet.

Zu diesem Zeitpunkt habe ich mir überhaupt keine Gedanken über die Zukunft gemacht. Null. Die Frage: Und wie geht es jetzt weiter? – sie spielte einfach keine Rolle. Sie sind raus! Nur das zählte in diesem Augenblick. Die letzten vier Jahre hatten uns gelehrt, die schönen Momente festzuhalten und möglichst ausgiebig zu genießen. Denn für gewöhnlich ließ die nächste Katastrophe, die nächste Hiobsbotschaft nicht lange auf sich warten.

Nach Ankunft in der Bäckerei begann ein ganz normaler Arbeitstag, den ich mehr schlecht als recht hinter mich brachte. Natürlich stand mein Handy nicht still und meine Konzentration war überschaubar, ohne dass ich gleich Salz und Zucker verwechselt hätte oder die Brote alle im Ofen verkohlt wären. Nacheinander informierte ich meine Frau, ohne die ich die gesamten vier Jahre nicht durchgestanden hätte, dann meine Schwester und meine Eltern von den aktuellen Ereignissen. Wieder gab es Freudentränen, allgemeine Erleichterung und großen Optimismus. Auch sie hatten all die Jahre mitgefiebert und auch mitgelitten.

Relativ schnell tauchte ein erstes Video-Interview von Leo im Internet auf. Beim Anblick der Aufnahmen der Agentur AFP war ich zunächst sehr erschrocken, wie schlecht Leo aussah. Sie war total abgemagert, nur noch Haut und Knochen. Nur noch 42 Kilo bringe sie auf die Waage, erfuhren wir später. Aber das hatte sie ja schon in den Sprachmemos angedeutet, weil sie immer wieder davon gesprochen hatte, dass es wirklich gar nichts mehr zu essen gegeben hatte. Aber sie war es wirklich und sie ließ mich sogar grüßen. Arme kleine Leo. In was für eine Schei ... hast du dich da hineingeritten! So langsam begann ich darüber nachzudenken, wie es nun weitergehen sollte, könnte. Mir war bewusst, dass das noch lange nicht das Ende von Leonoras Weg sein würde.

Da es ja durch das Interview von Leo ohnehin bald allgemein bekannt werden dürfte, dass sie es aus dem IS herausgeschafft hatte, beschlossen Kathleen und ich, die Sache offiziell zu machen. Ich versammelte unsere Mitarbeiter und Mitarbeiterinnen aus der Backstube und gab bei einem Glas Sekt die frohe Botschaft bekannt. Leo war jetzt nicht mehr im IS-Gebiet und hatte überlebt. Auch meine Kollegen waren sehr erleichtert, manche weinten Freudentränen und waren froh über Leos baldige Rückkehr. Alle meine Mitstreiter in der Bäckerei haben mehr oder weniger intensiv miterleben müssen, wie sehr wir in den letzten vier Jahren gelitten und gekämpft haben. Auch wenn sie kaum in Details eingeweiht waren, haben sie doch an unserem Verhalten und unseren wenigen Äußerungen erkennen können, was wirklich mit uns los war.

Relativ schnell stellte sich dann heraus, dass mich Leo nicht nur in dem ersten Video-Interview gegrüßt, sondern auch gleich noch meine Handynummer preisgegeben hatte. In kürzester Zeit meldeten sich verschiedenste Journalisten aus der ganzen Welt mit der Bitte um ein Interview. Zum Teil wurde mir im Gegenzug für ein Interview brandaktuelles Videomaterial von Leo und den Kindern zugesichert. Wieder einmal hieß es, auszuhalten und abzuwarten. Ich reagierte auf keine der Anfragen, und das Videomaterial kam über kurz oder lang sowieso an die Öffentlichkeit.

Auch bei uns zu Hause in Breitenbach machten die neuen Nachrichten über Leo sehr schnell die Runde. Zum Teil habe ich selbst die Menschen informiert, um von Anfang an Missverständnisse zu vermeiden. Bis auf ganz wenige Ausnahmen (eigentlich nur eine) haben wir nur positive Resonanzen auf die Neuigkeiten bekommen. Mag sein, dass uns nicht jeder seine tatsächliche Meinung gesagt hat, aber ich habe den Menschen aus unserem Dorf die Freude über Leos »Rettung« geglaubt und tue das bis heute. Für die meisten im Dorf war Leo immer noch die Leo, die sie gekannt haben. Sie war für die meisten immer noch ein kleines, verführtes Mädchen, vor dem man keine Angst haben muss.

Ein paar Tage nach der geglückten Flucht organisierten wir auf unserem Grundstück eine Party, um ebenjene glückliche Wendung unseres Schicksals zu feiern. Alle, die uns die vergangenen Jahre treu zur Seite gestanden hatten, wurden dazu eingeladen (zugegeben, einige haben wir leider vergessen, und erst hinterher ist uns ihr Fehlen aufgefallen). Kurz gesagt: Das halbe Dorf war da, dazu unsere Familie, und auch Leos Mama mit ihrem Lebensgefährten waren dabei. Es gab ein kleines Lagerfeuer, Essen und auch reichlich zu trinken.

Ich habe ganz am Anfang ein paar Worte an die Anwesenden gerichtet und den aktuellen Stand der Dinge dargelegt. Ausdrücklich habe ich mich bei allen bedankt, dass sie uns die Möglichkeit gegeben haben, unter den gegebenen Umständen so normal wie möglich weiterzuleben. Nichts wäre schlimmer gewesen, als außer Leo auch noch unsere Familie, unsere Freunde und unsere guten Bekanntschaften im Dorf zu verlieren. Natürlich wurde hinter unserem Rücken getuschelt. Natürlich wurden wir genau beobachtet. Aber mit unserem von Anfang an offenen Umgang zum Thema Leo haben wir relativ schnell den tratschenden Subjekten den Wind aus den Segeln genommen.

Nicht jeder ist damit klargekommen, dass wir trotz allem in den letzten vier Jahren bei (fast) jeder Party dabei waren, oder dass wir nach außen ganz normal gewirkt und agiert haben und dass man uns (fast) nie etwas angemerkt hat. Zu den uns bekannten Gerüchtemachern und ihren Parolen nur ein Satz: Wo die Vernunft fehlt, schweigt man lieber!

Leider blieb es nicht bei einem Interview mit Leo. Als wir endlich Zugang zu ihr per WhatsApp hatten, habe ich sie ein ums andere Mal gebeten, nicht mehr mit Journalisten zu sprechen. Leider mit sehr wenig Erfolg. Der bisherige Inhalt ihrer Interviews war gerade noch vertretbar und sorgte uns nicht sonderlich. Dennoch weckte sie damit ebenjene Geister, die uns schon damals nach ihrer Ausreise das Leben schwer gemacht hatten. Wie zu erwarten, berichtete relativ schnell jene unselige Tageszeitung, die schon einmal vor vier Jahren jede Form von Anstand und Achtung der Persönlichkeitsrechte über Bord geworfen hatte, wieder über Leo und ihren Mann. Nur diesmal nicht auf der Frontseite im Großformat. Glück gehabt! Auch begannen wieder die Besuche von Journalisten bei uns in Breitenbach und bei Leos Mama. Aber diesmal deutlich weniger und nicht ganz so extrem und penetrant. Inzwischen sind wir sozusagen »kampferprobt«, und selbst unsere Grundstücke sind heute journalistensicher gestaltet. Blickdichte Zäune und Tore garantieren eine gewisse ungestörte Privatsphäre. Berichterstattung und Aufklärung über die Geschehnisse in der Welt sind wichtig und unbedingt notwendig, aber wir haben teilweise einen Journalismus erleben müssen, der sehr unseriös war und ist.

Als klar war, dass Leo in Sicherheit ist, haben wir sehr intensiv mit Claudia Dantschke und den Mitarbeiterinnen von Hayat die nun folgenden Schritte besprochen. Was gilt es vorzubereiten? Wen müssen wir kontaktieren? Welche Maßnahmen müssen wir ergreifen? Am Ende stand fest, dass wir nicht wirklich viel vorbereiten können. Alles hängt jetzt davon ab, wie schnell eine Rückkehr von Leo und den Kindern nach Deutschland erfolgen wird. In einer Vielzahl von Gesprächen, nicht nur mit Menschen aus Breitenbach, sondern aus der gesamten Region, habe ich immer wieder gehört, dass die Leute Bedenken hatten gegen eine Rückkehr ehemaliger IS-Anhänger. Doch diese Bedenken bezogen sich fast ausschließlich auf männliche IS-Leute. Nicht einer war der Meinung, dass sowohl Leo als auch ihre Kinder gefälligst in Syrien bleiben sollten. Alles schien geregelt, beruhigt, geklärt zu sein, und es lief ausgesprochen gut für uns und damit auch für Leo. Leider zu gut!

Es folgte ein Video-Interview mit dem Nachrichtenmagazin STERN, das Leo gegen jeden Rat von mir gegeben hatte. Sie war dort in schwarzer Vollverschleierung zu sehen, in einer sehr lockeren und entspannten Atmosphäre. Zwar distanzierte sie sich vom Kalifat und seiner Ideologie. Aber sie sagte es aus Sicht vieler in unserer Umgebung nicht eindeutig genug und nicht immer und immer wieder, bis auch der Letzte das Gefühl hatte: Ja, sie hat es verstanden.

Am Ende des im Internet veröffentlichten Videos rezitiert sie dann in einer Art Sprechgesang die erste Sure des Koran. Das mag normal sein für Muslime, aber wer kein Muslim ist und sich mit dem Islam noch nie beschäftigt hat, für den sieht das einfach anders aus. Da gibt es die Sichtweise: Wer vollverschleiert islamische Lieder singt, der hat nichts verstanden, der gehört nicht hierher und der ist gefährlich.

Mit dem Bekanntwerden dieses Interviews wurde mit einem Schlag alles anders! Die Stimmung kippte total. Selbst enge Freunde, die Leo noch von früher kennen, sagen jetzt, dass sie nicht böse wären, wenn Leo nicht nach Breitenbach zurückkommen würde. Da kommt nun eine neue Herausforderung auf uns zu.

Und was für uns ebenso wichtig ist wie die Stimmung im Dorf, sind Erklärungen von Leo. Bis heute können wir ihren Entschluss von damals nicht nachvollziehen. Bis heute können wir viele Begebenheiten aus diesen vier Jahren nicht richtig deuten. Was denkt sie selbst? Ohne dass Nihad oder andere IS-Leute ihre Nachrichten kontrollieren. Was ist echt? Wer ist Leonora heute? Viele Fragen sind, obwohl wir Kontakt haben und hatten, nicht beantwortet. Nur mit diesem Verständnis und den Erklärungen wird ein Zusammenleben nach der Rückkehr möglich sein. Erst einmal muss neues Vertrauen wachsen, das in den vergangenen Jahren verloren ging.

# Leonora – leibhaftig

Eine lange Straße windet sich durch die hügelige Landschaft. Die Wiesen, rechts und links des schmalen Weges, sind in diesen Frühlingstagen in dichtes Grün getaucht. Doch man ahnt schon, dass die Sonne die Pflanzen schon bald wieder verbrennen wird. Dann wird hier alles sandig braun. Von einer kleinen Anhöhe kann man es schließlich sehen: das Flüchtlingslager Al-Haul, nahe der Stadt al-Hasaka im Nordosten Syriens.

Es ist eine riesige Zeltstadt inmitten von Nichts. Weiße Zelte, eingefriedet hinter hohen Zäunen. In der Mitte ragt ein Wasserturm empor. Wenige befestigte Gebäude stehen darum. Wie viele Menschen hier leben – keiner weiß es so genau. Die Rede ist von mehr als 75.000. Überprüfen lässt sich das freilich nicht. Nur so viel: Es sind wahnsinnig viele Menschen, die hier Zuflucht gefunden haben oder hier festgehalten werden. Eine von ihnen ist Leonora.

Gleich links vom Haupteingang, am Hügel gelegen, stehen die Zelte des »Internationalen Teiles«, wie die Kurden es nennen. Es ist derjenige Bereich des Lagers, in dem die Frauen des niedergegangenen Kalifats festgehalten werden. Frauen aus aller Welt, die sich dem Islamischen Staat angeschlossen hatten und nun geflohen waren, im letzten Kampf um Baghouz. Zelt reiht sich an Zelt. Dazwischen hängt Kleidung in der Sonne. Sie soll trocknen und wohl auch als Sichtschutz dienen. Ein klein wenig Intimität in der erzwungenen Masse.

Eine kurdische Soldatin führt Leonora heraus, bringt sie zu einem kleinen Containerdorf am Rande des Lagers. Sie trägt eine schwarze *Abaya*, ist vollverschleiert. So wie alle Frauen in diesem Teil des Lagers. Mit jedem anderen Kleidungsstil würde sie als »Abtrünnige« gelten und könnte von anderen Frauen, die sich dem IS immer noch zugehörig fühlen, angegriffen werden. Auf ihrem Arm sitzt Habiba, blond, blaue Augen, schwarz-roter Kapuzenpullover. Leonora weiß, dass wir kommen. Maik hatte uns angekündigt. Sie hebt den Schleier vom Gesicht und lächelt. Leonora hat sich geschminkt. Sie will gut aussehen. Sie will den Besuchern gefallen. Sie will gemocht werden.

Einen Tag später, gleiches Land, ein anderer, geheimer Ort. Ein junger Mann tritt durch die Tür. Gesenkter Blick, gebückter Gang. Er ist groß gewachsen, beinahe schlaksig. Vielleicht zwei Meter. Geboren wurde er als Martin Lemke in Sachsen-Anhalt, dann hatte er sich in Nihad Abu Yasir im Islamischen Staat verwandelt. Seit dem Tag seiner Verhaftung ist er wieder zum Deutschen geworden, Martin Lemke. Er hat sich die Haare abrasiert. Bis auf einen kleinen Flaum ist auch der Bart gestutzt. Er trägt einen schwarzen Pullover und eine helle Hose. Dazu graue Socken, dunkle Schuhe. Martin Lemke will nicht gemocht werden. Er hat sich nicht herausgeputzt für den Besuch. Augenkontakt fällt ihm schwer. Er will Mitleid.

Leonora lacht viel. Martin weint oft. Sie wirkt unbekümmert, er wirkt niedergeschlagen. Jeweils anderthalb Stunden haben wir Zeit für ein Gespräch über vier Jahre Islamischer Staat. Das sind die strengen Vorgaben des kurdischen Geheimdienstes, der die Genehmigung für die Interviews erteilt. Eine Verlängerung, das sagen sie gleich, sei nicht möglich.

Wie geht es Ihnen?

*Leonora Messing: Mir geht es gut.*

*Martin Lemke: Es ist schwer. Wir haben großen psychischen Druck hier. Und ich sitze in einer Einzelzelle und sehe niemanden hier und nichts. Die Frage ist, was mit uns gemacht wird in Zukunft. Wir haben da so einiges gehört von den Medien. Uns wurde viel erzählt. Vielleicht werden wir abgegeben nach Irak, nach Syrien. Es ist schwer.*

Beide leben zwar im selben Land, sind von den gleichen Milizen inhaftiert. Doch ihre aktuellen Lebensrealitäten sind total verschieden. Im Camp ist es voll. Leonora begegnet täglich Hunderten Frauen, die ihr Schicksal teilen. Martin ist isoliert. Er ist vorsichtig, wählt seine Worte mit Bedacht. Er spricht, aber nur über Themen, die so oder so ähnlich bereits bekannt sind. Selten rutscht ihm ein unbedachtes Wort heraus. Und er weint immer wieder. Eine große Packung Taschentücher wird er in den anderthalb Stunden verbrauchen.

Ist es Masche? Warum sollte jemand Mitleid haben mit einem Mann, der sich einer Terrororganisation andiente, die für schlimmste Taten verantwortlich ist? Man kann es für eine Strategie halten, vielleicht ist es aber auch einfach die Wahrheit. Der echte Martin Lemke. Man kann nicht in seinen Kopf schauen. Natürlich nicht.

Maik kann nicht selbst zu seiner Tochter reisen, kann so auch nicht nach Erklärungen suchen für all die Fragen, die bis heute unbeantwortet geblieben sind. Bis er sie wirklich in die Arme schließen kann, wird es wohl noch dauern – wie lange, weiß niemand. Syrien bleibt ein Kriegs- oder zumindest Krisengebiet. Und die deutsche Bundesregierung tut sich mit einer Entscheidung schwer, die mehr als 50 Deutschen und ihre Kinder aus Syrien zurückzuholen. Und so muss Maik mit den Antworten leben, die seine Tochter anderen gibt.

Doch eines ist klar: Leonora hängt sehr an ihrer Familie, an Maik, an Babette und an ihrer Freundin Emine. Sie spricht viel über sie alle. Dabei weint sie nicht. Hoffnungsvoll blickt sie in die Kamera, auf ihre kleine Tochter Habiba, die Besucher. Ihre Worte sind nicht aufmerksam gewählt, so wirkt es jedenfalls. Leonora spricht einfach drauflos. Ohne Ziel. Ohne Strategie. Sie wirkt jugendlich naiv. Auch wenn sie inzwischen 19 Jahre alt ist und so viel erlebt hat wie eine 80-Jährige: Krieg, todbringende Ideologie, Hunger.

Wie haben Sie zum Islam gefunden?

*Martin Lemke: Sie wissen ja, wo ich herkomme. Aus Zeitz. Und da gab es einige Kurden. Ich habe den Islam durch die kurdischen Menschen mitbekommen.*

*Ich war in Leipzig viel in der Moschee und dort hab' ich eigentlich den Islam gelernt. Ich bin ja auch später nach Leipzig gezogen, hab' dort geheiratet auch. Ich hab' in Leipzig einen friedlichen Islam gelernt, ich war weit weg von Extremismus und solchen Sachen. Und es gab einen syrischen Jungen, der in Leipzig auch die Moschee besucht hat. Und der hat mich eingeladen zu einem Seminar nach Hildesheim, zu dem Abu Walaa. Ich hab' mich überreden lassen, dort zu gehen.*

*Hildesheim war der Anfang von meinem Ende. Der Knackpunkt für mich und meine ganze Familie.*

Stimmt es, dass der Imam aus der Hildesheimer Moschee, Abu Walaa, Ihnen 2.000 Euro für die Ausreise gegeben hat, auch wenn er die Frage uns gegenüber nicht beantworten möchte?

*Martin Lemke: Ja. Ich weiß nicht genau, wie viel, aber er hat mir auf jeden Fall Geld gegeben. Nicht nur er, auch die Gruppe. Ich will nicht zu viele Details geben ohne meinen Anwalt. Allgemein: Es wurde viel gesammelt in den Seminaren, wo die hingegangen sind.*

*Leonora Messing: Eigentlich ging es bei mir mit Facebook los. Der Islam war dann so Trend, sag' ich mal. Man hat gemerkt, in Deutschland konvertieren viele zum Islam, in Großbritannien. Und dann im Facebook bin ich in eine Gruppe reingeraten und da waren direkt die Extremen, mit Nikab und Augen zu. Und ich hab' mir das angeguckt aus Interesse, weil ich wollte wissen: Warum tragen die das in ihrem Gesicht und machen die das freiwillig? Und dann hab' ich da so ein paar von denen Freundschaftseinladungen geschickt, geschrieben. Und dann, vielleicht lag es an meinem Alter, dass ich so ein bisschen Revolution machen wollte, hab' mich für das Krasse interessiert. Irgendwie war ich voll auf die fixiert. War auch dann in WhatsApp-Gruppen reingekommen und das ging ganz schnell. Ich hatte ein Doppelleben. Ich wusste ganz genau, dass ich in Breitenbach nicht anfangen kann, auf einmal Kopftuch zu tragen. Denen werden die Augen rausfallen und die werden auch fragen: Herr Messing, was ist da los? Ich wusste, das wird mit Verzweiflung enden. Vielleicht war ich feige, weil ich bin abgehauen und dachte, ich löse alle Probleme so mit einem Mal, auf dem einfachen Weg.*

Wo haben Sie so lügen gelernt?

*Leonora Messing: Dort in den WhatsApp-Gruppen bin ich eine von Millionen, die das gemacht hatte. Gerade aus Österreich, die waren die Besten. Die konnten dir die besten Lügen schreiben, wie du das machst.*

Islam war einfach cool. Das will sie sagen. Je radikaler, desto besser. Was ihr wirklich fehlte, sagt sie nicht. Wahrscheinlich weiß sie es selbst nicht. Es ist deutlich zu spüren: Reflexion hat bislang nicht oder sehr wenig stattgefunden. Das ist etwas für die Zeit im Frieden. Hier, in Syrien, ist Leonora offenbar immer noch im

Überlebensmodus, für sich und die beiden Kinder. Maria ist stark unterernährt. Ihr Leben hängt am seidenen Faden. Eine kleine Infektion könnte sie töten. Eine innere Aufarbeitung hat es wohl auch deshalb bislang nicht gegeben. Sie spricht, aber sie denkt nicht dabei. Jedenfalls nicht viel. Da ist viel Bauch, wenig Kopf. Eine echte Erklärung, warum sie sich den Terrorhorden des Islamischen Staates angeschlossen hatte: Fehlanzeige.

Maik hat diesen Prozess der Reflexion durchlaufen, jedenfalls zu einem großen und schwierigen Teil. Es war ein langer Weg gewesen. Monatelang hatte er sich den Kopf zermartert, was er falsch gemacht haben könnte. Hatte er ihr zu viel Raum gegeben? Zu viel Bewegungsfreiheit, die sie am Ende kalt berechnend ausgenutzt hatte? Bei ihm durfte Leonora so manches, was sie bei ihrer Mutter nie durfte. Das ist Fakt. Auch für Maik. War es aber der Grund für die Ausreise? Wohl kaum, glaubt er.

Und was war mit Leonora? Sie war sein Engel, das hatte er ihr immer wieder gesagt, auch als sie im Zentrum des Islamischen Staates lebte. War sie unschuldig? Ein verführtes kleines Ding? Maik hat heute eine entschiedene Antwort auf diese Frage: *»Für mich ist es völlig klar, dass Leo nicht nur alleine ein verführtes kleines Mädchen ist, sondern sie ist genauso auch Täterin. So muss man das einfach sagen und so realistisch sollte man auch sein.«*

Seit Langem schon gibt es hierzulande große Diskussionen, ob sich die Frauen des Islamischen Staates strafbar gemacht haben. Bisher sind wenige Rückkehrerinnen tatsächlich verurteilt worden. Denn die Rolle der Frau in diesem Terrorstaat bestand vor allem darin, die nächste Generation »Glaubenskrieger« zu gebären, zu kochen, den Haushalt zu führen. Zum Staatsvolk des IS zu gehören, wie der Generalbundesanwalt es einmal in einem Haftbefehl gegen eine Rückkehrerin beantragt hatte, reicht wohl nicht aus. Es bedürfe einer klaren Unterstützungsleistung wie die Teilnahme an konkreten Kampfhandlungen oder die Unterstützung der Sittenpolizei, um Mitglied einer terroristischen Organisation gewesen zu sein. Jedenfalls aus Juristensicht. Für Leonora war die Sache klar, als sie noch in den Reihen des IS stand. In einem Nachrichtenaustausch mit Babette hatte sie das 2018 einmal eindrucksvoll beschrieben:

*Leonora: Ach Mama, hier läuft alles drüber und drunter! Kriege nicht mal Geld vom Staat!*

*Babette: Von welchem Staat?*

*Leonora: IS*

*Babette: Gehörst du ihm noch an?*

*Leonora: Ich lebe ja hier.*

*Babette: Dachte, du kehrst ihnen den Rücken?*

*Leonora: Mama, so lang ich hier lebe, bin ich automatisch da.*

Aber Schuld ist nicht nur etwas, das in Gerichtssälen besprochen und von Richtern in ein Urteil gegossen wird. Schuld haben Leonora und Martin auch gegenüber der eigenen Familie, den nahen Verwandten und Freunden auf sich geladen. In all der Zeit, in vier Jahren, hat Leonora sich kein einziges Mal entschuldigt. Null Mal!

Es könnte daran liegen, dass sie so weit gar nicht gedacht hat.

Vielleicht fehlt auch hier die Reflexion. Vielleicht hat es aber auch einen anderen Grund.

Sie steht gern im Mittelpunkt. Deshalb gibt sie wohl auch so viele Interviews, obwohl ihr Vater immer wieder davon abgeraten hat. Sie möchte, auch das spürt man deutlich, die Prinzessin sein, die geliebt und gemocht wird. Und zwar jetzt. Was morgen kommt, kommt morgen. Auch Martin nennt sie mehrfach »meine Prinzessin« im Gespräch. Er gab ihr wohl das Gefühl, das sie so sehnlich suchte. Das könnte eine Erklärung sein, weshalb sie so lange an seiner Seite blieb. Engel, Prinzessin.

Wie haben Sie damals herausgefunden, dass Martin nicht der Richtige für Sie ist?

*Leonora Messing: Wer hat das gesagt? Mein Vater?*

Sie wollten alleine fliehen, weil es mit Martin doch nicht das war ...

*Leonora Messing: Alles war nicht mehr – die Ehe, das Leben allgemein in Syrien war nichts für mich. Also alles, mein komplettes Leben, so wie es war, hat mir nicht mehr gepasst. Es gab viele Probleme untereinander, und ich wollte dann einfach nur noch nach Hause. Und dann hab' ich das ja auch an meinen Vater geschrieben. Ja, und dann, als das immer nicht geklappt hat, je schlimmer wurde es dann eigentlich, weil ich verstanden hab': Ich muss jetzt hier leben, will ich oder will ich nicht. Ich schaff' es nicht raus. Dadurch, dass ich auch einmal geflüchtet bin, wusste es dann ja auch mein eigener Ehemann.*

Können Sie die Situation beschreiben, wie das für Sie war, dass Ihre Frau fliehen will?

*Martin Lemke: Also ganz ehrlich gesagt, ich kann mich an die Sache nicht komplett erinnern. Ich kann mich nur daran erinnern, dass es Probleme gab, aber nicht, dass sie fliehen wollte. Ich wurde eher so infor-*

*miert, dass sie von jemandem geschnappt wurde. Dass sie rausgeholt werden sollte, nicht dass sie fliehen wollte. Nicht dass meine Frau wegrennen wollte.*

Sie wollte fliehen, vor Ihnen und vor diesem Islamischen Staat.

*Martin Lemke: Dann hab' ich keine gute Nachricht heute, was meine Frau angeht. Dass meine Frau so gegen mich redet, ist ein großer Schock für mich. Ehrlich gesagt, weil ich hab' viel mit ihr erlebt. Und sie war die Einzige, die immer bei mir war. Aber wenn meine Frau so über mich denkt, dann ich hab' kein Ziel noch zu leben überhaupt. Weil, sie ist mein Ein und Alles, diese Frau. Dann hab' ich heute alles verloren. Sag' ich Ihnen ganz ehrlich.*

Wie stellen Sie sich die Zukunft mit Martin vor?

*Leonora Messing: Mit ihm – ich hab' gehört, er wird nach Deutschland kommen, und ich werde gegen ihn aussagen müssen. Oder gegen ihn aussagen. Ja, und dann guck' ich. Bevor ich mit irgendjemandem rede, werde ich mit ihm reden, was er denkt über die Ehe. Gerade weil wir sind ja Muslime, das läuft – ob die Ehe noch islamisch gültig ist oder nicht. Das muss ich dann mit ihm persönlich klären.*

Martin Lemke hatte bereits seine Zukunft verloren, als er am 2. November 2014 am Flughafen von Hannover als Nihad Abu Yasir die Maschine betrat und nach Syrien reiste. Heute sagt er, er habe nur islamisch leben wollen. In einem islamischen Staat, unter islamischem Recht. Von der Ideologie des IS habe er keine Ahnung gehabt. Wieder so eine berechnende Antwort?

Bereits im Juni 2014, also fast ein halbes Jahr zuvor, war das Kalifat ausgerufen worden, seither täglich in Schreckensmeldungen über diesen angeblich islamischen Staat berichtet worden. Martin Lemkes Zukunft wird, sollte er nach Deutschland zurückkehren, wahrscheinlich für Jahre in eine Haftanstalt führen. Das ist auch ihm klar. Und er ist bereit, die Konsequenzen seines Handelns zu tragen. Auch das sagt er immer wieder. Gern sei er bereit, den deutschen Behörden zu helfen. Nur, das betont er immer wieder, wolle er nicht für Dinge bestraft werden, die er nicht begangen habe oder die man ihm nicht beweisen könne. So lehnt er die ihm zugeschriebene hohe Stellung innerhalb des IS-Geheimdienstes ab. Er sei lediglich ein kleines Licht in der »technischen Abteilung« gewesen, sagt er. Er habe einen Bürojob gehabt, wie es im Islamischen Staat viele gab. Dabei habe er niemandem etwas zuleide getan. Allerdings gibt es klare Wahrnehmungsunterschiede, was er getan hat und weshalb, zwischen ihm und seiner Frau und wahrscheinlich auch dem Generalbundesanwalt, der schon seit Langem einen Haftbefehl gegen ihn erwirkt hat.

Bei Ihnen zu Hause gab es eine Gräueltat: die Sklavin, die eines Tages ins Haus kam mit ihren zwei Kindern.

*Leonora Messing: Ich hab' sie einmal getroffen, das war an dem Tag, als sie kam. Ich hab' sie gesehen, da war sie total misshandelt von dem Vorbesitzer. Martin meinte, er hätte sie abgeholt und sie saß in einer Kammer mit einer Matratze und zwei Decken mit ihren beiden Kindern und sie war monatelang nicht geduscht, ihre Kinder auch nicht, voller Läuse, die Klamotten Monate schon an sich. Sie wurde gekauft von Martin, um Handel zu machen. Wir hatten immer Geldprobleme. Wir hatten nie Geld und sie wurde für 800 Dollar gekauft und für ein paar Tausend verkauft. Das war zum Handeln.*

Martin hat sie gekauft, um mit ihr Geld zu verdienen?

*Nur um mit ihr Geld zu verdienen. Er hat gesagt: Päppelt sie auf, pflegt sie, lasst sie duschen, gebt den Kindern Essen, Läuseshampoo –*

Wie so ein Mastvieh?

*Ja. Macht irgendwas mit ihr, was sie ein bisschen aufpäppelt und sie Wert kriegt. Und für sie war das froh, weil, wie man weiß, die Sklaven dort waren ja Sexsklavinnen. Und als sie gemerkt hat, der fasst mich nicht an, war sie einfach nur glücklich.*

Warum haben Sie sich eine Sklavin gekauft?

*Martin Lemke: Normalerweise, ich denke, ich sollte ohne meinen Anwalt nicht reden, aber das ist auch eine Sache, wo ich nichts Schlimmes gemacht habe. Sie war gesundheitlich in einem sehr schlechten Zustand. Und wir haben ihr geholfen. Ich hab' auch mit ihr nie geredet. Ich habe sie nach Hause gebracht, wir haben ihr ärztliche Versorgung gegeben, Essen, Kleider. Sie hatte ihren eigenen Raum. Und fertig. Und im Islam es ist sehr großer Lohn, wenn du eine Sklavin gut behandelst. Weil eine Sklavin hat Rechte.*

Von wem haben Sie sie gekauft?

*Ich weiß nicht. Das war ein Amerikaner, ich denke ein nicht guter Mann. Der hat sehr viele schlechte Sachen gemacht.*

Und für wie viel Geld haben Sie sie verkauft?

*Ohne meinen Anwalt ich rede nicht, wie das genau gelaufen ist. Aber, wie gesagt, was wir helfen konnten, haben wir ihr geholfen. Ich habe keine anderen Absichten gehabt.*

Sie wollten Geld verdienen mit ihr, oder? Günstig kaufen, bisschen aufpäppeln und dann weiterverkaufen?

*Na, gucken Sie, wenn Sie mich provozieren möchten: Nein, das stimmt nicht. Ich brauchte dieses Geld nicht.*

Tatsächlich hatte die Frau, die Martin zur Sklavin genommen

hatte, gesagt, er sei noch der freundlichste unter ihren Besitzern gewesen. Wahrscheinlich hat er sie tatsächlich nie angefasst, wie andere es taten. Doch entlastet ihn das?

Auch zu den anderen Vorwürfen nimmt er Stellung. Er stellt klar, niemals einen Menschen getötet oder gefoltert zu haben. Auch einen entsprechenden Auftrag oder Befehl dazu habe er nie gegeben. An eine Facebook-Nachricht, in der er mit dem »Abschlagen von Köpfen« geprahlt habe und über die die Wochenzeitung *DIE ZEIT* 2017 berichtete, könne er sich nicht erinnern. Und insgesamt sei seine Stellung in der IS-Hierarchie nie so hoch gewesen, wie ihm nachgesagt wird. Deshalb habe er auch kein Geld ins Ausland transferieren können, wie Leonora einst behauptet hatte. Er verfüge auch über keine Kontakte in die oberste Entscheidungsebene des IS. Anil O., der Kronzeuge aus dem Abu Walaa-Verfahren, habe schlicht gelogen und übertrieben.

Wie stellen Sie sich die Zukunft vor?

*Leonora Messing: Also ich will unbedingt, unbedingt nach Deutschland, zurück zu meiner Familie. Schon lange. Und ich will unbedingt Habiba und der kleinen Maria eine gute Zukunft geben. Die brauchen auch unbedingt erst mal medizinische Hilfe. Ich auch. Ich bin total am Ende. Dann alles für meine Kinder tun, alles, was ich denen geben kann, alles, was gut ist. Und dann für mich gucken, was ich machen will.*

Wieder eine jugendlich-naive Antwort. Beinahe so, als würde alles vorbei sein, wenn sie nur endlich wieder deutschen Boden beträte. Alles wie zuvor. Einmal zurück auf Los. Wie im Spiel. Doch so einfach ist es nicht. Und das hat nicht nur etwas mit der deutschen Strafverfolgung zu tun. Auch Maik hat sich geändert, blickt heute anders auf die neue Realität:

Gibt es überhaupt eine Zukunft für die drei Mädels, für Leonora, Habiba und Maria? Sind wir tatsächlich in der Lage, eine gemeinsame Zukunft zu ermöglichen? Haben wir als Eltern die Kraft, Geduld und Ausdauer, die erforderlich sein werden, um alle Herausforderungen der Zukunft zu meistern?

Wir haben, soweit möglich, alles vorbereitet, um Leo und die Kinder gut unterzubringen. Noch ist nicht alles fertig, aber im Großen und Ganzen könnten wir sie problemlos von heute auf morgen aufnehmen. Problemlos? Mit ihrer Rückkehr fangen die eigentlichen Probleme erst an, so viel ist uns inzwischen klar. Seit jenem unglückseligen Interview, in dem sie vollverschleiert ist und fröhlich Koranverse vorsingt, hat sich die Stimmung auch hier in Breitenbach grundlegend geändert. Für viele ist Leo nun eine unbelehrbare Person, deren Geist nach wie vor vergiftet ist. Ein ums andere Mal bekommen wir gesagt: »Holt sie nicht nach Breitenbach zurück. Das geht nicht gut.«

Vier Jahre harter Kampf um Leo, für Leo, mit Leo. Vier Jahre aushalten, durchhalten und oft genug gut Wetter machen bei den Leuten, um genau das zu verhindern, was jetzt eingetreten ist. Alles umsonst! Nur ein einziges Interview, keine 20 Minuten lang, und die Arbeit, die Leistung und das erduldete Leid sind wertlos. Aus die Maus! Vorbei die Zeit der Freude auf Leo. Vorbei sind auch die Unvoreingenommenheit und das Verständnis für Leo. Was bleibt, sind Argwohn, Misstrauen und Angst.

Ich kann die Menschen und ihre Gefühle verstehen und nachvollziehen, was sie bewegt. Auch ich habe Bedenken. Auch ich habe Ängste. Niemand weiß, was wirklich in Leos Kopf vorgeht. Niemand kann einschätzen, inwieweit sie Traumata erlitten hat. Aber niemand kann und darf aus 3.000 Kilometern Entfernung vorverurteilen und Einschätzungen vornehmen, ohne je mit ihr persönlich gesprochen zu haben. Das gilt genauso für mich wie für alle anderen Menschen!

Wir stehen jetzt vor dem Problem, dass wir zwar Leo und ihren Kindern helfen wollen, aber nicht wissen: wo und wie? Breitenbach fällt wohl aus. Leos Mama hat klipp und klar gesagt bekommen, dass man ihr das Haus anzünden werde, sollte Leo bei ihr einziehen. Und staatliche Stellen kann ich erst kontaktieren, wenn Leo wirklich neben mir steht. Es ist völlig sinnlos, im Vorfeld irgendein Amt oder eine Behörde zu unseren Angelegenheiten zu befragen, weil wir nicht wissen, wann Leo und die kleinen Mäuse zurückkehren werden. Wieder einmal verharrt die Bundesregierung auf der Stelle und muss den Sachverhalt zunächst erst mal prüfen. Das kennen wir doch irgendwoher. Ganz genau, meine Anfrage beim Innenministerium, ob ihnen Abu Ismael bekannt sei, der Leo 2015 aus dem IS schleusen sollte! Und nun genau die gleiche Masche: aufschieben, nichts sagen und, um Gottes willen, bloß keine Entscheidung treffen oder noch schlimmer: Verantwortung übernehmen!

Das Ganze ist wie ein Karussell: Alles lärmt, bunte Lichter überall, ganz viel vermeintliche Bewegung. Und doch rührt sich nichts vom Fleck. Betrachtet man die Äußerungen der Damen und Herren aus der Politik, bekommt man das kalte Gruseln! Die einen wollen jeden ausländischen Straftäter sofort aus Deutschland abschieben, sind aber nicht willens oder in der Lage, die eigenen straffällig gewordenen Landsleute zurückzunehmen. Gleiches Recht für alle? Fehlanzeige! Die Nächsten reden eine Stunde lang, ohne etwas zu sagen. Es müsse erst geprüft werden, ob wirklich deutsche Staatsangehörige in Syrien seien, sagen sie. Aha! Und wo, bitte schön, kommen dann die Haftbefehle her, gegen deutsche Staatsangehörige in Syrien? Jetzt gäbe es die Möglichkeit, Schritt für Schritt und unter Kontrolle durch die Sicherheitsbehörden die ehemaligen deutschen IS-Angehörigen zurückzuholen. Und was macht

Deutschland? Es gibt in Syrien keine konsularische Betreuung. Aus, Ende, fertig.

Maria, meine jüngste Enkeltochter, ist viel zu früh geboren, extrem unterernährt und leidet zudem an einer Pilzinfektion. Leo hat mir Bilder von Maria geschickt, die einfach nur grauenhaft und schwer zu verkraften sind. Ein Skelett mit Augen, eingehüllt in Babykleidung. Mehr ist sie nicht, die kleine Maria. Sie kann für all das nichts! Von wegen: »In humanitären Notfällen werden Einzelfallentscheidungen getroffen«! Wie groß muss denn der Notfall sein, wenn man bei einem verhungernden Baby keinen Handlungsbedarf sieht? Diese schreiende Ungerechtigkeit, dieses Nichtstun und diese Heuchelei kann einem den Glauben an Recht und Gerechtigkeit rauben.

Und wie sieht sie nun aus, die Zukunft von Leo, Maria und Habiba?

Es wird schwer. So viel steht fest, aber es ist nicht unmöglich, davon sind wir alle überzeugt. Wir werden mit Sicherheit das Angebot unseres Pfarrers annehmen und Leo samt Kindern in der Anfangszeit bei ihm unterbringen. Ihm kann jedenfalls niemand vorwerfen, die Islamisierung Sachsen-Anhalts vorantreiben zu wollen. Klar ist aber auch, dass sie gerade am Anfang unsere Nähe braucht. Sie soll das Gefühl haben, willkommen zu sein, auch wenn die Welt drum herum einen Kopfstand macht. Alles Weitere müssen wir gemeinsam erarbeiten, verarbeiten und umsetzen. Viel weiter als ein oder zwei Monate nach ihrer Rückkehr möchte ich noch nicht planen, denn Leo ist jetzt 19 Jahre alt und kann, nach deutschem Recht, tun und lassen, was sie will. Wir dürfen gespannt sein, was da noch auf uns zukommt.

Wenn Leo weiterhin als Muslima leben will und auch ihre Kinder entsprechend erziehen möchte, hat sie in unserer Gegend mit erheblichen Schwierigkeiten zu rechnen. Es ist nicht so sehr das Fehlen einer Moschee oder mangelnde Einkaufsmöglichkeiten, um sich nach den Regeln des Islam zu ernähren. Nein, es sind, leider muss ich das sagen, ihre Mitmenschen, die ihr Probleme bereiten werden. Die Angst vor dem Fremden, dem Unbekannten, dem vermeintlich Bösen steckt zu tief in den Knochen, als hier auf schnelle Gesinnungswechsel zu hoffen.

Bleibt noch der Blick auf Leo und uns: Meine größte Enttäuschung war, dass sie nicht mit mir gesprochen hat damals. Das Schlimme ist eigentlich: Dieser Vertrauensbruch ist ja so massiv gewesen, das hat so unglaublich viel kaputt gemacht, weil sie uns einfach so ahnungslos gelassen hat. Wirklich ahnungslos, chancenlos, irgendetwas zu unternehmen. Leo hätte damals jederzeit zu mir kommen können oder zu ihrer Mutter. Dieser massive, wirklich alles zerstörende Vertrauensbruch. Und das vergisst du nicht, weil das ist so ein schlimmes Gefühl, du bist so alleine, so hilflos, wirklich mutterseelenalleine. Dein eigenes Kind geht lieber zu Terroristen, als bei dir zu sein. Und findet das auch noch cool.

Wie ist es zu der falschen Todesnachricht nach dem Fluchtversuch aus Rakka gekommen?

Leonora Messing: Das kam nicht von mir. Also er hat dann gemerkt, dass ich durch meine Eltern die Flucht geplant habe. Und dann wollte er, dass ich Kontakt mit meinen Eltern abbreche. Und er wusste: Ich kann es nicht. Also ich kann so was gar nicht, sagen: Hallo, Papa, ich werde mich nicht melden. So haben es ja viele gemacht dort. Aber ich konnte das nicht. Deswegen hat er übermitteln lassen, dass ich gestorben sei oder schwer verletzt am Kopf.

Und warum haben Sie Ihrer Mutter eine Todesnachricht geschickt?

Martin Lemke: Es klingt vielleicht verrückt, aber ich liebe meine Mutter sehr. Und meine Mutter hat ein großes Herz. Und eine Mutter kann *daran kaputtgehen, weil niemand wird sie informieren, wenn wir wirklich gestorben sind. Und es gab sehr viele Bombenangriffe. Und wie gesagt, wenn es jetzt knallt: vorbei. Niemand wird deiner Familie sagen, du bist gestorben. Und ich wollte diese Ungewissheit nicht.*

Also nicht aus Angst vor Drohnenangriffen?

*Martin Lemke: Nein! Weil damit ich hab' nicht gerechnet, dass man mich so hochspielt. Dass man die Sache so hoch macht. Es gibt, ehrlich gesagt, auch keinen Grund, warum man mich wegdrohnen soll. Wie gesagt, ich habe nicht irgendwas Gefährliches gemacht.*

Martin hat diese Nachrichten auch an seine Mutter geschickt.

*Leonora Messing: Ja, weil er wollte, dass sie das dann der Polizei meldet und dass das auch in den Medien kommt und auch nach Amerika, dass die aufhören, ihn zu suchen. Weil er immer so unheimliche Angst hatte wegen den Drohnen, weil ja so viele im Auto gedrohnt wurden oder in den Häusern gebombt wurden. Und er wollte das halt als Schutz nehmen, dass sie dann halt wirklich glauben, dass er tot sei.*

Wieder einer dieser Widersprüche, der nicht auflösbar erscheint. Einer oder eine lügt. Wer? Unklar. Wie so vieles. Der Generalbundesanwalt in Karlsruhe hat nun auch den Fall von Leonora an sich gezogen. Die Ermittlungen gegen sie und gegen Martin Lemke dauern an. Maik hofft, dass die verschiedenen Lebensrealitäten bald ein Ende haben, sie zurückkehrt mit den Enkelinnen. Aber wieder einmal muss Maik: Abwarten.

# Danksagung

Damit ein Buch wie das hier Vorliegende entstehen kann, braucht es nicht nur Autoren. Es braucht Menschen, die den Prozess unterstützen und ihn überhaupt erst ermöglichen. In allererster Linie waren das in den zurückliegenden Jahren unsere Familien, die uns den Freiraum gegeben haben, diesen manchmal ermüdenden, zuweilen beklemmenden und allzu oft aufreibenden Prozess durchzustehen. Ihnen gebührt unser liebevoller und herzlicher Dank!

Unser Dank geht auch an Leonoras Mutter Babette, ihren Lebensgefährten und Leonoras Freundin Emine. Sie haben uns in all der Zeit ihr Vertrauen geschenkt. Das ist und war keine Selbstverständlichkeit.

Auch danken wir unseren Kollegen und Freunden Britta von der Heide, Stephan Wels, Amir Musawy, Monika Wagener, Georg Mascolo und Munzer, ohne deren redaktionelle Unterstützung und Mitarbeit dieses Projekt nicht möglich gewesen wäre. Auch den KollegInnen in der Bäckerei Messing, den Freunden und Nachbarn, die stets zu uns hielten und uns unterstützten, sind wir sehr dankbar.

Wir sind Jürgen Diessl vom ECON-Verlag zu Dank verpflichtet, der immer an dieses Projekt glaubte, auch wenn nicht klar war, ob und wann es Realität werden könnte. Unserer Lektorin

Silvie Horch gilt ein besonderer Dank. Sie trieb uns mit ihrer Akribie manchmal in den Wahnsinn, wenn sie uns auf die Suche nach dem entsprechenden Emoticon einer Originalnachricht schickte, die schon vor Jahren verschickt worden war. Doch diese Genauigkeit macht deine Arbeit so wertvoll. Danke!

Der Arbeit des Teams um Claudia Dantschke und der Beratungsstelle *Hayat* gilt unsere Hochachtung. Sie waren uns in diesen vier Jahren zugleich Stütze als auch wichtige Ratgeber. Das gilt ebenso für Pfarrer Markus Blume und seine Familie, bei denen wir uns bedanken wollen.

Und natürlich geht unser Dank an Leonora selbst, die in dieses Projekt eingewilligt hat. Vielleicht ermöglicht das Buch auch ihr einen ganz neuen Blickwinkel auf die vergangenen vier und die nun folgenden Jahre.